本书是2020年山东省本科教学改革研究面上项目“医学院校思政教育与大学英语教学融合的路径研究”(项目编号:M2020293)的研究成果,2019年滨州医学院社会科学发展基金项目“以学校为本的高校外语教师专业发展路径研究”的阶段性研究成果。

大学英语课程思政行动研究

陈晓锐 著

中国石油大学出版社
CHINA UNIVERSITY OF PETROLEUM PRESS
山东·青岛

图书在版编目(CIP)数据

大学英语课程思政行动研究／陈晓锐著. -- 青岛：中国石油大学出版社，2024. 1

ISBN 978-7-5636-8117-4

Ⅰ. ①大… Ⅱ. ①陈… Ⅲ. ①高等学校－思想政治教育－研究－中国 Ⅳ. ① G641

中国国家版本馆 CIP 数据核字(2024)第 079630 号

书　　名：大学英语课程思政行动研究
DAXUE YINGYU KECHENG SIZHENG XINGDONG YANJIU

著　　者：陈晓锐

责任编辑：高建华　董　然（电话　0532－86981536）

责任校对：郭月皎（电话　0532－86981980）

封面设计：赵志勇

出 版 者：中国石油大学出版社
（地址：山东省青岛市黄岛区长江西路 66 号　邮编：266580）

网　　址：http：//cbs.upc.edu.cn

电子邮箱：gaojianhua6@163.com

印 刷 者：泰安市成辉印刷有限公司

发 行 者：中国石油大学出版社（电话　0532－86981536）

开　　本：787 mm × 1 092 mm　1/16

印　　张：12.25

字　　数：305 千字

版 印 次：2024 年 1 月第 1 版　2024 年 1 月第 1 次印刷

书　　号：ISBN 978-7-5636-8117-4

定　　价：48.00 元

前 言

PREFACE

2016年12月，习近平总书记在全国高校思想政治工作会议上指出，其他各门课都要守好一段渠、种好责任田，使各类课程与思想政治理论课同向同行，形成协同效应。这便是课程思政的雏形。2018年9月，习近平总书记在全国教育大会上强调，要把“立德树人”融入思想道德教育、文化知识教育、社会实践教育各环节，贯穿基础教育、职业教育、高等教育各领域。2019年3月，习近平总书记在学校思想政治理论课教师座谈会上提出，要坚持显性教育与隐性教育相统一，挖掘其他课程和教学方式中蕴含的思想政治教育资源，实现全员、全程、全方位育人。“三全育人”即为课程思政的实施路径。2019年8月，中共中央办公厅、国务院办公厅印发《关于深化新时代学校思想政治理论课改革创新的若干意见》，明确提出要全面推进高校课程思政建设。2020年5月，教育部印发的《高等学校课程思政建设指导纲要》中提出全面推进高校课程思政建设。各地各校纷纷出台实施方案，召开本省、本校工作部署会议，课程思政建设取得显著成效。2021年11月，教育部高等教育司司长吴岩在高校教师课程思政教学能力培训开班式上做了《全面推进高校课程思政高质量建设》的发言，提出了推进课程思政高质量建设的六大举措，即抓分类、抓示范、抓队伍、抓培训、抓资源、抓机制。2022年，教育部高等学校大学外语教学指导委员会编撰了《大学外语课程思政教学指南》，为外语类课程思政的实施指明了方向。

自2020年5月教育部印发《高等学校课程思政建设指导纲要》，全面推进高校课程思政建设起，山东省积极响应，号召全省高校行动起来。同年，山东省高校课程思政建设研讨会在济南召开，并成立了山东大学－新华网课程思政教学研究中心。与此同时，滨州医学院积极响应国家及山东省的号召，要求全校教师行动起来，推动课程思政进课堂。当时，课程思政对于我校外语教师来说还有些陌生，但大家都愿意对这个新兴的教育理念进行探索。什么是课程思政？医学院校的外语公共课如何融入思政？外语课程思政如何实施？实施的过程中应该注意哪些问题？课程思政效果如何检验？这些问题是当时笔者反复思考的问题。为解决以上问题，从2020年8月起笔者决定对自己当时教授的大学英语读写、大学英语视听说,以及英语报刊阅读课程同时开展课程思政行动研究。目前,这三门课程均已进行了五轮教学实践。在不断的反思与修正中,三门课程的思政教学都取得了一定的成效,并得到了学校的肯定。大学英语(读写+视听说)课程被评为校级"一流课程""课程思政示范课"。基于大学英语课程的"一体两翼三协同——医学院校大学英语教学改革模式创新与实践"获山东省第九届教学成果奖二等奖。英语报刊阅读课程获校级"一流课程""课程思政精品课程"称号。

本书从一名医学院校大学英语教师的视角,展现了大学英语课程思政教学实践的全过程。尽管行动研究进行了五个轮次,但限于篇幅,本书对每门课程仅呈现一个单元或章节,并着重描写截至目前最后一次、也是相对最完善的一次教学行动,而对之前教学行动中存在的问题只做简单概述。从结构上,本书遵循行动研究"计划—行动—观察—反思"的基本思路(Burns, 2011),对三门课程课例的行动计划、行动过程以及行动效果等进行了详细汇报。全书共分为三部分:第一部分介绍大学英语读写课程思政教学实践,第二部分介绍大学英语视听说课程思政教学实践,第三部分介绍英语报刊阅读课程思政教学实践。前两部分均提供了完整的基于 BOPPPS [Bridge-in(导入)、Objective(目标)、Pre-assessment(前测)、Participatory learning(参与式学习)、Post-assessment(后测)、Summary(总结)]教学模式的课程思政教学设计,呈现了产出导向理论体系的驱动、促成与评价环节中课程思政的融入情况,并分析了本单元融入课程思政所取得的成效。第三部分则阐述了思政元素在学—测—练—思—评"五位一体"的线上线下混合式教学模式中的融入与成效,并提供了基于"五位一体"教学模式的教学设计。

丰富的附录是本书的一个特色。附录涵盖了笔者在做三门课程行动研究过程中整理与撰写的大部分资料,如教学材料、教学反思、教学成果展示、优质课程申报书、研究工具、研究成果等。按照课程的顺序对附录进行了排序:附录 1~5 是与大学英语读写课程行动研究相关的资料,附录 6~7 是与大学英语视听说课程行动研究相关的资料,附录 8~12 是与英语报刊阅读课程行动研究相关的资料。同一门课程的附录排序遵循先教学、后教研的原则,并兼顾资料生成的时间与相关性。

感谢山东省教育厅、滨州医学院对本项行动研究给予支持。感谢滨州医学院外国语与国际交流学院领导在大学英语课程思政教学与研究方面为笔者指明方向。感谢大学英语课程改革团队的成员们在团队合作教学过程中给予笔者启发与督促。感谢 2022 年山东省教师教学创新大赛大学英语教学团队的成员们在教学创意方面给予笔者启示。书中如有不当和疏漏之处,恳请读者批评指正。

著　者

2023 年 11 月

目 录
CONTENTS

第一部分 大学英语读写课程思政教学实践

大学英语必修课包括读写与视听说两门课程，是面向我校五年制临床医学专业的通识教育必修课程，在我国高等教育人才培养方面具有不可替代的重要作用。课程主要讲授英语语音、词汇、语法及篇章结构等方面的知识，培养学生英语听、说、读、写、译等技能和跨文化思维。大学英语Ⅲ（读写课＋视听说课）遵循以教师为主导、以学生为主体的教育理念，在提高学生语言能力的基础上，增强其思辨意识，使其具有独立思考的能力，培养其自主学习能力、合作能力以及优秀品格，使其树立正确的职业观，增强其规划人生的意识，加强其对本国文化的了解并提高文化自信。

本部分的课程思政教学实践案例以《新视野大学英语读写（智慧版）第三册》（郑树棠，2017）第一单元 The Way to Success 中的“Text A Never, ever give up! ”为主要教学材料。以产出导向法（Production-Oriented Approach，简称 POA）为理论指导，基于 BOPPPS 教学模式开展融入思政的大学英语读写课教学。本单元按照我校的常规教学进度，进行了三周共六课时的教学。下面将采用行动研究“计划—行动—观察—反思”的基本思路（Burns，2011），对本课例的行动背景与问题、行动计划、教学行动以及行动效果进行详细介绍。

一、行动背景与问题

在之前的读写教学中，笔者虽然曾尝试应用 POA 理论，但所设计的驱动环节的教学活动只是传统意义上的导入（Lead-in），并未考虑到驱动环节应有的两个要点：设计具有潜在交际价值的产出活动；让学生尝试产出任务，感知自身的缺口，激发学习的动力。在之前的教学导入中，笔者虽然鼓励学生做口语产出，但其主要目的是引导学生进入主题，激发学习兴趣。由于口语产出量小，答案多源于课前阅读材料，因此这种教学活动难以使学生意识到学习的潜在价值，也不能使学生感知自身的缺口。在回答完问题后，学生即开始等待笔者的“表演”。单元内容学完后需要学生做什么，在课前他们一无所知。此外，从学生最后的产出任务来看，存在以下四个问题：一是产出内容与医学生关联性不强，没有贴近医学生的生活；二是语言质量不高，缺乏应用教材中高级词汇和表达的意识；三是产出任务的逻辑欠缺，对如何整合完成产出任务所需的相关信息还存在诸多疑惑；四是学生对自己要求不高，对产出任务中可能存在的问题视而不见。

二、行动计划

为解决之前教学中驱动不合理、促成不到位等问题，新的教学设计力图呈现真实的、具有潜在交际价值的、与医学生专业相关联的交际场景。场景具备交际目的、交际场合、交际话题与交际角色四要素。在课堂教学正式开始前，学生尝试产出，并在此过程中感知不足，产生学习动力。然后，学生明确单元教学目标与产出任务。在促成环节，教师要引导学生对学习材料进行提炼。同时，通过各种促成活动，为学生提供支架，促成产出任务的顺利完成。评价环节遵循“以评为学”的理念，通过“师生合作评价”发现产出任务中的问题，同时进行补救性教学，以提升学生产出任务的质量，提高学习成效。

（一）思政目标设定

以《高等学校课程思政建设指导纲要》（简称《纲要》）提出的“要围绕政治认同、家国情怀、文化素养、宪法法治意识、道德修养五项维度重点优化课程思政内容供给”为参照（秦丽莉，赵迎旭，高洋等，2023），以教学主题与内容为依据，本单元除设定了“识别并熟记与‘成功’相关的英语词汇、短语和习惯表达，阐述例证类英语议论文的写作要素与写作步骤”的知识目标，“掌握英语演讲的语言技巧，运用举例法进行英语议论文写作”的能力目标外，还设定了思政目标。思政目标的设定细化为品格培养、价值导向以及职业价值观的塑造，力图从认知、情感、行为三个方面对医学生进行积极、正向的引导（见表 1. 1）。

表 1.1　“大学英语Ⅲ”读写课第一单元课程思政目标

思政目标	具体内容	《纲要》参照	引导方向
品格培养	学生从《习近平谈治国理政》等时政素材的节选内容中了解党的政策、方针、路线，并统一思想；从各国故事中汲取智慧，通过实践深刻领悟刻苦努力、意志坚定、专心投入、准备充分对一个人的成功所起的重要作用，培养坚持、坚强、坚韧的精神	政治认同 道德修养	认知 情感 行为
价值导向	学生通过医学界成功人士的成长与工作经历，激发爱国主义情感，并树立民族自信心	家国情怀	认知 情感
职业价值观塑造	学生通过查找与分析医学界名人的成功案例，增强爱岗敬业的奉献精神，坚定“医生是令人敬佩的职业”“医生是英雄”的信念	道德修养	情感 行为

（二）思政内容分析与材料选取

本单元主题为The Way to Success（成功之路）。“Text A Never, ever give up!（永不言弃）”为精讲教学内容。本篇通过详细列举众多名人的事例，阐明了一个人只有刻苦努力、意志坚定、专心投入、准备充分，才能取得成功的道理。“成功”通常指一个人在人生道路上实现了价值目标，或得到了社会、历史、人民的认可。人们渴望成功，但很多人在做事时往往半途而废，与目标渐行渐远。通过本课学习，学生将从世界闻名的政治家、科学家以及女法官的事例中领悟到挫折与失败并不可怕，刻苦努力、意志坚定、专心投入、准备充分才是一个人成功的秘诀，并通过设定的学期目标，逐步培养坚持、坚强、坚韧的品格，形成良好的行为习惯，为未来奠基。

教学材料的选择秉持“四性一贴近”（即关联性、准确性、时效性、权威性、贴近学生生活）的原则，在教材的基础上融入各类能够发挥思政作用的教学材料。

关联性、准确性：本课选取爱默生的诗歌“What is Success”（《什么是成功》）作为材料帮助学生熟悉单元主题，辩证看待成功。同时，推荐BBC英语纪录短片《20世纪最伟大的科学家之一——屠呦呦》作为学生课前自主学习的材料，使他们在英语语境中了解屠呦呦提取青蒿素的全过程，并思考屠呦呦能够在研制治疗疟疾药物上取得成功的原因。选取海明威的散文“On Achieving Success”（《论成功》）、TED演讲视频 *8 Secrets of Success*（《8个成功的秘诀》）以及中国古诗词等呼应教材主题。

时效性、权威性：选用《习近平谈治国理政》等中的时事例句进行词汇教学，对学生进行潜移默化的时事教育。延伸思考中引导学生讨论、分享中国人克服艰难险阻取得成功的事例并用英语表达出来，从而激发学生的爱国主义情感，增强民族自信心。

贴近学生生活：课文学习中重点分析丘吉尔、爱因斯坦、爱迪生、林肯与奥康纳在挫折与失败中取得成功的主要因素，结合学生的日常生活、学习经历和医学生的专业身份，进一步拓展到医学界的成功人士，如李时珍、林巧稚、吴孟超等，探究刻苦努力、意志坚定、专心投入、准备充分对一个人的成功所起到的重要作用，培养学生爱岗敬业的奉献精神，使他们坚定职业信念。

（三）教学步骤设计

为便于展示本单元的整个教学流程，教学设计以BOPPPS模式呈现。课前的预习材料与活动主要作为任务驱动。课堂教学遵循BOPPPS教学流程，导入（Bridge-in）单元主题、介绍课程目标（Objectives），依托批改网、雨课堂、U校园等智慧平台或提问等方式进行前测（Pre-assessment）以了解学生的预习情况。根据检测结果，调整授课内容，为参与式学习（Participatory learning）（讨论、活动展示等）提供支架。之后，依托智慧平台进行后测（Post-assessment）。最后，对教学内容进行总结升华，对学生学习行动做出总结（Summary）。为了更清晰地呈现单元教学的过程，笔者把每个教学周都做了独立的教学设计，包括第一次课教学设计（见表1.2）、第二次课教学设计（见表1.3）和第三次课教学设计（见表1.4）。

表1.2　“大学英语Ⅲ”读写课第一单元第一次课教学设计

教学内容与过程（含思政融入点，以BOPPPS模式为例）			
步骤及时间分配	教学内容	课程思政素材（示例＋来源）	设计意图
课前任务	1. 在批改网上写作：“The Traits of Successful People in the Medical Field” 要求：不少于150词。	1. 疫情期间，医护人员的作用凸显。医护队伍中涌现出许多英雄人物，如钟南山、李兰娟等。他们在抗击疫情的过程中身先士卒、救死扶伤，利用精湛的医术与仁爱之心带领全国人民共渡难关。他们为什么能在自己的领域成为举足轻重的人物，是值得每个学生思考的问题。请你以“The Traits of Successful People in the Medical Field”为题，为抗疫主题班会准备一篇演讲稿，用实例告诉同学们如何成为一名成功的医生。同时，通过“讲好中国故事”公众号推送给在校留学生。 （POA—驱动—交际场景）	1. 课前写作为学生创设与本专业相关的语境，使他们在尝试完成产出任务时意识到自身的不足，从而激发他们学习新知识的积极性和产出的意愿。 （POA—驱动）

续表 1.2

教学内容与过程（含思政融入点，以 BOPPPS 模式为例）			
步骤及时间分配	教学内容	课程思政素材（示例 + 来源）	设计意图
课前任务	2. 阅读双语诗歌“What is Success”（爱默生），思考以下问题：What is success? 3. 观看 BBC 英语纪录短片《20 世纪最伟大的科学家之一——屠呦呦》，思考以下问题： ① What success has Tu Youyou achieved in the medical field? ② What are the traits Tu Youyou possessed contributing to her success?	2. 双语诗歌选段来源： https://www.sohu.com/a/242208838_100008507 3. BBC 英语纪录短片来源： https://baijiahao.baidu.com/s? id=1625075119341157249&wfr=spider&for=pc	2. 双语诗歌帮助学生熟悉单元主题，辩证地看待成功。 （POA—驱动） 3. 纪录短片使学生了解屠呦呦提取青蒿素的全过程，并思考屠呦呦能够在研制治疗疟疾药物上取得成功的原因，进而发现屠呦呦的品格特点在其成功的过程中发挥的作用。针对医学生，增强其爱岗敬业的奉献精神 （POA—驱动 & 促成）
导入 Bridge-in （5 分钟）	翻译有关课文主题的中国典籍名句，并说出各句反映了人的哪些品格	中国典籍名句（双语） （选自外研社备课资源库） Unit theme **1. Please translate the following poems or proverbs into English.** （1）绳锯木断，水滴石穿。 ——罗大经《鹤林玉露》 Perseverance will prevail. Little strokes fell great oaks. （2）不积跬步，无以至千里；不积小流，无以成江河。 ——荀子《劝学》 No steps, no miles. （3）宝剑锋从磨砺出，梅花香自苦寒来。 ——高占祥《警世贤文》 The sharpness of a sword results from repeated grinding, while the fragrance of plum blossoms comes from frigid weather. （4）有志者事竟成。 ——范晔《后汉书》 Where there is a will, there is a way. （5）业精于勤，荒于嬉。 ——韩愈《进学解》 Achievements are reached by hard work rather than recreation.	启发学生对“成功”这一主题相关英文表达的认知；帮助学生提炼中国典籍名句中深藏的成功秘诀，并熟记其英语表达 （POA—驱动 & 促成）
教学目标 Objectives （5 分钟）	知识目标：识别并熟记与成功相关的词汇、短语和习惯表达，阐述例证类议论文的写作要素与写作步骤。了解翻译中的增译法、省略法。	UNIT 1 The way to success Section A Never, ever give up! Objectives • To recognize and recite the expressions about success • To develop an example essay • To achieve success with hard work, determination, dedication, and preparation	使学生明确本单元的学习目标、主要内容及重难点，并使学生基本达成知识目标、能力目标与情感目标

续表 1.2

<table>
<tr><th colspan="4">教学内容与过程(含思政融入点,以 BOPPPS 模式为例)</th></tr>
<tr><th>步骤及
时间分配</th><th>教学内容</th><th>课程思政素材
(示例 + 来源)</th><th>设计意图</th></tr>
<tr><td>教学目标
Objectives
(5 分钟)</td><td>能力目标:能运用与主题相关的词汇、短语、表达、演讲的语言技巧、举例法进行议论文写作,运用增译法、省略法进行汉英翻译。
情感目标(思政目标):培养不怕困难、刻苦努力、意志坚定、爱岗敬业的精神,激发爱国主义情感,树立民族自信心以及正确的职业观、价值观</td><td></td><td></td></tr>
<tr><td>前测
Pre-assessment
(10 分钟)</td><td>提问:
1. In your view, what is success?
2. According to the poem, what is success?
3. What success has Tu Youyou achieved in the medical field?
4. What are the traits Tu Youyou possessed contributing to her success?
5. What other expressions do you know for talking about success?</td><td>参考来源:① https://www.lifehack.org/827403/living-the-dream?
② https://www.bilibili.com/video/BV1kW411N7Sb/? spm_id_from=333.788.videocard.2.
③ https://mp.weixin.qq.com/s/Le4X0P0DdP1keh yg4vViCw.</td><td>1. 使学生快速进入主题,并建立主题与自身的联系,让学生进一步加深对课前材料的理解。
(POA—促成)
2. 了解学生有关“成功”的词汇、短语、句型与表达的积累情况,并使学生“知不足”
(POA—驱动)
(参考来源可作为学生的课后拓展资源,为产出做进一步的准备)
(POA—促成)</td></tr>
<tr><td>参与式
学习
Participatory learning
(40 分钟)</td><td>1. 双人任务:寻读课文,以人物为线索,填写 5 人的成长与成功史,找出文中作者用来讲述“成功”案例的高质量表达</td><td>1. ①线索与内容。
Text Study
<table>
<tr><th>Examples</th><th>Difficulties in life</th><th>Factors for success</th></tr>
<tr><td>Winston Churchill</td><td>• not a good student
• almost being removed from the school</td><td>• wit, wisdom, civic duty, and abundant courage</td></tr>
<tr><td>Thomas Edison</td><td>• slow to learn
• ran away from school</td><td rowspan="2">• their parents believed in them
• never bypass the long hours of hard work that they needed to succeed</td></tr>
<tr><td>Albert Einstein</td><td>• didn’t speak fluently until he was almost 9 years old
• a poor student</td></tr>
<tr><td>Abraham Lincoln</td><td>• substantial hardships, failures and repeated misfortunes</td><td>• strong will, optimism, dedication and determination</td></tr>
<tr><td>Sandra Day O’Conno</td><td>• grew up on a cattle ranch
• was rejected from the entire Jaw cirewit</td><td>• fought to achieve the best education possible
• sheer persistence</td></tr>
</table></td><td>(POA—促成)
1. 采用同伴协作的学习方式,使学生掌握案例描述的内部逻辑,并具备课后独立修改初稿中案例描述部分的能力。训练学生寻找关键词与信息的能力,并让学生掌握主题词汇与表达技巧,进而克服作文初稿中语言表达上存在的不足</td></tr>
</table>

续表 1.2

<table>
<tr><th colspan="4">教学内容与过程(含思政融入点，以 BOPPPS 模式为例)</th></tr>
<tr><th>步骤及时间分配</th><th>教学内容</th><th>课程思政素材
(示例＋来源)</th><th>设计意图</th></tr>
<tr><td>参与式学习
Participatory learning
(40 分钟)</td><td>2. 单人任务：根据内容划分段落，并寻读课文 1～6 段，找出全文中心句和各段主题句。
3. 小组任务：阅读课文 7～8 段，讨论成功的秘诀，并与社会主义核心价值观对接</td><td>② 有关“成功”的表达。
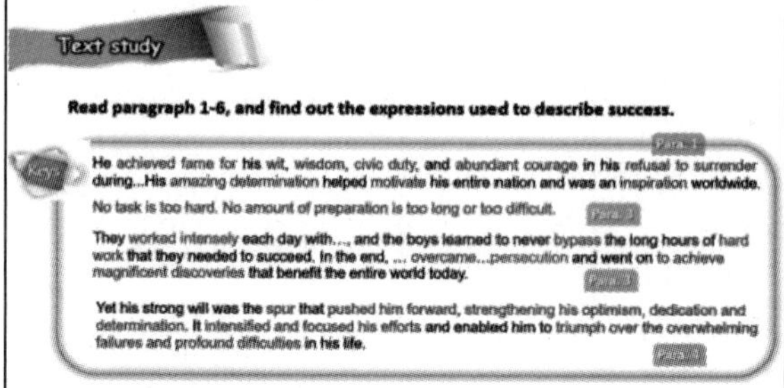

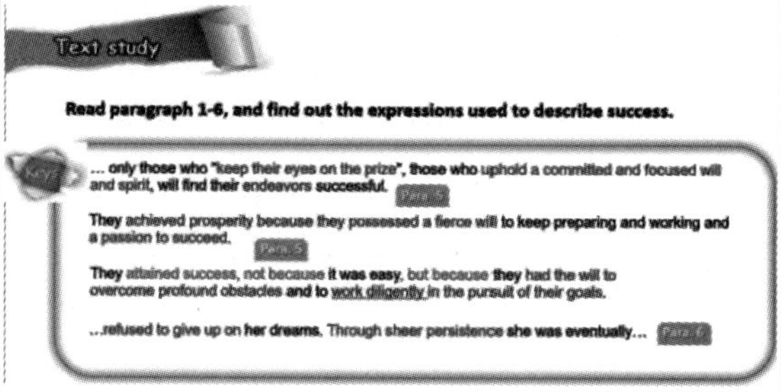

2. ① 中心句：
Tips
Young men, never give up. Never give up! Never give up! Never, never, never, never!
② 主题句：
Tips
Personal history, educational opportunity, individual dilemmas – none of these can inhibit a strong spirit committed to success.
Tips
· Keep their eyes on the prize;
· Uphold a committed and focused will and spirit;
· Have the will to overcome profound obstacles and to work diligently.
3. 成功秘诀与社会主义核心价值观对接。
Para. 7-8
The secret of success is based upon a burning __inward desire__ – a robust, fierce will and focus – that fuels the __determination__ to act, to keep preparing, to keep going even when we are tired and fail. It's not how many times you fall down that matters. It's how many times you __get back up__ that makes success! With hard work, __determination__, dedication and preparation, you can __transcend__ any handicap, accomplish any feat, and __achieve success__.</td><td>2. 使学生掌握文章的总体与内部结构，并具备课后独立调整初稿中结构问题的能力。
3. 以小组讨论的方式使学生认识到不怕困难、刻苦努力、意志坚定、充分准备是成功的秘诀，让学生树立正确的人生观与价值观</td></tr>
</table>

续表 1.2

<table>
<tr><td colspan="4">教学内容与过程（含思政融入点，以 BOPPPS 模式为例）</td></tr>
<tr><td>步骤及
时间分配</td><td>教学内容</td><td>课程思政素材
（示例＋来源）</td><td>设计意图</td></tr>
<tr><td>参与式
学习
Participatory learning
（40 分钟）</td><td></td><td>Core Socialist Values
富强 (prosperity) 公正（justice）
民主 (democracy) 法治（the rule of law）
文明 (civility) 爱国（patriotism）
和谐 (harmony) 敬业（dedication）
自由 (freedom) 诚信（integrity）
平等 (equality) 友善（friendship）

Text study
➢ dedication
• 与其临渊羡鱼，不如退而结网。
——《汉书 · 董仲舒传》
1) One should take practical steps to achieve his aims.
2) Better go back and make a net than long for the fish by merely staring into the water.</td><td></td></tr>
<tr><td>后测
Post-assessment
（10 分钟）</td><td>1. 采用提问的方式检测学生对课文中重点词汇、短语和有关主题表达的掌握程度。
2. 采用提问的方式检测学生对课文中重点句型的掌握程度</td><td><table>
<tr><td>1 偏离，背离……</td><td>deviate from ...</td></tr>
<tr><td>2 阻止某人做……</td><td>preclude sb. from doing ...</td></tr>
<tr><td>3 战胜……</td><td>triumph over ...</td></tr>
<tr><td>4 追求……</td><td>in the pursuit of ...</td></tr>
<tr><td>5 通过奋斗逐步达到</td><td>work one's way to/through/into ...</td></tr>
<tr><td>6 放弃……</td><td>give up on ...</td></tr>
<tr><td>7 专注于……</td><td>focus on ...</td></tr>
<tr><td>8 移开；从……开除</td><td>remove ... from ...</td></tr>
<tr><td>9 认定……失败</td><td>write ... off</td></tr>
<tr><td>10 充当；起作用</td><td>act as</td></tr>
<tr><td>11 不足；不够好</td><td>fall down</td></tr>
<tr><td>12 为……而鞭笞……</td><td>whip ... for ...</td></tr>
<tr><td>13 赞颂……为/是……</td><td>commend ... as ...</td></tr>
<tr><td>14 付出努力去做……</td><td>expend effort to do ...</td></tr>
<tr><td>15 内心燃烧的欲望</td><td>burning inward desire</td></tr>
<tr><td>16 执着于……</td><td>keep one's eyes on ...</td></tr>
<tr><td>17 跨越一切障碍</td><td>transcend any handicap</td></tr>
<tr><td>18 达成所有壮举</td><td>accomplish any feat</td></tr>
<tr><td>19 因……而成名</td><td>achieve fame for ...</td></tr>
<tr><td>20 言简意赅的讲话</td><td>short, clear-cut speech</td></tr>
</table>
<table>
<tr><th>Functions & Usages</th><th>Sentence Patterns</th></tr>
<tr><td>1. 用于表达“对已知条件的否定”。</td><td>A, B, C – none of these be/do...</td></tr>
<tr><td>2. 用于表达“某人做某事的原因”。</td><td>Sb. do sth., not because ..., but because ...</td></tr>
<tr><td>3用于表达“对某事物最为重要的因素是……”。</td><td>It's not ... that matters. It's ... that be/do...</td></tr>
</table></td><td>后测的设计可以检测学生的学习效果，并强调学习的重点和难点。同时，为学生写作过程中的正确产出夯实基础
（POA—评价 & 促成）</td></tr>
</table>

续表 1.2

<table>
<tr><td colspan="4">教学内容与过程(含思政融入点,以 BOPPPS 模式为例)</td></tr>
<tr><td>步骤及
时间分配</td><td>教学内容</td><td>课程思政素材
(示例 + 来源)</td><td>设计意图</td></tr>
<tr>
<td>总结
Summary
(10 分钟)</td>
<td>布置作业:
1. 学习并背诵重点词语及例句,并完成课后练习题。
2. 写作任务:
探索更多从医者不怕困难、刻苦努力、意志坚定、爱岗敬业的事例,丰富写作内容。
根据所学的单元语言与结构知识修改作文 “The Traits of Successful People in the Medical Field” 的初稿,重点提升语言表达水平</td>
<td>1. deviate Para. 1
vi. start doing sth. different from what is expected or agreed 背离,偏离
Leading officials must direct their studies correctly. If they deviate from the guiding principle of Marxism, they will be studying without a clear aim and may go astray.
领导干部学习,要正确把握学习的方向。忽视了马克思主义所指引的方向,学习就容易陷入盲目状态甚至误入歧途。
——《习近平谈治国理政》第一卷

2. inhibit Para. 3
vt. make it difficult for a progress to start or continue in a normal way 阻碍,妨碍,抑制
For more than two decades our socialist market economy has been developing, yet there are still quite a number of problems and drawbacks that inhibit the vitality of market entities and prevent the laws of the market and value from fully playing their roles.
经过20多年实践,我国社会主义市场经济体制不断发展,但仍然存在不少问题,仍然存在不少束缚市场主体活力、阻碍市场和价值规律充分发挥作用的弊端。
——《习近平谈治国理政》第一卷

3. spur Para. 4
vt. encourage sb. to do sth. 刺激,激励,鞭策,鼓舞
Patriotism has always been the inner force that binds the Chinese nation together, and reform and innovation have always been the inner force that spurs us to keep abreast of the times in the course of reform and opening up.
爱国主义始终是把中华民族坚强团结在一起的精神力量,改革创新始终是鞭策我们在改革开放中与时俱进的精神力量。
——《习近平谈治国理政》第一卷

4. endeavor Para. 5
vi. try very hard to do sth. 努力做(某事),尽力做(某事)
We have remained committed to the new development philosophy, adopted the right approach to development, and endeavored to transform the growth model.
坚定不移贯彻新发展理念,坚决端正发展观念、转变发展方式。
——中国共产党第十九次全国代表大会报告

<table>
<tr><th>Examples</th><th>Difficulties in life</th><th>Factors for success</th><th>Achievements/ praise</th></tr>
<tr><td>Li Shizhen</td><td></td><td></td><td></td></tr>
<tr><td>Lin Qiaozhi</td><td></td><td></td><td></td></tr>
<tr><td>Wu Mengchao</td><td></td><td></td><td></td></tr>
</table>
</td>
<td>1. 加大学生的语言输入,增强其对重点词汇及表达的理解与应用。(POA—促成)
2. 使学生完善写作产出任务(课后)。升华主题,用历代中国人不怕困难、刻苦努力、意志坚定、专心投入、准备充分的鲜活事迹和实例激发学生的爱国主义情感,培养其爱岗敬业的精神,增强学生的民族自信心与树立高尚价值观的决心
(POA—驱动)</td>
</tr>
</table>

表 1.3 “大学英语Ⅲ”读写课第一单元第二次课教学设计

教学内容与过程（含思政融入点，以 BOPPPS 模式为例）			
步骤及时间分配	教学内容	课程思政素材（示例＋来源）	设计意图
课前任务	1. 听读英语名篇“On Achieving Success”（海明威），思考以下问题： What is the way to success? 2. 观看 TED 英语视频 *8 Secrets of Success*，思考第①题，并按②制定学期目标： ① What are the *8 secrets of success*? ② Set a concrete goal, follow the suggestions in this video, and see what will happen at the end of this semester.	1. 英语名篇来源：http://m.kekenet.com/Article/201107/145958.shtml 2. 英语视频来源： https://www.bilibili.com/video/BV1tW411Z7Lx	进一步拓展主题，并启发学生设立本学期的英语学习目标 （数据追踪——笔记 & 调查问卷）
导入 Bridge-in（5 分钟）	1. 请讲一个中国名医的成长故事。 2. 检查作业（课后练习题：词汇与短语）	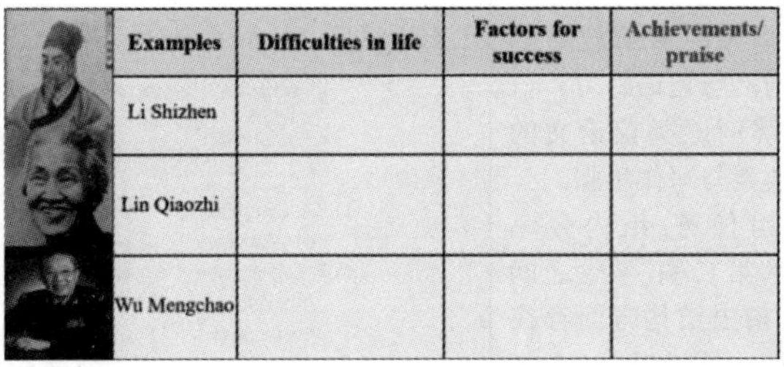 Examples / Difficulties in life / Factors for success / Achievements/praise Li Shizhen Lin Qiaozhi Wu Mengchao	1. 使学生快速进入主题，并指出不正确的案例呈现方式。 （POA—评价 & 促成） 2. 跟踪学生的课后学习情况 （POA—评价）
教学目标 Objectives（5 分钟）	知识目标：识别并熟记与成功相关的词汇、短语和习惯表达，阐述例证类议论文的写作要素与写作步骤，了解翻译中的增译法、省略法。 能力目标：能运用与主题相关的词汇、短语、表达、演讲的语言技巧、举例法进行议论文写作，运用增译法、省略法进行汉英翻译。 情感目标：培养不怕困难、刻苦努力、意志坚定、爱岗敬业的精神，激发爱国主义情感，树立民族自信心以及正确的职业观、价值观	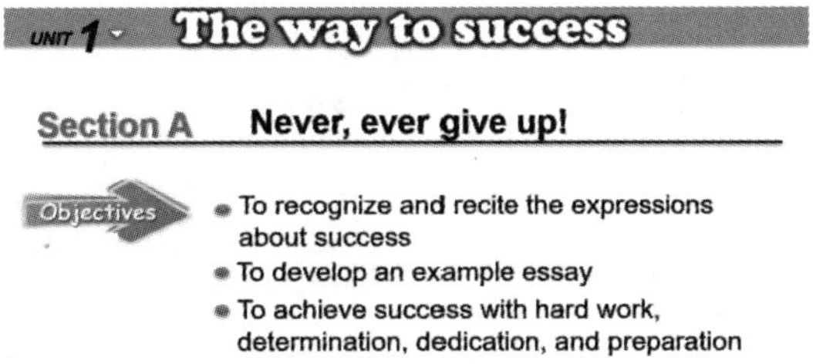 	使学生进一步达成知识目标、能力目标与情感目标

续表 1.3

<table>
<tr><th colspan="4">教学内容与过程(含思政融入点,以 BOPPPS 模式为例)</th></tr>
<tr><th>步骤及
时间分配</th><th>教学内容</th><th>课程思政素材
(示例+来源)</th><th>设计意图</th></tr>
<tr>
<td>前测
Pre-
assessment
(10 分钟)</td>
<td>提问:
1.What is the way to success according to Hemingway?
2.What are the 8 secrets of success according to the video?
3.Set a concrete goal of English learning for this semester.</td>
<td>Unit theme
What leads to success?
We cannot travel every path. Success must be won along one line. We must make our business the one life purpose to which every other must be subordinate.

I hate the thing done by halves. If it be right, do it boldly. If it be wrong, leave it undone.

The men of history were not perpetually looking into the mirror, t make sure of room size, absorbed in their work they did it, they did so well that the wondering world sees them to be great. and labled them accordingly.

Unit theme
1. What are the 8 secrets of success?

2. Set a goal, follow the suggestions in this video, and see what will happen at the end of this semester.</td>
<td>通过前测了解学生对有关"成功之路"的词汇、短语、句型等的预习情况
(POA—评价&促成)</td>
</tr>
<tr>
<td>参与式
学习
Participatory
learning
(40 分钟)</td>
<td>1. 选择性地讲解教材的课后词汇与短语练习。
2. 讲解例证类议论文的写作要素与写作步骤。
3. 小组任务:组内分享作文的第二稿,学生之间互评,指出结构方面存在的问题与修改建议(教师答疑)</td>
<td>1. Language Focus
maintain prestige whereby nominate
inhibit patriotic pursuit dedication
endeavor transcend

A committed F eventually K feats
B scarcely G premier L diligent
C dedication H endeavor M slightest
D tragic I transcend N attained
E handicaps J bypass O diligently

preclude ... from deviate from fail in
triumph over work one's way into
in the pursuit of write off
remove ... from

2. 例证类议论文写作
Organizing your ideas
Fill in the table to clarify your essay outline.
<table>
<tr><th>Topic</th><th>General statement of the essay</th><th>Examples</th><th>Strategies of developing thesis statement</th><th>Conclusion</th><th>Key words & expressions</th></tr>
<tr><td>The Traits of Successful People in the Medical Field</td><td>Traits</td><td>Topic sentence +Three examples</td><td>The order of time, space, or importance</td><td></td><td>In unit 1 Text A</td></tr>
</table>
Writing devices Essay writing
Guidelines for a successful example essay
1. A wise selection of sufficient examples which are specific and typical, interesting and relevant. The examples may consist of either personal experiences or second-hand information from reliable sources.
2. An expert arrangement of these examples. Similar or related examples should be grouped together and arranged according to the order of time, space, or importance.

Writing devices Essay writing
Topic sentence: Personal history, educational opportunity, individual dilemmas – none of these can inhibit a strong spirit committed to success. (Para. 3)
Further illustration: No task is too hard. No amount of preparation is too long or too difficult. (Para. 3)
Examples: Take the example of two of the most scholarly scientists of our age, Albert Einstein and Thomas Edison. (Para. 3)
Another more detailed example: Consider also the heroic example of Abraham Lincoln, who faced substantial hardships, failures and repeated misfortunes in his lifetime. (Para. 4)</td>
<td>1. 选择性地对习题进行讲解,能够做到有的放矢,提高课堂效率。
(POA—促成)
2. 使学生习得例证类议论文的写作要素与写作步骤,以克服作文初稿中写作手法方面的不足。
(POA—促成)
3. 通过学生互评,训练学生比较和分析的能力,加强学生思维和语言表达的准确性,激发学生的学习主动性,提高其参与度。教师辅助性评价主要起到支架的作用,强化促成的效果
(POA—评价&促成)</td>
</tr>
</table>

续表 1.3

教学内容与过程(含思政融入点,以 BOPPPS 模式为例)			
步骤及 时间分配	教学内容	课程思政素材 (示例 + 来源)	设计意图
后测 Post-assessment (15 分钟)	教师选取存在语言、结构、逻辑等方面错误的学生作文,让学生指出其中的问题	‹首篇 第2445994号 作文 下一篇› The development of medicine in today's world is progressing rapidly, and many excellent doctors have emerged in the world, they are deeply admired by the public, and become the model which people all pursue. But success is not an easy thing, in addition to abundant knowledge, you may have to experience a lot of hardships. Take the example of Li Shizhen, who was one of the greatest physicians and pharmacologists in Chinese history. He was weak and sick since childhood even though he was born in a medical family, when he decided to study hard, he unfortunately failed the exam three times in a row. With unwilling to be down and out, he made up his mind to explore medicine by himself. Tough-minded and strong-willed, he spends time and energy research herbs, and eventually wrote the book called Bencao Gangmu in 27 years. Consider also the example of Lin Qiaozhi and Zhong Nanshan, both them are retrograde in the difficult dilemma. Lin Qiaozhi was expelled from the hospital because of the war, while Zhong Nanshan was transferred to rural areas, yet, none of them gave up because of this. Lin Qiaozhi found a private hospital so that she could continue to serve the people, and Zhong Nanshan learn from basic departments until success. In the end, both them overcame the persecution and went on to achieve magnificent achievement. No one can succeed casually without perseverance, dedication and preparation, set goals and strive to accomplish them, I believe that we will do it. ‹首篇 下一篇› 字数:252,提交次数:13,字体:大 中 小,复制全文,打印,重置批改 (0) 评论(0) 消息(0) Li Shizhen's secter of success Li Shizhen.a famous medical expert and pharmacist .contrIbites to humans.he has deep attainments in medical science.we are able to learn a lot from him. First.he never say give up. in fact.Reading the classic medical book.he funded too many errors.people were nervous about appropriate prescription.so Li Shizhen always went out for investiration.and he composed compendium of materia medical.second.Li Shizhen due to made contributions to medical.difficult of composition is many Herbs' varieties.It's difficult to distingish thire's size small habit and so on.then.he tasted all kind of herbs to record them to book.worthning mentioning.tasting the deleterious herbs.he almost lost his life.in addition.he due to cirtical error.At that point people always want to founded a way to longevity.especially to get longevity.emperor forced a lot of Alchemis the to find it.but Li Shizhen opposed the thing and point to the danger. In summary.he attained success.not because he want to make a good example to remember him.but because he want to try his best to benefit the people.	后测可以检测学生的学习效果,并强调学习重点和难点。同时,为学生写作过程中的正确产出夯实基础。 (POA—评价 & 促成)
总结 Summary (5 分钟)	布置作业:根据同伴互评和教师辅助性评价的意见,修改与完善作文,形成终稿(上传批改网)。经系统评分后,教师选出优秀作品,并在系统里共享	作文总数:172 篇(未交 7 人) 满分:100 分 截止时间:03 月20 日(已截止) 字数:120 ~ 300 字 83.1 平均分 0 人工阅 0 相似 2 推荐 班级: 全部班级 报刊选读(选修课)(0/271) 2014 年 11 月英语报刊选读课(0/254) 大学英语重修(0/213)… 更多 标签: 补交 人工阅 未阅 推荐 重写 疑似跑题 异常作文 疑似机译 学号 / 姓名 / 班级名 / 成绩 / 次数 / 标题 / 时间 215010705 / 朱美琪 / 2021 段二临 2 班 / 90 / 4 / 第 2584106 号作文 / 推荐 03 月 13 日 215010914 / 崔筱宇 / 2021 段二临 2 班 / 91.5 / 15 / 第 2584106 号作文 / 推荐 03 月 18 日	学生完成最终写作任务,系统与教师共同评价。 (POA—评价)

表 1.4 “大学英语Ⅲ”读写课第一单元第三次课教学设计

教学内容与过程(含思政融入点,以 BOPPPS 模式为例)			
步骤及 时间分配	教学内容	课程思政素材 (示例 + 来源)	设计意图
课前任务	1. 学生阅读教师在批改网中推荐的优秀作品,思考其成为优秀作品的原因,并反思自己的作文与其存在的差距。	‹上一篇 第2584106号 作文 下一篇› In the scientific community, stories of devotion to the advancement of science have long been commonplace. In order to verify their theoretical conjectures or to obtain real and detailed data, they would not hesitate to use their own bodies to test and risk their own lives.Take the example of the medical scientist we will introduce next, Barry Marshall. Born in Kalgoorlie, Western Australia, Barry Marshall earned an undergraduate degree in medicine at the University of Western Australia and went on to work as a postgraduate in internal medicine at the Royal Hospital, where he met Rowe, a doctor who was studying gastric ulcers Bing Warren. Robin Warren discovered the culprit of stomach ulcers two years before he met Marshall: Helicobacter pylori. But no one believed Robin Warren's findings.	1. 激发学生见贤思齐(POA—驱动),并提供仿写模板(POA—促成)。

续表 1.4

教学内容与过程(含思政融入点,以 BOPPPS 模式为例)			
步骤及 时间分配	教学内容	课程思政素材 (示例+来源)	设计意图
课前任务	2. 完成教材中的翻译练习	① 英译汉: After repeated failures, the two came up with a hypothesis and published a paper. Unsurprisingly, this hypothesis and paper were ridiculed by the medical community and opposed and ridiculed by the entire industry. The pressure on the two can be imagined. On the other hand, they have also suffered setbacks in animal experiments and cannot conduct human experiments. Marshall performed experiments on his own body to prove that the two hypotheses were correct. Since then, gastric ulcer disease has changed from an incurable, recurring chronic disease to a disease that can be cured with only a short course of antibiotics and acid suppressants. In 2005, Barry Marshall and his partner Robin Warren won the Nobel Prize in Medicine and Physiology. The partners who once fought against the world finally got their due honor. More importantly, their findings inspired the medical community to study the relationship between microbes and other chronic inflammatory diseases, which is a landmark in the field of gastroenterology research. ② 汉译英: 如今,很多年轻人不再选择"稳定"的工作,他们更愿意自主创业,依靠自己的智慧和奋斗去实现自我价值。青年创业(young entrepreneurship)是未来国家经济活力的来源,创业者的成功不但会创造财富、增加就业机会、改善大家的生活,从长远来看,对于国家更是一件好事,创业者正是让中国经济升级换代的力量。尤其是在当前,国家鼓励大众创业、万众创新,在政策上给予中小企业支持,这更加激发了年轻人的创业热情。	2. 自主翻译的过程使学生"知不足" (POA—驱动)
导入 Bridge-in (10 分钟)	1. 检查翻译作业。 2. 观看中国"双创"宣传片,阅读相关文章	宣传图片来源:https://v.qq.com/x/page/n0883x4yj6e.html 文章来源:http://dangjian.people.com.cn/n1/2018/1220/c117092-30479005.html	1. 跟踪学生的课后学习情况。 2. 使学生了解国家的"双创"政策,激发学生的创新创业意识,有利于学生的学习与职业规划 (POA—驱动)
教学目标 Objectives (5 分钟)	知识目标:识别并熟记与成功相关的词汇、短语和习惯表达,阐述例证类议论文的写作要素与写作步骤,了解翻译中的增译法、省略法。 能力目标:能运用与主题相关的词汇、短语、表达、演讲的语言技巧、举例法进行议论文写作,运用增译法、省略法进行汉英翻译。 情感目标:培养学生不怕困难、刻苦努力、意志坚定、爱岗敬业的精神,激发学生的爱国主义情感,并使其树立民族自信心,以及正确的职业观、价值观	UNIT 1 The way to success Section A Never, ever give up! Objectives • To recognize and recite the expressions about success • To develop an example essay • To achieve success with hard work, determination, dedication, and preparation	使学生最终达成所有的知识目标、能力目标与情感目标

续表 1.4

教学内容与过程（含思政融入点，以 BOPPPS 模式为例）			
步骤及 时间分配	教学内容	课程思政素材 （示例＋来源）	设计意图
前测 Pre- assessment （5 分钟）	提问： 1. 何为增译法？ 2. 何为省略法？ 3. 翻译作业中你用到增译法和省略法了吗？	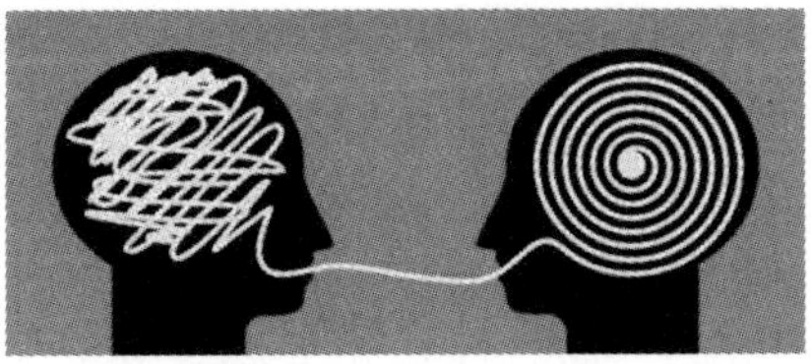	（POA—促成） 通过前测了解学生对翻译技巧的掌握情况，使其明白翻译技巧能够使译文逻辑清晰、表达简洁
参与式 学习 Participatory learning （45 分钟）	1. 示范翻译流程，讲解翻译技巧。 2. 小组任务：从语言、结构、逻辑、构思等方面列出优秀作文中的亮点，并参照优秀作品修改自己的作文	Paragraph translation • Translate the following paragraph into English. ① 如今，很多年轻人不再选择“稳定”的工作，② 他们更愿意自主创业，依靠自己的智慧和奋斗去实现自我价值。③ 青年创业(young entrepreneurship)是未来国家经济活力的来源，④ 创业者的成功不但会创造财富、增加就业机会、改善大家的生活，从长远来看，对于国家更是一件好事，⑤ 创业者正是让中国经济升级换代的力量。⑥ 尤其是在当前，国家鼓励大众创业、万众创新，在政策上给予中小企业支持，⑦ 这更加激发了年轻人的创业热情。 to realize self-value 2）他们更愿意自主创业，依靠自己的智慧和奋斗去实现自我价值。 prefer to do sth. to start one’s own business through one’s own wisdom and efforts **Instead, they** prefer to start their own businesses **and** realize their self-value through their own wisdom and efforts. • 注释： **增译法：**根据上下文的语义和习惯增加必要的词汇。这一句和上一句语义相反，增加 **instead** 一词表示“转折”。 ① 如今，很多年轻人不再选择“稳定”的工作，② 他们更愿意自主创业，依靠自己的智慧和奋斗去实现自我价值。 to start one’s own businesses 6）尤其是在当前，国家鼓励大众创业、万众创新，在政策上给予中小企业支持。 for the time being medium and small businesses to make innovations •**Especially** for the time being, **our country is encouraging people** to start their own businesses **and** make innovations **and giving policy support for** medium and s mall businesses. • 注释： **省略法：**根据上下文的语义，省去不必要的词语。比如“大众”和“万众”是一个意思，重复，所以省去“万众”。 ...**our country** is encouraging **people** to start their own businesses **and** make innovations...	（POA—促成） 1. 培养学生良好的翻译习惯，使学生意识到汉英语言表达上的差异，理解并能够熟练运用增译法与省略法。 2. 推动同伴合作，促进学习反思，提高写作水平

续表 1.4

<table>
<tr><td colspan="4">教学内容与过程（含思政融入点，以 BOPPPS 模式为例）</td></tr>
<tr><td>步骤及
时间分配</td><td>教学内容</td><td>课程思政素材
（示例＋来源）</td><td>设计意图</td></tr>
<tr><td>后测
Post-assessment
（10 分钟）</td><td>将再次修改后的作文上传至批改网，并根据批改网的错误提示进一步修改，最终定稿</td><td>如：<table><tr><td>版本</td><td>时间</td><td>成绩</td></tr><tr><td>1</td><td>2022-03-08 16:09:29</td><td>82</td></tr><tr><td>2</td><td>2022-03-08 16:09:03</td><td>82</td></tr><tr><td>3</td><td>2022-03-08 16:10:35</td><td>88</td></tr><tr><td>4</td><td>2022-03-08 16:11:59</td><td>88</td></tr><tr><td>5</td><td>2022-03-08 16:13:26</td><td>88</td></tr><tr><td>6</td><td>2022-03-08 16:15:26</td><td>90</td></tr><tr><td>7</td><td>2022-03-10 10:15:43</td><td>90</td></tr><tr><td>8</td><td>2022-03-10 10:16:29</td><td>90</td></tr><tr><td>9</td><td>2022-03-10 10:17:35</td><td>90</td></tr><tr><td>10</td><td>2022-03-10 10:19:09</td><td>93</td></tr><tr><td>11</td><td>2022-03-18 09:36:51</td><td>89</td></tr><tr><td>12</td><td>2022-03-18 09:49:54</td><td>88.5</td></tr><tr><td>13</td><td>2022-03-18 09:50:16</td><td>89.5</td></tr><tr><td>14</td><td>2022-03-18 10:05:57</td><td>90.5</td></tr><tr><td>15</td><td>2022-03-18 10:10:22</td><td>91.5</td></tr></table></td><td>后测可以检测学生的学习效果
（POA—促成＆评价）</td></tr>
<tr><td>总结
Summary
（5 分钟）</td><td>对本单元的教学内容进行总结，并提醒学生期末将检查本学期制定的英语学习目标是否达成</td><td>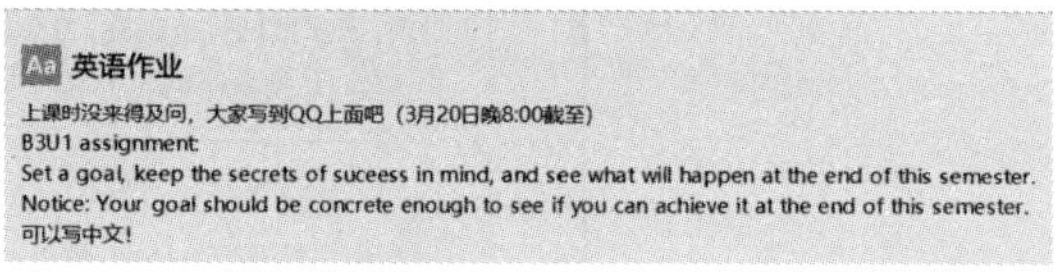
Aa 英语作业
上课时没来得及问，大家写到QQ上面吧（3月20日晚8:00截至）
B3U1 assignment:
Set a goal, keep the secrets of suceess in mind, and see what will happen at the end of this semester.
Notice: Your goal should be concrete enough to see if you can achieve it at the end of this semester.
可以写中文！</td><td>考查学生是否具有或养成了不怕困难、刻苦努力、意志坚定、坚持不懈的品格
（POA—评价）</td></tr>
</table>

三、教学行动

笔者的教学对象是医学院校大学一年级临床医学专业的学生。本单元是他们第二学期英语读写课程的第一单元。临床医学专业学生的入学成绩比本校大多数其他专业学生的成绩高，英语成绩亦如此。根据第一学期的学习情况来看，他们具有相对较强的学习积极性，大部分学生能够比较认真地完成教师布置的任务。大部分学生的阅读能力整体高于写作能力，部分学生对写作任务心有畏惧。

（一）驱动

调动学生的学习积极性，既要激发学生的学习兴趣，又要使学生认识到学习任务具有潜在的交际价值。因此，单元的大驱动任务（大目标）需要提供与学生专业相关联的交际场景，使学生在认识上肯定学习内容的必要性，在情感上认同主题内容提供的情绪价值。结合当时的社会环境，笔者设置了两个交际场景：① 疫情期间，医护人员的作用凸显。医护队伍中涌现出许多英雄人物，如钟南山、李兰娟等。他们在抗击疫情的过程中身先士卒、救死扶伤，利用他们精湛的医术与仁爱之心带领全国人民共渡难关。② 从古至今，中华大地涌现出很多名医，他们为什么能在医学领域成为举足轻重的人物，这是值得每个学生思考的问题。笔者让学生以“The Traits of Successful People in the Medical Field”为题，准备一篇演讲稿，用实例告诉学生：① 如何才能成为一名成功的医生。② 同学们下学期就要参加全国大学生英语四级考试了，这个考试的重要性不言而喻，因此，大家需要早做准备，制订明确的英语学习计划，并在主题班会上彼此交流，学期末将检验大家的计划完成情况。两个交际场景都具备了“场景制导”原则（文秋芳，2019）要求的场景四要素（见表 1.5）。

表 1.5 产出活动交际价值案例展示

	产出活动	交际目的	交际场合	交际话题	交际角色
读写课案例	活动 1	探究、领会、宣传医学界成功人士具备的品质	英语演讲比赛	如何才能成为一名成功的医生	演讲者
	活动 2	推动学生有计划地迎战全国大学生英语四级考试	英语学习主题班会经验交流	我的英语学习计划	学生

需要说明的是：第二个产出活动设置的目的是检验本单元的教学是否对学生刻苦努力、意志坚定、专心投入、准备充分的品格培养起作用，学习计划的制订与本单元语言教学无关。因此，接下来主要讨论第一个产出活动（以下简称产出活动）。首先，产出活动的设计反映了真实世界的活动，具有“交际真实性”。疫情期间，许多医护者走进了大众的视野，他们的敬业、奉献精神使人动容。学生定期举办抗击疫情主题活动，向抗疫英雄学习便是其中的主题之一。因此，学生能够真实地感知以上产出任务的交际价值，进而产生学习驱动力（张文娟，2022）。其次，产出活动具有“认知挑战性”。提到抗疫英雄，学生从媒体中看到、听到的多是他们在抗击疫情过程中做出的牺牲与贡献，但是，从古至今，医护人员千千万，为什么只有其中的部分人表现尤为突出，贡献举足轻重？学生对这个问题的探究可能给他们目前的学习与未来的职业发展指明方向。学生需要通过学习、探究找到答案，同时，用恰当的语言表达出来。因此，以上产出活动具有认知挑战性。最后，产出活动能够使学生在尝试完成任务的过程中感知困难与缺口。写作中语言、逻辑结构等方面的欠缺能够使学生产生学习动力，明确学习重点。总之，学生对产出活动的“价值认同”、活动本身的“认知挑战”和学生体验到的“缺口意识”使本单元的产出活动具有驱动力（张文娟，2022）。

为使学生的学习动力持续，驱动任务贯穿教学始终。笔者在大的驱动任务下又设置了一个个小任务，使学生在三周的学习中不断面临新的认知挑战（见表 1.6），不断完成小目标，通过收获感与成就感维持其学习动力。在各种形式与内容（包括诗歌、散文赏析，视频观看，课堂提问，作品比较等）的活动驱动下，学生更容易产生价值认同与缺口意识。对于学生来说，观看 BBC 英语纪录短片《20 世纪最伟大的科学家之一——屠呦呦》与探索更多从医者不怕困难、刻苦努力、意志坚定、爱岗敬业的事例，对于完成大驱动任务来说更具针对性。然而，学生同样需要提升人文素养，因此，与主题相关的诗歌、散文赏析同样能够唤起学生的价值认同，毕竟正确地理解成功是个人价值观的体现，而成功的基本要素在各行各业中也具有普适性。此外，正确理解中国典籍名句更是“讲好中国故事”的前提。因此，与大驱动任务相比，9 个小驱动任务同样能够唤起学生的价值认同，并且其主题内容能够有效地支撑起大驱动任务。同时，通过支架式提问（课堂提问）与文本对比（作品比较）的方式强化学生的缺口意识，激发其见贤思齐，这种方式本身就是一种驱动力。

表 1.6　驱动任务设计

教学步骤	大驱动任务	小驱动任务	课前／课堂活动
驱　动	任务 1：以“The Traits of Successful People in the Medical Field”为题，为主题班会准备一篇演讲稿，用实例告诉同学们如何成为一名成功的医生	活动 1（第一次课）	课前：阅读双语诗歌“What is Success”（爱默生），思考以下问题：What is success?
		活动 2（第一次课）	课前：观看 BBC 英语纪录短片《20 世纪最伟大的科学家之一——屠呦呦》，思考以下问题： ① What success has Tu Youyou achieved in the medical field? ② What are the traits Tu Youyou possessed contributing to her success?
		活动 3（第一次课）	课中导入：翻译有关课文主题的中国典籍名句，并说出各句反映了人的哪些品格
		活动 4（第一次课）	课中前测：What other expressions do you know for talking about success?
		活动 5（第一次课）	课中总结：学生探索更多从医者不怕困难、刻苦努力、意志坚定、爱岗敬业的事例，丰富写作内容
		活动 6（第二次课）	课前：听读英语名篇“On Achieving Success”，（海明威）思考以下问题：What is the way to success?
		活动 7（第二次课）	课前：观看英语视频 *8 Secrets of Success*，思考：What are the 8 secrets of success?
		活动 8（第三次课）	课前：学生阅读教师在批改网中推荐的优秀作品，思考其成为优秀作品的原因，并反思自己的作文存在的不足
	任务 2：为迎战下学期的英语四级考试，制订本学期的个人英语学习计划	活动 9（第二次课）	Set a goal, follow the suggestions in this video *8 Secrets of Success*, and see what will happen at the end of this semester.

驱动环节是教学的起点。为调动学生的积极性，笔者在单元教学的开始，并不会直接进入教材的讲授，而是引入课外阅读或视听材料作为课前预习材料。教学素材是课程教学的主要载体和依据，教学素材中的思政内容建设是实现课程思政的重要前提（徐锦芬，2021）。因此，在选择驱动素材时，笔者首先探索其与单元主题、思政教育的契合点，并发挥自己的能动性，“以学生发展为中心、以学科属性为引导、以学校特色为依托”，显性或隐性地塑造学生的思想，影响他们的价值与行为取向（徐锦芬，2021）。本单元的主题为“成功”，驱动环节需引发学生对成功的概念、成功的因素、人的品格、医生的职业价值等方面的思考。这是课程思政的第一步——以问题或任务为驱动，了解教学素材，引发思考。学生对教学素材中思政内容的理解能够促进他们认知的发展，而教学素材中的事例及其对学生个人经历的唤醒能够激发他们的情感认同，进而影响他们的价值取向。除普适性的价值引导（如家国情怀、道德修养）外，与医学人物相关的故事对于学生更具针对性，对他们的医德、积极的职业认同的养成发挥促进作用。认知与情感发展共同作用可能引起行为的变化。表 1.7 呈现了本单元驱动环节中的思政融入情况。

表 1.7　驱动环节中的思政融入情况

教学步骤	教学素材	问题 / 任务	课程思政内容	学生发展	价值导向
驱　动	双语诗歌“What is Success?”	What is success?	成功的真谛：获得+奉献	认知	道德修养
	BBC 英语纪录短片《20 世纪最伟大的科学家之一——屠呦呦》	① What success has Tu Youyou achieved in the medical field? ② What are the traits Tu You. you possessed contributing to her success?	成功须具备的品格：爱国主义精神、坚持不懈精神、自我牺牲精神、意志坚定、专心投入、坚定的职业信念	认知与情感	家国情怀 职业认同 甘于奉献 大爱无疆
	中国典籍名句英译	What are the secrets of success in these poems and proverbs?	成功秘钥：坚持不懈、日积月累、直面苦难、意志坚强、努力工作		道德修养
	① How to start living your dream life right now? ② Principles for Success ③ Good Mistakes	What other expressions do you know for talking about success?	上面思政内容的扩充：不忘初心、规划行动、充满信心、专注、忽视比较、跟踪进度、接受失败等		道德修养
	自主选取的学习素材	探索更多从医者不怕困难、刻苦努力、意志坚定、爱岗敬业的事例	医学界成功要诀：不怕困难、刻苦努力、意志坚定、爱岗敬业等		家国情怀 职业认同 甘于奉献 大爱无疆
	英语散文名篇：“On Achieving Success”	What is the way to success?	通往成功之路：专注、坚持、努力工作、信心、塑造自我与环境		道德修养
	TED 英语视频 *8 Secrets of Success*	What are the 8 secrets of success? Set a goal, follow the suggestions in this video *8 Secrets of Success*, and see what will happen at the end of this semester.	成功秘钥：热情、工作、专注、动力、想法、提升、奉献、坚持	认知、情感与行为	道德修养
	教师在批改网中推荐的优秀学生作品	思考其成为优秀作品的原因（论点、思想内容等）	成功要素精练与相关故事呈现（从医者不怕困难、刻苦努力、意志坚定、爱岗敬业等的事例）	认知与情感	家国情怀 职业认同 甘于奉献 大爱无疆

（二）促成

促成需精准，因此，必须首先判断学生的产出困难，明确学生完成大驱动任务存在的缺口。结合批改网对学生第一次作品（本单元学习前）的评价，笔者对不同分数段的学生作业进行了选择性的人工评阅，发现学生的写作困难主要有：① 语言质量不高。语法错误明显，或缺乏高级词汇与短语，句型单一。② 议论文结构不合理。没有明确的论点、主题句，或无例证，或无总结。③ 例证过程的内容阐述无逻辑。无选择性地使用网络上提供的素材。④ 视野不够开阔。例证的人物选取有局限性，人物年代趋同。这里选取三篇学生作业（无修改）进行说明：前测样本 205010103（批改网，平均分 10.5 分，满分 15 分）、前测样本 205010125（批改网，平均分 10.5 分）、前测样本 205010338（批改网，最高分 13.5 分）。

前测样本 205010103：

There are countless doctor and medical researchers in the world, but there are only a few people who can be described as successful in the field of medicine.To take the simplest example, since the establishment of the Nobel Prize, the Nobel Prize in Physiology or Medicine. So, what are the characteristics and qualities of a medical outstanding person?

First and foremost, if you have a professional team, not only will you be able to do your job with less effort, but the results will be more accurate. In addition, it is with diligence that you can certainly outperform some of your competitors. Last but not least, the efficient work efficiency is also an essential part.

Academician Zhong Nanshan once said that choosing medicine may be accidental, but once you choose it, you must treat it with loyalty and passion for a lifetime. Maybe not everyone will become a successful person, but hard work will not treat you badly.

问题呈现：句型单一，语法错误明显，缺乏高级词汇与短语，论点与例证无联系，段落结构错误，无总结，等等。

前测样本 205010125：

The most respected medical staff is academician Zhong Nanshan. In last year's epidemic, academician Zhong Nanshan took the lead in the battlefield. Professor Zhong Nanshan was not afraid of difficulties to face the epidemic, investigated deeply and studied countermeasures.

Professor Zhong Nanshan is like a mountain in front of people when they are about to fall down, which makes people feel stable and steady. Mr. Zhong Nanshan, who was 83 years old, could have avoided the danger of the virus to spend his old age peacefully, but he stood up when people needed him most, just like when SARS broke out 17 years ago.17 years ago, he said firmly that sending all the patients to me and making resolute words would bring great shock to the whole world. 17 years later, his heart of serving the people has never changed.

问题呈现：未呈现出议论文结构，例证单一，讲述过程混乱、毫无逻辑。

前测样本 205010338：

As an outstanding person in the medical field, they must possess some traits that can do them a favor to be qualified with their jobs. For instance, professional ethics, spirit of utter devotion, excellent technology, communication skill and so forth are the qualities that doctors need to possess.

As a saying goes: "Always maintain professional dedication, care about students learning life everywhere." Merely doctors with persistent professional ethics can they treat patients better. It is for the reason that the selfless dedication of doctors that they often work overtime and stay up late to spare no efforts to save aside every invalid. The most important matter for a doctor is to have excellent skills, only in this way can they treat patients correctly. Good doctors appreciate that a sick or else injured patient is highly vulnerable. Being respectful goes a long way toward helping that patient explain symptoms, taking responsibility for decision-making and complying with instructions. Doctors should have the ability to share information in terms that their patients can understand and not interpret their patients. Listening carefully and respectfully will go a long way toward better consequences for the patients.

To sum up, treat patients with heart and be honest and trustworthy.

问题呈现：无例证，缺少说服力；结论部分总结不全面。

针对学生产出任务中存在的问题，笔者认为要完成主题为“The Traits of Successful People in the Medical Field”的一篇演讲稿，学生需要从观点、语言、语篇结构三方面做准备。首先，学生须对“何为成功”形成清晰的概念，才能进一步总结成功需要怎样的特质，进而明确从医者取得成功需要的特质，并选取重要的两三点进行论述。其次，学生须用准确的书面语言表达自己的观点，并通过例证使观点更具说服力。最后，学生须采用恰当的语言结构来组织语言，清晰表达个人思想。

遵循“大目标—小步走”的原则(张文娟，2017)，即将大目标切分为小目标，逐步落实(见表 1.8)。本单元子目标的切分方式以产出成品的构想为出发点，以“产品解构”为依据，对产出任务的内容与结构进行剖析，确定了先观点、后语言与语篇结构的促成顺序，并设计了促成系列活动——观点促成、案例描述、语言规范与篇章结构促成，以引导学生学用结合，运用语言、语步与篇章知识，完成本单元的产出任务。

表 1.8　促成活动设计

教学步骤	产出任务	子目标	活动	课堂活动
促　成	用举例法完成一篇题为“The Traits of Successful People in the Medical Field”的演讲稿	观点促成（第一次课）	活动 1	课中导入：提炼中国典籍名句中深藏的成功秘诀，并熟记其英语表达
			活动 2	课中前测：根据双语诗歌回答问题(What is success?)+ 教师总结(To get and to give)；根据 BBC 英语纪录短片《20 世纪最伟大的科学家之一——屠呦呦》回答以下问题(① What success has Tu Youyou achieved in the medical field? ② What are the traits Tu Youyou possessed contributing to her success?)+ 教师提炼要点；根据参考来源提供的素材，拓展更多观点，为产出进一步做准备
		语言促成（案例描述）（第一次课）	活动 3	课中参与式学习：寻读课文，以人物为线索，填写 5 人的成长与成功史(注意描述逻辑)，并让学生指出某些案例描述方式是否可取(教师提供案例，如前测样本 205010125 等)。课后让学生尝试修改自己初稿中案例描述上存在的不足
			活动 4	课中参与式学习：找出文中作者用来讲述“成功”案例的高质量表达。课后尝试修改自己初稿中语言表述上存在的不足(该过程中也可参考促成观点的材料)
		语篇促成（篇章结构）（第一次课）	活动 5	课中参与式学习：根据内容划分段落，并寻读课文 1～6 段，找出全文中心句和各段主题句。课后尝试调整自己初稿中段落总体与内部结构上存在的不足
		语言促成（语言规范）（第一次课）	活动 6	课中后测：采用提问的方式检测学生对课文中重点短语和句型的掌握程度，引导学生丰富写作内容
		语言促成（语言规范）（第一次课）	活动 7	课后：学习重点词语及例句，完成课后词汇与短语练习题

续表 1.8

教学步骤	产出任务	子目标	活动	课堂活动
促　成	用举例法完成一篇题为“The Traits of Successful People in the Medical Field”的演讲稿	观点促成（第二次课）	活动 8	课中前测：根据英语名篇“On Achieving Success”（海明威），回答以下问题：What is the way to success? 根据英语视频 *8 Secrets of Success*，回答以下问题：What are the 8 secrets of success? 教师提炼要点
			活动 9	课中导入：请讲一个中国名医的成长故事
		语言促成（语言规范）（第二次课）	活动 10	课中参与式学习：选择性地讲解教材中的课后词汇与短语练习
		语篇促成（篇章结构）（第二次课）	活动 11	课中参与式学习：概述例证类议论文写作要素与写作步骤。组内分享作文二稿，学生互评，指出结构方面存在的问题与修改对策（教师答疑）
		综合促成（观点、语言、语篇）（第二次课）	活动 12	课中后测：教师选取存在问题的作文，学生指出问题所在
		综合促成（观点、语言、语篇）（第三次课）	活动 13	课前：教师从批改网中推荐优秀作品（其中包括从医者不怕困难、刻苦努力、意志坚定、爱岗敬业等的事例），学生指出其成为优秀作品的原因
		综合促成（语言、语篇）（第三次课）	活动 14	课中后测：将再次修改后的作文上传至批改网，并根据批改网的错误提示、教师的评价进一步修改，最终定稿
	英语学习学期计划	观点促成（第二次课）	活动 15	课中前测：If you have set a concrete goal of English learning for this semester? What is it?

由表 1.8 可知，针对本单元主要产出任务的促成活动安排在 3 个教学周内，但占比情况并不同。第一周设计了 7 个促成活动，第二周设计了 6 个促成活动，而第三周只设计了 2 个促成活动（此处翻译教学的促成活动由于与写作任务不相关，故未计入）。第一周的促成活动涵盖内容最全面，包括观点促成、案例描述促成、篇章结构促成与语言规范促成。这些促成活动从理论上能够保证产出任务的高质量完成。但由于教学内容多、进度快，学生个体之间存在差异（如写作水平差异、听课效率差异等），外部环境也可能存在影响（如学生当时没有足够的时间投入产出任务），一次课的促成并不足以使学生呈现高质量的作品。因此，第二次课从观点、语言规范以及篇章结构等方面再一次促成。同时，教师专门选取问题作文进行综合促成，对观点提出、案例描述、语言规范以及篇章结构等进行全方位点评。为保证大多数学生能够呈现出比较优质的作品，第三次课笔者又安排了两轮综合促成，使学生能够辨识优秀作品的要素，同时也能使他们不断完善自己的作品。经过前两次课的不断促成，学生应该可以完全掌握如何提出观点。因此，第三次课最后的综合促成不包含观点促成，将重点完全放在语言与语篇的打磨上。整个写作过程中教材与补充的阅读、音频、视频材料都为语言规范提供了范例，是持续的促成源泉，学生须反复阅读才能做到学用一体。

促成环节是驱动环节的进一步深入，因此，很多在驱动环节用到的教学素材在促成环节将在教师的中介作用下继续发挥作用。从思政融入的视角来看，教学素材承载的思政内容在驱动环节如果只能达到“入脑”，那么在教师的引导下则更有望“入心”并改变学生的行为。根据本单元的教学设计，促成环节中的“观点促成”主要依靠教师或学生自选的课外阅读材料，其中的思政元素既涵盖普适性的思政元素，也涵盖医学生专属的思政元素，范围由大到小、由外围到核心（见表1.9）。语言促成中的案例描述促成主要依靠教材，而教材内容提供的思政元素通常是普适性的。教材中案例描述提供的“讲好中国故事”的内部逻辑与通用语言表达，与观点促成中提供的医学生专属素材相结合，起到了精准育人的作用。综合促成中包括观点促成、语言促成与语篇促成，主要依靠优秀学生作文中从医者不怕困难、刻苦努力、意志坚定、爱岗敬业等事例提供医学生专属的思政元素。阅读而后共情，唤起学生的家国情怀与职业认同，培养其甘于奉献、大爱无疆的医者精神。语言促成中语言规范促成的教学素材主要来自政治文本，内含普适性的思政元素，能够唤起学生的政治认同。行动促成的教学素材来自U校园新四级强化辅导讲座、英语学习公众号、网络视频等，通过提升学生的认知，推动学生的行动（履行学生自己制订的英语学习计划），进而培养其刻苦努力、意志坚定、专心投入、准备充分的品格，以及坚持、坚强、坚韧的精神。需要说明的是：驱动环节与促成环节共用的教学素材，其思政内容、思政元素类型（普适性或医学生专属）是一致的，并不会因为所处的教学环节不同而发挥不同的作用。同时，思政教学促学生发展的维度（认知、情感与行为）是相同的，对学生价值导向的引领也是一致的。由于学生的个体差异、情感差异，课程思政具体在哪个环节起作用并不易判断，但是可以确定的是：驱动环节多在课前学生自主的情况下，通过教师给定的问题或任务引领价值导向；而促成环节多在课中，在师生互动的情况下，通过教师的中介作用引领价值导向。

表1.9 促成环节中的思政融入

<table>
<tr><th>教学步骤</th><th>子目标</th><th>教学素材</th><th>思政元素</th><th>学生发展</th><th>价值导向</th></tr>
<tr><td rowspan="6">促 成</td><td rowspan="2">观点促成</td><td>中国典籍名句英译；双语诗歌“What Is Success?”英语散文名篇“On Achieving Success”；TED英语视频 8 Secrets of Success</td><td>普适性</td><td rowspan="5">认知与情感</td><td>道德修养</td></tr>
<tr><td>BBC英语纪录短片《20世纪最伟大的科学家之一——屠呦呦》，从医者不怕困难、刻苦努力、意志坚定、爱岗敬业等的事例（学生自选）</td><td>医学生专属</td><td>家国情怀
职业认同
甘于奉献
大爱无疆</td></tr>
<tr><td>语言促成（案例描述）</td><td>教材语篇“Never, ever give up!”
丘吉尔、爱因斯坦、爱迪生、林肯与奥康纳在挫折与失败中取得成功的故事</td><td>普适性</td><td>道德修养</td></tr>
<tr><td>语言促成（语言规范）</td><td>重点词语例句，选自《习近平谈治国理政》、中国共产党第十九次全国代表大会报告、《2020年国务院政府工作报告》、习近平总书记2020年新年贺词、《新时代的中国与世界》白皮书、习近平总书记在亚洲文明对话大会开幕式上的主旨演讲</td><td>普适性</td><td>政治认同</td></tr>
<tr><td>综合促成（观点、语言、语篇）</td><td>学生问题、优秀学生作文（其中包括从医者不怕困难、刻苦努力、意志坚定、爱岗敬业等的事例）</td><td>医学生专属</td><td>家国情怀
职业认同
甘于奉献
大爱无疆</td></tr>
<tr><td>行动促成</td><td>U校园新四级强化辅导讲座、英语学习公众号、网络视频等</td><td>普适性</td><td>认知与行为</td><td>道德修养</td></tr>
</table>

（三）评价

学习评价是依据教学目标对教学过程及结果进行价值判断并为教学决策服务的活动，是对教学活动现实的或潜在的价值做出判断的过程。本单元的知识目标是识别并熟记与成功相关的词汇、短语和习惯表达，阐述例证类议论文的写作要素与写作步骤；能力目标是能够运用与主题相关的词汇、短语、习惯表达、演讲的语言技巧、举例法进行议论文写作；情感目标是培养不怕困难、刻苦努力、意志坚定、爱岗敬业的精神，激发学生的爱国主义情感，并树立民族自信心以及正确的职业观和价值观；情感目标即思政目标，通过提升认知、唤起情感以及改变行为，培养学生的品格，使学生树立正确的价值观以及坚定的职业信念。

由于本单元的教学设计基于 POA 理论，因此评价环节遵循"以评为学"的理念（文秋芳，2017），以发挥促学作用为目标，采用机器自动评分、教师评价、同伴互评、学生自评的方式，通过课堂提问、观察与测试、文本分析，查缺补漏，夯实基础，推动知识目标的达成；采用机器自动评分、教师评价、师生合作评价的方式，通过文本分析给学生提供改进的机会，提升学习效果，促进能力目标的达成；采用教师评价、教师反思、学生反馈的方式，通过学习笔记、调查问卷考查情感目标（思政目标）的达成。评价过程遵循"教、学、评一体"的原则，即教什么就评什么，学什么就评什么（张文娟，2022），因此评价贯穿三个教学周。此外，对于情感目标是否达成，笔者采用了延时评价（学期末进行评价），考查本单元教学在"立德树人"方面是否能够产生比较持久的影响。整体评价活动设计见表 1.10。

表 1.10　评价活动设计、思政融入与效果检验

教学步骤	产出任务	教学目标	评价指标	教学进度	评价活动	评价方式	评价手段
评　价	用举例法完成一篇题为"The Traits of Successful People in the Medical Field"的演讲稿	知识目标	是否能够识别并熟记与成功相关的词汇、短语和习惯表达	后测（第一次课）	检测学生短语、主题表达、句型的学习效果	同伴互评 教师评价	课堂提问
				导入（第二次课）	检查作业（课后练习题：词汇与短语）	教师评价	课堂观察
				前测（第二次课）	检查学生对有关"成功之路"的词汇、短语、句型的掌握情况	机器自动评分 教师评价	课堂测试 课堂提问
			是否能够阐述例证类议论文的写作要素与写作步骤	导入（第二次课）	学生讲一个中国名医的成长故事	教师评价	课堂提问
				参与式学习（第二次课）	学生分析自己初稿中的例证类议论文写作要素与写作步骤	学生自评	文本分析
		能力目标	是否能够运用与主题相关的词汇、短语、表达，演讲的语言技巧，举例法进行议论文写作	课前（第二次课）	检测学生是否有能力用举例法完成一篇题为"The Traits of Successful People in the Medical Field"的演讲稿	机器自动评分 教师评价	文本分析
				参与式学习（第二次课）	组内分享作文二稿，学生互评，共同指出存在的问题与修改对策	师生合作评价	文本分析

续表 1.10

教学步骤	产出任务	教学目标	评价指标	教学进度	评价活动	评价方式	评价手段
评　价	用举例法完成一篇题为“The Traits of Successful People in the Medical Field”的演讲稿	能力目标	是否能够运用与主题相关的词汇、短语、表达，演讲的语言技巧，举例法进行议论文写作	后测（第二次课）	教师选取存在语言、结构、逻辑等错误的学生作文，让学生指出其中的问题	师生合作评价	文本分析
				课前（第三次课）	学生阅读教师在批改网中推荐的优秀作品，思考其成为优秀作品的原因		
				后测（第三次课）	将再次修改后的作文上传至批改网，并根据批改网的错误提示进一步修改，最终定稿		
		情感目标（思政目标）	品格培养	学期末（第 16 周）	检查英语学习计划完成情况	教师评价	学习笔记
					教师做单元教学内容总结后，学生根据自身的感受和行为自评	教师反思 学生反馈	调查问卷
			价值导向				
			职业价值观				

课程思政依托教学素材发挥作用，对叙事文本（学生讲一个中国名医的成长故事）或议论文本（“The Traits of Successful People in the Medical Field”演讲稿）进行同伴互评、师生合作评价更可能唤起学生的情感，使其对某种品格或价值观产生认同。当然，文本质量不能太差。表述不清、逻辑混乱的文本会使读者受困于理解层面，而无暇顾及情感层面，致使思政效果不佳。

此外，人的情感是内隐性的，难测、难评，如何对大学英语课程思政的实施效果进行评价，尚无定论。目前，这方面的研究很少，更没有一个较为完整的外语课程思政评价标准体系，能够全面、客观、准确地测评外语课程思政的效果（刘建达，2020）。若不能做到“全面统筹”，就努力做到“区域特色”。因此，依旧是秉承“教、学、评一体”的原则，笔者希望学生能够感受到、领悟到教师在教学中精心设计的思政内容，并通过本单元的学习，达到教师设置的单元思政教学目标。思政目标中一部分是情感目标，因此笔者选择用问卷调查的方式使学生内隐的情感外显化。问卷的内容涉及单元思政目标的三个维度，即品格培养、价值导向与职业价值观。通过分析学生的问卷结果，考查思政教学的效果。教育对人的影响应该是持久性的，因此，问卷调查在学期末进行。开始调查前，笔者先对教学内容按讲授顺序，以“聊天”的方式进行了感人的反思性回顾（见附录 2），让学生参考笔者的反思做问卷（附录 3，本单元为 1～4 题 +28 题），这是对教师思政教学效果的反馈。思政教学对品格的影响也可能体现在行为的改变上。为提高问卷中关于行为问题的可信度，笔者检查了学生的英语学习计划是否完成，以考查学生是否具有刻苦努力、意志坚定、专心投入的好品质。制订英语学习计划是本单元的一个驱动任务，而考查英语学习计划的完成情况是评价思政教学效果的一个方法。

四、行动效果

（一）学生的产出质量

本单元的主要驱动任务是用举例法完成一篇题为“The Traits of Successful People in the Medical Field”的演讲稿。通过一系列驱动、促成和评价活动，学生作品的终稿质量明显优于单元授课前的初稿质量。根据批改网数据可知，平均成绩提高了6百分点，在观点提炼与表述、语言规范与案例描述、篇章结构等方面都有不同程度的提高。

第一，单元教学结束后学生作品中的观点提炼与表述更加精准（如后测样本215010645）。文章的第一段开门见山地提出医学界的成功者具备的特质：“amazing determination, professional obligation and overwhelming bravery”。三个表观点的名词“determination, obligation, bravery”都是在观点促成的教学材料中出现过的。“amazing determination”是教材中的观点表述，“obligation”和“bravery”是笔者利用补充材料《20世纪最伟大的科学家之一——屠呦呦》促成观点的过程中学生自己提出的要点。笔者当时写在了黑板上，而且在观点促成的过程中强调了观点的表述要讲究对仗。很明显，学生掌握了这一要领，在后面两个表观点的名词前都加了修饰词。此处“professional”凸显了主题涉及“专业性”（in the medical field）的探讨，而“overwhelming”是笔者在语言促成中专门提到的、可以用来替换“a lot of”的高级表述，学生灵活地把它与“bravery”搭配起来。由此可见，本单元的教学设计能够促使学生准确地提出合乎主题的观点。

Just as the old saying goes, “The sharpness of a sword results from repeated grinding, while the fragrance of plum blossoms comes from frigid weather.” Successful individuals in the medical field emerged from this. They triumphed over the failures and worked their way into success with amazing determination, professional obligation and overwhelming bravery.（后测样本215010645，第一段）

第二，单元教学结束后学生作品中的语言表述更加规范。依旧以后测样本215010645为例，学生用到了很多教材中比较高级的词汇、短语、句型。如第一段中的“amazing determination”“triumphed over ... failures”与“worked their way into ...”，第二段中的“Nothing is too difficult to ...”与“hardships”等。同时，学生也会发挥自己的能动性，改写教材中的部分表述，使人感觉似曾相识，又不完全相同，如下面的内容：

Nevertheless, his indomitable spirit and firm determination contributed to the birth of Compendium of Material Medical and he ***eventually attained the prestige*** of Yao Sheng. ***Take also the heroic instance of*** Lin Qiaozhi ***into account***, who ***faced immense hardships*** and quite a few challenges. Her life was not plain sailing but filled with hardships.（后测样本215010645，第二段节选）

教材中包含“eventually”“attained”“the prestige”三个词，但并没有搭配使用。学生灵活运用词汇，写出“eventually attained the prestige of ...”，在运用到高级词汇的同时，又完全符合故事的语境，体现了其语言运用能力。“Take also the heroic instance of Lin Qiaozhi into account”是对教材中“**Consider** also the heroic **example** of Abraham Lincoln”的仿写与创新，“faced immense hardships”是对“faced immense obstacles”的改写。

此外，有些学生对笔者在课堂上着重强调的句型敏感度更高。他们会根据自己的写作内容从教材中摘取抽象性强、概括性高的句子，稍作修改后用到自己的作品中（如下文中斜体并加粗的内容）。从学生的作品中可以看出，大多数学生会选择性地应用教师上课明确、反复强调为重要或高级的词汇、短语或句型，因此，对于语言教学来说，显性的教学方式收效更快。

Personal history, individual dilemmas, social environment - none of these can inhibit a strong spirit committed to success. Take the example of a famous doctor in ancient China, Li Shizhen. Although failing the imperial examination many times, Li Shizhen eventually succeeded in becoming an excellent traditional Chinese medicine doctor. During his medical practice, he found that the property of traditional Chinese Medicine was mixed. As a result, it was difficult to determine their growth from the medical books. In order to compile the correct content into a book, he personally visited among the people (**difficulties in life**). He accomplished the Compendium of Materia Medica because he possessed a fierce will and kept his eyes on the prize (**factors for success**). The book he finished has made great contributions to Chinese medicine (**achievement**).

Consider also the great example of Tu Youyou, who faced substantial hardships during her experiment. There was a lack of professional equipment in the laboratory. What's more, the lack of funds and scientific research talents made the experiment more difficult (**difficulties in life**). Fortunately, Tu Youyou had a strong will and selfless dedication. Despite many failures in the experiment, she remained optimistic (**factors for success**). She eventually developed artemisinin as malaria treatment which saved millions of people's lives (**achievement**). Bai Qiu'en, a great doctor, had benevolence of a doctor. During China's anti-Japanese War, he determinedly came to China and took it as his duty to rescue the wounded. Despite the lack of medicine at that time (**difficulties in life**), with a strong sense of responsibility and desperate sacrifice (**factors for success**), he rescued the numberless wounded (**achievement**) and died in his job. He is still deeply respected and praised by the Chinese people (**praise**).

Learn from their excellent qualities. With hard work, dedication and fierce will, we can transcend any obstacle, make the timely response to emergencies.（后测样本 215010914 节选）

第三，单元教学结束后学生作品中的案例描述更具逻辑性，学生学会了如何讲故事。依然以后测样本 215010914 为例。此样本中讲述了李时珍、屠呦呦和白求恩三个人物的故事。课堂教学中笔者引导学生分析了教材中的案例，并指明本单元主题的案例需要按照“difficulties in life—factors for success—achievements/praise”的逻辑来叙事。很明显，学生学会了这种叙事逻辑（上面文本中标注了叙事逻辑）。针对本单元“成功”这一主题，这种案例描述方式更能突出成功的不易、某些品质对于取得成功的重要性以及成功的意义所在。

第四，单元教学结束后学生作品的篇章结构更加合理。绝大多数学生的作品都会呈现中心句、主题句，多数学生的结尾段写得更加完整了，并明确了多个案例应该如何呈现与表述，同时，意识到了过渡词的重要性。表 1. 11 是学生二稿与终稿篇章结构对照表。

表 1.11 学生(215010737)二稿与终稿篇章结构对照表

二稿(第一次促成后)	终稿
Personal history, educational opportunity, individual dilemmas-none of these can preclude a person to attain success.(中心句?论点未点明) Take the example of two well-known doctors, Zhong Nanshan and Li Lanjuan (**examples 1&2**). Both had rough childhoods (**personal history**). Because the Lugou Bridge Incident broke out, Zhong Nanshan' family moved and eventually settled in Guangzhou. Li Lanjuan was raised in a poor mountain village without stable learning conditions, and had not been helped by her teacher, she probably would have dropped out (**difficulties in life**). Both experienced SARS in 2003 and COVID-19 in 2020. Although they all have up and down, they remain their original aspiration to be a competent doctor (**difficulties in life & factor for success**). Zhong Nanshan took his father, an excellent pediatrician, as example. Li Lanjuan was determined to get out of the mountain village and pursued her passion in medicine (**factors for success**). Guided by ideals and beliefs (**factors for success**), both of them have made great contributions to the fight against the epidemic and assigned as "a state scholar of no equal" (**achievement & praise**). Consider also the heroic example of Wu Mengchao (**example 3**), who faced racial discrimination as a young and explored the future Chinese hepatic surgery under the condition of rudimentary scientific equipment (**difficulties in life**). Yet his passionately patriotism pushed him forward , overcoming one technological difficulty after another (**factors for success**). As a doctor, he successfully completed the world's first middle liver lobectomy (**achievement**). Despite all of those masters in medicine have different personal experiences, they have one thing in common-they have fierce will and faith that lead them to succeed(呼应首段).	Personal history, educational opportunity, individual dilemmas - none of these can inhibit a person to attain medical success. No task is too hard as long as you hold your strong will.(中心句) Currently, we are in a hard time due to the coronavirus pandemic. We couldn't get out of the hardship if there weren't any people who have committed and focused will and spirit(社会背景+主题句). Take the example of two outstanding doctors, Zhong Nanshan and Li Lanjuan (**examples 1&2**). Both had rough childhoods (**personal history**). Because the Lugou Bridge Incident broke out, Zhong Nanshan' family moved and eventually settled in Guangzhou. Li Lanjuan was raised in a poor mountain village without convenient environment, and had not been helped by her teacher, she probably would have dropped out (**difficulties in life**). Additionally, they both suffered SARS in 2003 and COVID-19 in 2020. Although they all have up and down, they remain their original aspirations to be a competent doctor (**difficulties in life & factor for success**). To accomplish their goals, Zhong Nanshan took his father who is an excellent pediatrician, as an example while Li Lanjuan was determined to get out of the mountain village and pursued her passion in medicine (**factors for success**). Fortunately, guided by ideals and beliefs (**factors for success**), both of them have worked into their way and made great contributions to the fight against the epidemic (**achievement**). In the medical field, consider also the heroic example of Wu Mengchao (**example 3**), who faced racial discrimination as a young and explored the future of Chinese hepatic surgery under the condition of rudimentary scientific equipment (**difficulties in life**). Yet his patriotism pushed him forward, overcoming one technological difficulty after another (**factors for success**). As a doctor, he successfully accomplished the world's first middle liver lobectomy and kept working until he was 97 (**achievement**). Despite those masters in medicine have different personal experiences, they have one thing in common - fierce will and faith that leads them to succeed(呼应首段). As future doctors, what we can do now is to be a strong - willed people and work hard in the school. With hard work, unshakable faith and sufficient preparation, we can overcome any difficulties and realize our dreams(再次点题,表达决心,展望未来).

由表 1. 11 可知,学生的二稿(第一次促成后的修改稿)采用了"三段式"的写法。第一,首段作为全文的中心句,应提出论点。但很明显,首段中并未指明论点,这是二稿的第一个问题。第二,中间段应首先给出主题句,然后举例论证。但此作品二稿中间段并未给出主题句,而是直接举例,使读者不易抓住作者的意图。第三,二稿结尾段虽然呼应首段并点题,但未在案例与作者本人之间建立联系,无情感表述,内容显单薄。经过笔者的第二次促成,学生意识到了自己的文章在篇章结构方面存在的问题,并在二稿的基础上进行了修改。终稿中,学生在首段增加一句话(No task is too hard as long as you hold your strong will.)作为论点。中间段段首结合社会背景(Currently, we are in a hard time due to the coronavirus pandemic.)

提出主题句（We couldn't get out of the hardship if there weren't any people who have committed and focused will and spirit.），然后再进行案例描述。结尾段增加两句话，既建立了案例人物与自己身份的关系（As future doctors, what we can do now is to be a strong - willed people and work hard in the school.），并再次点题，最后表达决心，展望未来（With hard work, unshakable faith and sufficient preparation, we can overcome any difficulties and realize our dreams）。另外，终稿比二稿增加了"fortunately"一词来体现上下文的逻辑关系。这说明学生明白，在写作中过渡词不是可有可无的。同时，也反映了学生具有正确使用过渡词的能力。由于二稿是在第一次促成后学生修改而成的，可以看出，学生对遣词造句与案例描述已经掌握得不错。遣词造句仿写教材痕迹明显，案例描述逻辑清楚（difficulties in life—factors for success—achievements/praise），并了解需要把案例中的同类人写到一起，列举他们的共同之处。这也进一步说明，本单元的教学从很大程度上提高了学生的产出质量。

（二）学生的情感体验

1. 收获感

学期末的问卷调查结果显示，24.74%的学生认为在"大学英语Ⅲ"这门课程的学习中总体"收获很大"，65.98%的学生认为"有收获"，8.25%的学生认为"收获甚微"，1.03%的学生认为"无收获"。因此，90.72%的学生对本门课程持肯定态度。当然，这一数据不能直接用来衡量本单元学生的收获感。因此，笔者参考了学生的反思笔记，上面有对本单元收获的具体描述，主要体现在以下六个方面。

第一，语言与语篇方面。

学会了一些写作技巧，对议论文的写作方法有了进一步了解。（反思笔记 -s1）

写作文要先构思框架结构，例子选用需从失败案例到成功案例才能体现出所表达的思想。（反思笔记 -s2）

在文中要用不同的词去表达相同的意思，例：but, yet。（反思笔记 -s2）

收获了课本上的重要词汇与句型，对写作大有帮助，并学习了老师给出的重要派生词汇。（反思笔记 -s3）

通过第一单元的"成功"主题，学习了很多关于成功的名句，以及更高级的表达，并适当运用衔接词使文章更流畅。（反思笔记 -s4）

第二，团队协作方面。

在学习中，团队协作是非常重要的，个人要在小组里把自己的观点和看法勇敢地表达出来，和成员沟通讨论。（反思笔记 -s2）

团队协作的重要性。每次布置的小组任务需要团队中的每个人都加入进来才能完成好。（反思笔记 -s4）

与小组成员间关系更密切了，交流更多了。（反思笔记 -s5）

感受到了小组共同完成英语任务的力量。（反思笔记 -s6）

通过老师分组，我认识到了团队的重要性，学会了与同组的同学们交流，提高了自己的学习效率。（反思笔记 -s7）

第三，教学方法促学习方面。

按小组就座，便于向组内同学问问题，有问题可以及时得到答复。（反思笔记 -s8）

学习到了运用思维导图的方式去总结课文。（反思笔记 -s9）

开学时的写作和口语模拟测试为我正确认识自我能力给出了清晰的方向。（反思笔记 -s10）

课堂拓展多了，知识变得更丰富了。（反思笔记 -s11）

第四，习惯养成方面。

（养成了）预习和复习英语书的习惯。（反思笔记 -s12）

有了专门的笔记本，上课后便会对当堂课学到的单词印象深刻，而且下次遇到相同词汇，能想起老师上课时提到的知识点。（反思笔记 -s12）

全面的笔记使学习事半功倍。（反思笔记 -s13）

勤记笔记，上课时把重要的知识点记在课本上，既能巩固知识，又能有满足感。（反思笔记 -s14）

第五，学习内驱力方面。

激发了自己对英语学习的兴趣……（反思笔记 -s15）

对学英语的兴趣更多了一点，上课更认真了。（反思笔记 -s16）

课堂具有趣味性，提高了英语学习兴趣。（反思笔记 -s17）

第六，人文素养方面。

进一步了解了著名的历史人物。（反思笔记 -s18）

通过课文中的故事得到了一些生活感悟。（反思笔记 -s19）

每日（周）课前，老师发的优美诗文，对我了解英美文化及欣赏与理解地道的英文有帮助。（反思笔记 -s20）

2. 心灵感悟

学生在听了笔者的教学反思后，完成了一份调查问卷（见附录 3），其中选择题第 1 ～ 4 题与本单元内容相关。25 题为开放题，一些学生提到了本单元“令我印象最深”。这些问题直击学生心灵，试图了解他们的情感体验、发现他们精神和认识上的升华，以印证课程思政教学的成效。问卷结果表明：视频《20 世纪最伟大的科学家之一——屠呦呦》使 44.33% 的学生内心深受触动，明白了成功不容易，还有学生提到该视频或唤起、或使其坚定了自己的职业理想，明确了职业定位。

学习第一单元时，看了有关屠呦呦的纪录片，当时看到她抛家舍业地做研究，她沉浸和认真的态度感染了我。（调查问卷 -s1）

在看了屠呦呦的纪录片后，更明白了医学之路任重而道远，每一种药品的研发背后是无数医学研究者日日夜夜、呕心沥血的付出，也激励着我在医学之路上勇敢向前，立志以自己的付出为更多的人减缓病痛，唯愿世间再无病痛。（调查问卷 -s2）

在第一单元 The Way to Success 中，老师为我们播放了屠呦呦的有关视频，以及谈论“Fear”时的武汉抗疫纪录片（第二单元），使我完全回想起了高中对临床医学的向往，明确感觉到如果能用自己的知识帮助他人，确实会感到很快乐。也有医生劝过我说学医很累，但是高考报志愿我还是坚持了自己热爱的事情，也不能算是因为高中看纪录片一时兴起

吧，就是想学临床医学。这两次的回忆，又一次激励了我要在这条路上坚持走下去，即使再苦再累。谢谢老师。（调查问卷 -s3）

屠呦呦那一堂课的学习让我对自己未来人生规划和价值观有了更明确的定位。（调查问卷 -s4）

医学生肩负着属于自己的责任，非至善者不为医，类似于疫情这种事件，对我们广大医学生来说，相当于有了更高的要求，所以我愿意努力去实现自我的提高，来为医疗事业做出贡献。（调查问卷 -s5）

但也有 45. 36%的学生认为该视频对自己有一些触动，但不明显。当然，也有 10. 31%的学生表示“这类视频看多了，没什么感觉”。

能触动我的都是老师补充的课外资料，但是有些东西比如屠呦呦和抗疫的视频，可能是因为看太多了，就算有触动，看这么多遍之后也没有触动了，建议老师以后可以多找一些有相关性但是不烂大街的，TED 的演讲就可以。（调查问卷 -s6）

此外，本单元的教学唤起了 91. 75%的学生对“坚强的意志、坚定的决心与全心地投入是取得成功的重要因素”的认同。部分学生还联系到自己医学生的身份，表达了未来从医的坚定信念。

令我印象最深刻的是 Book 3 第一单元学习了爱迪生、丘吉尔等人的介绍，尤其是他们的幼年成长经历，我更加明白了每一份成功的背后都藏着不同的付出与努力，没有白来的成功，没有等来的辉煌。（调查问卷 -s2）

我更加坚定了不放弃的决心与信心，让我在未来的道路上更加坚定。（调查问卷 -s7）

远大的理想是无数个小目标促成的。每个成功的伟人，都经历了无数次的跌倒和失败。但我们始终不能放弃，也不能否定自己。通向成功的路不止一条，我希望通过此次学习坚定自己的选择，无论过程怎样艰辛，都要相信相信的力量，未来可期！（调查问卷 -s8）

我印象很深的是“Never, ever give up!”，它让我知道了在成功的道路上，最不能缺少的就是不放弃的精神。（调查问卷 -s9）

通过学习课文“Never, ever give up!”，我深刻认识到放弃很简单，坚持一定很难，但坚持下来才能获得想要的和追求的未来，这更加使我在学医的曲折道路中坚定地向前走。（调查问卷 -s10）

老师上课时给我们讲的一些例子、看的视频，使我深刻地明白了想要成功需要付出许多努力，并且要坚持下去，也让我更加坚信学医是一条正确的道路。（调查问卷 -s11）

令我印象最深的就是第一单元的“Never, ever give up!”，丘吉尔的成功看似无心插柳，实则是努力所致。他曾经差点被大学开除，但他并不因此而玩物丧志，而是以扎实的科学知识与坚定的政治立场坐上英国首相的位置。成为首相后，他并没有高高在上，而是喜欢去学校为新时代的新生力量去演讲，告诉大家永远、永远、永远不要放弃。这句话也一直激励着我坚持自己的学业，并支撑着我走得越来越远。（调查问卷 -s12）

通过问卷调查，笔者了解到写作过程对学生心灵的触动。60. 82%的学生希望未来自己能够像作文中论述的人一样优秀。另外，值得一提的是，第二单元的写作任务是“How I Overcome Fear?”很多学生写到疫情；第三单元的写作任务是假想类题材：写自传（回忆录）。这三个单元的写作任务关联性极强，并有助于学生品德的培养、职业观的形成，体现了课程思政的整体性与连续性。在开放性问题中，学生们也谈到了这个话题。

第一单元关于成功的内容中提到了一些著名人物的成功之路，我觉得对我触动很大。进行单元写作时，我查询了一些人物，了解了他们获得成功的艰难，这使我认识到要想获得成功，天赋或许只是其次的，努力更重要。老师课上放的视频，以及涉及的思政内容，使我觉得我选择了临床医学这个专业，意味着未来还有很长的路要走。努力才是唯一的出路，优秀的人很多，在向他们看齐的同时，超越自己，明确自己需要什么，目标是什么，才能获得成功。（调查问卷 -s13）

在写英文自传的时候，我也大胆地畅想了一下自己的未来，希望自己可以不断地学习，一步步地提升自己，多年以后也能成为像吴孟超先生那样受人敬仰的医学大家。我希望自己可以有一个有意义的人生。（调查问卷 -s14）

经过老师一个学期的教导，我的英语学习收获满满。第一单元教我们什么是成功、如何成功，还有许多名人事例，让我们见贤思齐，向榜样学习。（调查问卷 -s15）

在第一单元以"Never, ever give up!"为主题的学习结束之后，通过完成自己个人的自传（第三单元），加上对武汉抗疫精神的回顾（第二单元），我认为我个人完成的自传其实只是对未来的一个憧憬，却包含着我最开始进入医学专业所有的初心。（调查问卷 -s16）

当然，还有 26. 8% 的学生虽然希望未来能像自己作文中论述的人一样优秀，但信心不足，觉得自己不可能成为那么优秀的人。因此，课程思政中还应引入树立自信心的单元主题，或者在现有单元中增加树立信心方面的教学材料，使学生能够从现在起就树立远大的目标，勇敢地去实现梦想。

3. 英语课不仅仅教语言

本单元的学习使学生对大学英语课程有了新的认识。医学生为什么要学英语？通过英语四级考试才能获得学位证，未来考研也要考英语，未来需要研读英语文献，或用英语发表文章，所以学习英语是必要的。以上这些都是英语的工具属性。经过本单元的学习，学生感受到英语课还有更深层次的作用——立德树人，并肯定本门课程真正做到了"树蕙之百亩"。

这一段时间的英语学习让我了解到学习英语不仅可以提升英语成绩，更能够参悟人生道理！（调查问卷 -s4）

在英语学习过程中，有一种精神通过英语这门语言深深烙印在我的心里，让我感受到成功的秘诀。（调查问卷 -s9）

总的来说，英语不仅是我学习的一门语言，也是让我学会思考、学会改变的一门学问。（调查问卷 -s17）

每个单元，老师不仅能让我们学到课本上的知识，还能让我们学到一些人生的道理，对我们的生活有很大的启发和鼓励，增强了我们的信心，提高了我们学习的乐趣。（调查问卷 -s18）

我一直认为大学教育中比专业知识教育更重要的是对学生独立健全人格的培养，"大学英语Ⅲ"的教学做到了这一点。从成功的定义到一些美好的品质，以及对于人生意义的教育，"大学英语Ⅲ"真正做到了"树蕙之百亩"。（调查问卷 -s19）

（三）学生的行为变化

本单元的课程思政教学效果多体现为“心灵感悟”，而其是否能够对学生的行为产生积极影响实则难以测量。从开放问卷调查结果中只能看到学生准备行动的决心，以及行动失败后的行为。

大学英语课程，所学习的当然不止这些，在这里我也不一一列举了。但是，我相信，这场经历带给我的感动、触动、改动都会是我大学期间乃至整个人生中能够一直记住并激励我不断进步的动力。（调查问卷 –s20）

课程思政让我明白了未来要在医学领域取得成就必备的品质。我立志成为像屠呦呦、钟南山、吴孟超等一样出色的医生或科研工作者。我没有完成学期初定下的目标，却给自己找了种种借口。这让我认识到自己的错误及与别人的差距，正所谓“不积跬步，无以至千里”，改变要从即刻开始。（调查问卷 –s21）

在笔者看来，反映课程思政五维度的问卷题项，如“我习惯按照中国特色社会主义道路的价值看问题”“我会在生活中践行社会主义核心价值观”（秦丽莉，赵迎旭，高洋，2023）等抽象性太强，无法反映单元主题的特点，学生听起来有些不知所云。因此，笔者制定了一个小任务“Set a concrete goal of English learning for this semester, keep the secrets of success in mind, and see what will happen at the end of this semester”，以能不能完成学期英语计划来检验学生是否具备坚持、坚强、坚韧的精神，是否刻苦努力、意志坚定、专心投入地达成了阶段小目标。学期末问卷调查结果显示：只有 17. 53% 的学生达成全部目标；而 69. 07% 的学生仅达成部分目标；还有 5. 15% 的学生虽然记得自己的计划，但是并没有行动；另有 8. 25% 的学生已经全然忘了制定过学期目标了。

这其中有一个问题值得思考：目前，学生的行动结果能不能反映课程思政教学产生的影响？这个问题很难回答。但可以确定的是，本单元的课程思政教学确实触动了学生的心灵。然而，从感动跨入行动并非易事，品格也不是一朝一夕能够养成的。因此，上面的调查结果也许只能反映出学生本来的样子，即 17. 53% 目标全部达成的学生可能即使没有学习本单元，依然能够坚持自己的计划，因为他们本身就具备坚持、坚强、坚韧的精神，能够刻苦努力、意志坚定、专心投入地达成任何目标。因此，本单元这个检测学生品格的小任务，还应有后续的促成。笔者认为，单元教学尽管已经结束，但任务促成不能结束，以“坚持”促成教学，培养“坚持”的道德品质，才是推动品格形成的正确方法。

笔者除了上面专门制定的检验学生是否具备坚持、坚强、坚韧精神的小任务外，对学生的其他要求可以侧面培养学生的这种精神，从而使学生的表现能够反映本课程对其品格培养的成效。如 34. 02% 的学生在“大学英语Ⅲ”课程结束后，养成了记笔记的习惯。这同样能够反映出学生具有坚持、坚韧的品格。而这种品格的形成与本门课程密切相关。通过对 34 份学生英语笔记的分析发现，学生笔记的内容多与教师的教学内容相关，自学笔记占比非常小或没有。与读写课程相关的笔记内容多为课前预习材料中对教师所提问题的回答、课中学生感兴趣（如古诗英译）或认为重要（但零散无规律）的内容，以及课后题的汉英翻译。学生从不记笔记到整个学期能够认认真真记笔记，并认为记笔记已经成了一种习惯，这便是坚持、坚韧品格已经形成的证明。

五、反思与启示

（一）课程思政的有效性

外语教学一定涉及思想内容、思维方式和价值观因素（严文庆，2021）。本单元的教学设计做到了内容承载思政、思政寓于课程。笔者结合课文主题、社会背景以及学生专业，设计驱动任务“The Traits of Successful People in the Medical Field”，试图在驱动、促成、评价各环节将品格培养与价值观塑造融入知识传授与能力培养的过程中。思政教学目标重点放在学生的品格培养和职业价值观与奉献精神的树立上，因此，笔者在力图实现大学英语教学工具性与人文性一体化教学目标的同时，践行“元素润人”“师德育人”“实践砺人”三重境界的课程思政观（程湘爱，2023），落实立德树人的根本任务。

具体来说，本单元教学立足学情，通过了解教材中丘吉尔、爱因斯坦、爱迪生、林肯与奥康纳的故事，以及探索医学领域成功人士，如李时珍、屠呦呦、林巧稚与吴孟超等人的事迹，培养学生不怕困难、刻苦努力、意志坚定、专心投入的品格，并通过“讲好中国医学界的故事”增强学生的民族自信心与自豪感。同时，对于学生而言，在疫情环境下讲述以上成功人士的事迹更能够增强他们的责任感和使命感，培养他们的奉献精神。此外，本单元教学紧扣时代话语，解读特色词汇，将中国文化熏陶渗透到语言赏析中。如引入《习近平谈治国理政》英文版等时事素材，带领学生从解读材料中的中国特色词汇英译本入手，分析素材中新时代话语的内涵，对学生进行潜移默化的思政教育。总之，依托教学素材，做到“元素润人”。

从行动效果来看，本单元课程思政的教学效果主要体现在对学生心灵的触动上。对于本就想从医的学生来说，本单元的学习唤起了其曾经对临床医学的向往，并坚定了其未来从医的职业信念:“在这条路上坚持走下去，即使再苦再累”。课程思政教学也激发了学生的责任感与进取心，明知“医学之路任重而道远”，依然愿意“勇往直前”“努力去实现自我的提升”。此外，本单元教学培养了学生的“大爱”（“立志以自己的付出为更多的人减缓病痛，惟愿世间再无病痛”）、悲悯（非至善者不为医”）与家国情怀（为医疗事业做出贡献）。这些不仅体现了学生的情怀，也表现了他们不怕困难、刻苦努力、意志坚定的高尚品质。

此外，教师的言行也是课程思政实施框架的一个维度。除教学行为外，很多看上去与课堂教学内容没有直接关联的言行也会对学生的健康成长产生巨大而深远的影响（文秋芳，2021）。作为教师，笔者觉得自己做到了为人师表，并倾注了极大的教学热情以感染学生，使其“亲其师，信其道；尊其师，奉其教；敬其师，效其行”。笔者还做到了用师德感染心灵，实现了“师德育人”。

第一，以温暖、真挚的交流拉近与学生的距离——使其“亲其师，信其道”。

印象最深刻的是老师一直对我们温柔鼓励的态度，本以为会是很严厉的批评，没想到却是亲切的鼓励。有时候温柔的“原谅”比批评更能打动人心，让人愧疚。（问卷调查 -s28）

其实相比于课本上学到的思政内容，让我感触更深的是我能看见老师对我们无微不至的照顾和关怀。我感觉，老师为我们做出的努力我们不一定能完全看到，但是，确实有一些东西能击中我的心灵，并且影响了我。比如说，大一的时候，老师下课后与我们的聊天，拉近了师生之间的距离，让我们更愿意和老师进行交流，并且喜欢学习这一门课程；再比如说，课堂上的积分制以及颁发的一些小礼品，可以加强我学习的动力并让我开始主动思考，

所以我的改变很大。(问卷调查 -s29)

第二,以认真的教学态度、恰当的言行收获学生的认可——使其“尊其师,奉其教”。

印象最深的是老师上课很认真,精神饱满。(问卷调查 -s23)

上课时老师的总结很有新意,可以看出是用心在教学。(问卷调查 -s24)

老师对每节课的充分准备让我震撼。(问卷调查 -s25)

老师严谨的教学态度、独特的教学方式、开放包容的教学理念让我收获了很多很多。在大学阶段的求学路上,能遇到此如明灯一般的老师,我感到很幸运!(问卷调查 -s26)

触动我的主要是老师讲课时的言语力量,课本上的内容翻来覆去就是在说社会主义核心价值观,从小听到大,千篇一律,但是,因为老师独特的讲课方式,我认认真真地听了进去。(问卷调查 -s27)

第三,以敬业的精神塑造学生的职业观——使其“敬其师,效其行”。

在大学英语课程学习中,我发自内心地认为遇到了大学中最好的老师。她认真负责,对每一位学生尽心尽力,在最后一节课听了那份近 2 000 字的内容回顾后,我很震撼。从一开始的“The way to success”到最后的“The art of parenting”,我都感受到了在大学英语的课程中融入了课程思政的内容,感受到了老师的良苦用心。在这么长时间的学习过程中,我的英语能力得到了提升,从老师那里也学到了很多学习英语的小技巧,特别是一开始的那个单元,更加坚定了我不放弃的决心与信心,让我更加坚定未来的道路。(问卷调查 -s30)

内容可能有所忘记,但是我仍然记得当时大家坐在座位上,您拿着精心准备的近 2 000 字的内容回顾带领我们进行知识回顾时的场景。内容并不重要,重要的是当时的氛围和对于我们提升学习能力的帮助。所以,我认为有必要将《课程思政内容回顾》发到群里,不仅帮助大家回忆内容,也帮助大家回想当时的感觉。(QQ 留言 -s1)

同时,笔者根据文秋芳对教师言行思政链的解读制定了调查问卷,通过三个维度(教师外在表现、教师精神世界、教师对学生的态度)了解学生对笔者言行的总体评价(附录 3,第 27 题)。此矩阵题共 10 个题项,包括教师“上课时衣着得体”“上课时精神饱满”“上课提前到教室”“热爱教学”“关心学生”“三观正”“对学生提出的问题耐心解答”“对学生要求严格”“平等对待每一个学生”与“尊重学生不同的学习习惯”。问卷调查结果(如图 1. 1 所示)表明,学生对各项的积极评价(“非常赞同”+“赞同”)占比均超过 95%。但仔细分析,态度还是有略微差别。学生对教师的外在表现,如“上课时衣着得体”“上课时精神饱满”“热爱教学”和“对学生提出的问题耐心解答”评价更为积极,“非常赞同”的人数占比超过 70%;而对“上课提前到教室”的评价略低,“非常赞同”的人数占比为 68. 04%。此外,学生对笔者的精神世界,如“三观正”,评价较为积极,“非常赞同”的人数占比为 69. 07%。最后,学生对笔者对学生的态度,如“关心学生”“平等对待每一个学生”与“尊重学生不同的学习习惯”的评价比外在表现评价略低一点儿,“非常赞同”的人数占比在 68. 04%～69. 07%,而“对学生要求严格”的评价最低,“非常赞同”的人数占比仅为 59. 79%,可见笔者不是“严师”。今后,笔者应在课前更早到达教室,并且花更多的时间与学生相处,使他们更明显地感觉到被关心、被尊重以及被平等对待,即在重视成为学生行为规范的榜样的同时,更关注师生关系对学生成长可能产生的作用。

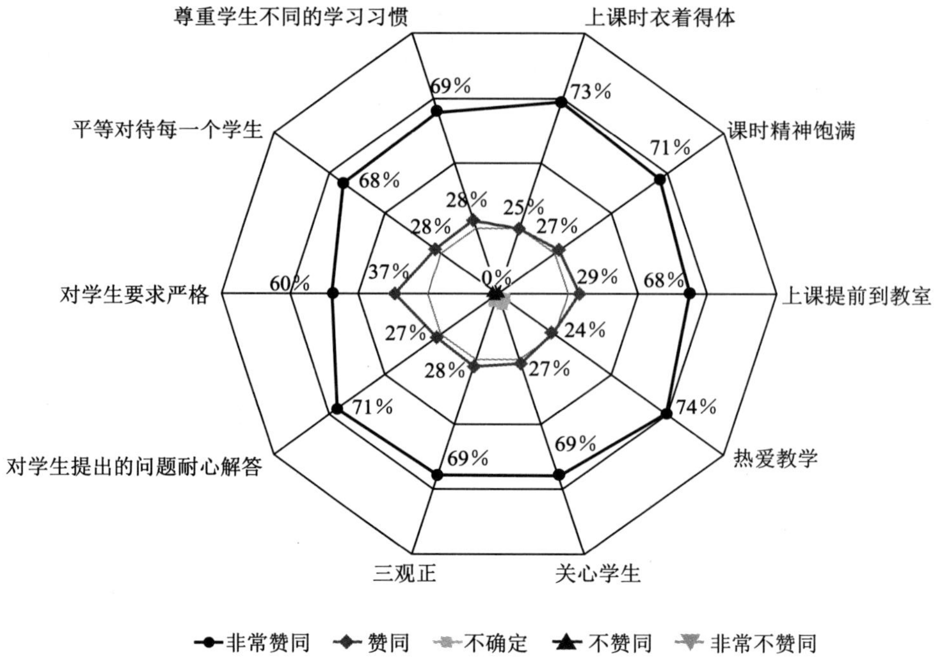

图 1.1　教师言行问卷调查结果

除“元素润人”“师德育人”外，课程思政的另一重境界为“实践砺人”。正所谓“知行合一”促发展，课程思政教育在提升了学生的认知，激发了学生的情感后，如果不能让学生付诸行动，对学生认知与情感产生的作用恐难以持久，这样的“立德树人”是不成功的。因此，学生学习的过程也是做事的过程。对于本单元来说，学生完成驱动任务“The Traits of Successful People in the Medical Field”演讲稿是一种实践。这个实践过程不仅使学生了解中国医学名人成功的经历与原因（认知），激发学生的职业认同感与责任感（情感），还可以通过宣传这些故事来影响更多的人。有些学生直接参与到校内或校外的疫情防控工作中（核酸检测志愿者），他们更能体验到作为医生的价值感与成就感，同时感受到作为医生的艰辛与所肩负的责任。这种社会实践是“砺人”的最精准途径，即专业的人做专业的事。此外，笔者设计的另一个驱动任务——让学生制订英语学习计划和督促学生记笔记本身也都是促实践的方式，能够激发学生把刻苦努力、意志坚定、坚持不懈的优秀品质落到实处。研究表明，这种实践同样“砺人”。当学生的坚持成为一种习惯，就证明课程思政是有效的。

（二）不足与改进之处

“大学英语Ⅲ”是教改课程，教学与行动研究同步进行。目前，此课程已经经历了三轮教学实践。每轮教学实践前，笔者都会精心进行教学设计，实践后积极反思，总结教学中出现的问题，并及时做出调整，生成新的教学计划。

在本单元的第一轮教学行动中，由于笔者的大部分时间用于讲解课文，所以对驱动任务的促成严重不足，导致学生“The Traits of Successful People in the Medical Field”演讲稿从初稿到终稿的质量没有产生质的飞跃。从课程思政的角度来说，本单元的教学没有使大多数学生具备“讲好中国名医故事”的能力，因此故事更不可能对其他人产生积极影响。在第二轮教学行动中，笔者加大了对驱动任务的促成力度，大多数学生的观点呈现、语言规范、语篇结构均有显著提升，但案例描述部分由于促成不足，有些学生甚至采用“拿来主义”，直接借用网络上的内容，没有意识到成功故事的叙事逻辑。因此，“讲好中国名医故事”的能力还需进一步加强。当时，笔者还苦于不知如何才能通过学生的行为来判断课程思政教学的效果。因此，在第三轮教学行动中，笔者通过划分内部结构、反例示范等加大了对案例描述的促成，并增加了“制订学期英语计划”的驱动任务，力图在学期末检验课程思政的长效作用。

总的来说，目前笔者对撰写“The Traits of Successful People in the Medical Field”演讲稿任务的驱动、促成与评价收效明显，大多数学生具备了“讲好中国名医故事”的能力。此外，学生是否完成制订的学期英语计划从某种程度上能够反映课程思政的效果。然而，目前的教学设计与行动仍然存在一些问题。

第一，笔者仍然无法完全摆脱精讲课文的模式。笔者尽管是基于 POA 理论进行教学设计，本着“找到缺口后，有针对性地促成”的原则进行教学，然而，又想为学生示范如何从课文中最大限度地获取知识。因此，第一周的教学任务最重，要完成“驱动—促成—评价”，还要考虑到不同学生的接受程度。实际情况是，很难在有限的时间内充分促成，并且进行有效评价。所以，第一周课程结束后，笔者对课程进度做了调整，同时也调整了三周的课前预习内容（见附录 1：Unit 1 课前学习任务说明）。当然，根本的问题还是没有对课文剖析透彻。

彻底的解决方法应该是把课文根据观点促成、语言促成（案例促成与语言规范）与语篇促成分成四个模块、多个知识点，并录制视频。教师课上讲授重点内容，而其他知识点，学生可根据自己的需求借助视频进行自主学习。这样课堂教学效率就提高了，甚至在课堂上能有更多的时间进一步促成写作任务，循序渐进地完成教学目标。由此看来，既要摆脱精讲课文的模式，又要使学生从教材中收获最大，则必须根据促成目标使教材内容模块化。

第二，有些思政拓展材料并没有发挥作用。本单元教学中，笔者引入了很多课外拓展材料，主要用于学生课前预习与课后强化，起到深化主题、拓展主题、升华主题、课程思政的作用。如双语诗歌“What is Success”、BBC 英语纪录短片《20 世纪最伟大的科学家之一——屠呦呦》、双语散文“On Achieving Success”、TED 演讲视频 *8 Secrets of Success*、阅读材料“How to Start Living Your Dream Life Right Now”“Principles for Success”“Good Mistakes”。行动研究表明，课前预习材料更能引起学生的重视，而对于课后强化材料，很多学生从未读过。

究其原因，首先是教师引导存在差异。任何教学材料如果没有教师的阅读引导，通常不会引起学生的重视。由于笔者会针对课前预习材料的内容提出问题，而这些问题通常是课堂教学的前测依据，因此学生在这些材料中的投入度高（很多学生提前准备，把问题的答案写在笔记本上）。而对于课后强化材料，笔者没有任何的阅读引导，仅仅告诉学生可以从中获得更多观点、规范的语言表达等用于写作任务，之后再未提及。从学生的产出任务可以判断，这部分材料没有起到任何促成的作用。学生的习作在语言（词汇、短语、句型等）与语篇（结构）方面主要模仿教材，观点的提出、案例的选取等来源于课前拓展材料与学生自选材料，而课后强化材料几乎无人关注。

由此，笔者认为在今后的教学中对课前预习材料的选取要考虑促成目标的覆盖性问题。减少观点重复的促成材料，增加能够对语言与语篇促成的课外材料，使其成为教材的有益补充。教师讲解教材的同时，也对预习材料进行分析与讲解，同步同行，充分促成。由于课后学生需要选取合适的案例呈现在习作中，因此要想让课后强化材料起到支架的作用，就应从提供可选择的案例着手。当学生意识到阅读这些材料能够省去自己全网搜索的麻烦时，这些材料便能够发挥进一步促成的作用，为学生所用。总之，教师要使课前拓展材料匹配教材全面促成，课后拓展材料为学生的个性化需求提供支架，避免蜻蜓点水、摆花架子，这才是教学素材选择的应有之义。

第三，课程思政的教学效果评价方式仍不完善。从学生发展的角度出发，笔者从认知、情感与行为三个方面检验课程思政教学的有效性。就本单元而言，认知的发展指的是学生是否认识到在医学领域取得成功的关键因素是什么，是否了解医学领域成功人士之所以成功的个人故事。这方面可以通过学生的产出任务来判断，对产出任务内容的评价即是对课程思政教学在促进认知发展方面成效的评价。当然问卷调查结果也能够为这方面提供部分参考。情感的发展指的是学生是否被医学领域成功人士不怕困难、刻苦努力、意志坚定、爱岗敬业的精神感动，是否树立了民族自信心、正确的职业观和价值观。这方面可以通过问卷调查结果来判断，尤其是问卷中开放式问题的结果，更能反映学生内心的真实感受。行为的发展指的是在认知与情感的共同作用下进一步产生的行为变化。如学生与过去相比是否更加刻苦努力、意志坚定地完成一项任务（如学习计划、坚持记笔记等），他们是否认为自己有责任为疫情防控做些什么并积极报名加入其中等。这方面可以通过问卷调查结果、学生的笔记、访谈结果（了解参与的社会活动）来判断。但目前的问题是，行为的变化涉及现在的行为与过去的行为之间的对比，而我们通过上述手段了解到的主要是当下的情况，因此，难以判断某些行为是课程思政带来的结果，还是学生固有的品质产生的结果。在笔者看来，教师不必纠结于某些良好的行为究竟是不是自己的课程思政教学促发的，十年树木，百年树人，只要我们曾经灌溉过树苗、滋润过学生的心灵，即对他们积极的行为变化发挥过作用，那么我们的课程思政就是有效的。

当然，回到本轮教学行动，笔者对学生的爱国主义精神和民族自信心的情感促成是不到位的。上述的情感目标本可以在学习 BBC 英语纪录短片《20 世纪最伟大的科学家之一——屠呦呦》的过程中促成，但明显笔者做得并不好。从学生的开放式问卷调查结果（97 份）中没有发现任何一个学生提及爱国或民族自信心与自豪感。在今后的教学中，笔者应该丰富相关教学材料，并提出这方面的预习问题，以加强对学生爱国主义与民族自信心的积极引导。

第二部分 大学英语视听说课程思政教学实践

本部分的课程思政教学实践案例以《全新版大学进阶英语视听说教程 第三册》（孙倚娜，Hartmann，Douglas，2017）第一单元 Family 为主要教学材料，辅以西北工业大学在线课程“交际英语”中 Family 这一教学单元。以 POA 理论为指导，基于 BOPPPS 教学模式开展融入思政的大学英语视听说课程教学。本单元的常规教学进度为两周一个单元。笔者带的课改班采用了线上线下混合式的教学方式，教学周扩充到三周，共 6 课时。其中 2 课时用于学生自主学习线上课程，另外 4 课时为教师主导的线下课堂教学。下面笔者依然采用行动研究“计划—行动—观察—反思”的基本思路（Burns，2011），对本课例的行动背景与问题、行动计划、教学行动以及行动效果进行详细介绍。

一、行动背景与问题

一直困扰笔者的是视听说课中听与说的教学时间应如何分配。不得不承认，听与说的能力培养同样重要，但受学校政策、用人单位招聘政策的影响，现实情况是学生的英语听力能力比口语能力更为重要。因与学历学位挂钩，英语四六级的笔试（含听力）是大学生一定要参加的，而四六级的口语考试则仅仅是“鼓励参加”，好的口语成绩是锦上添花，没有口语成绩也无伤大雅。

当然，近几年学生的考研队伍日渐壮大，面试中的英语口试使学生重新关注自己的英语口语能力。学生的需求即是教师的关切，因此，视听说课中听与说应该受到同样的重视，它们不是相互对立的关系，鱼和熊掌不能兼得；而是互为补充的关系，即两手抓、两手都要硬。这也是为什么课改团队决定从中国大学慕课平台引进“交际英语”课程，并把教学周由两周扩充至三周。

由于是第一次引课，如何开展线上线下混合式教学以促进学生听说能力的均衡发展是亟待解决的问题。此外，听说能力不及阅读能力是中国学生的通病（英国文化教育协会，2019），但平时的学习中依然是重读写而轻听说。因此，如何使学生上完视听说课后仍能够继续花时间维持听说，甚至提高听说能力，也是需要解决的难题。最后，笔者需要明确如何根据“家庭”这一主题融入思政，尤其需要考虑本单元主题与医学生的专业背景之间有无联系。

二、行动计划

第一，解决线上线下混合式教学如何促进学生听说能力均衡发展的问题。英语听说读写译技能的训练从来都不是彼此割裂的，而是相互融合的，只是不同的课程类型教学的侧重点不同而已。视听说课程侧重点在于对学生听力与口语能力的培养，其教学过程应该做到听中有说、说中有听，相互融合、同步发展。

第二，为使学生重视视听说课，并具有学习的兴趣，本课程依然以 POA 理论为指导，通过驱动任务使学生“知不足”。然后通过各种促成活动，为学生提供支架，促成产出任务的顺利完成。课后相关主题的听说训练既起到课后评价的作用，也发挥了进一步拓展主题的作用。每个单元经过这样的循环往复，不断提高学生的听说能力。

第三，解决思政融入的问题。笔者把不需要区分学生专业背景的课程思政称为普适性课程思政，如政治认同、家国情怀、文化素养、宪法法治意识、道德修养等；而需要联系学生专业背景的课程思政为精准课程思政。就“家庭”这个主题而言，笔者很难想到精准课程思政的融入点，介绍家庭成员的任务对于来自从医之家的学生来说可能让其联想到家庭对自己专业选择的影响，视动物为家人的视频教学材料也许能够唤起学生的仁爱之心，而其他材料承载的思政元素多为普适性的。另外，为结合社会热点，笔者引入了国家放开“三胎”的话题。

（一）思政目标设定

依然以《高等学校课程思政建设指导纲要》提出的“围绕政治认同、家国情怀、文化素养、宪法法治意识、道德修养五项维度重点优化课程思政内容供给”为参照（秦丽莉，赵迎旭，高洋等，2023），以教学主题与内容为依据，本单元除设定了“识别并熟记与‘家庭’相关的英语词汇、短语和习惯表达，了解不同文化家庭内部结构的演变”的知识目标，“分辨听力材料中家庭成员之间的关系，运用与家庭相关的词汇与表达介绍自己的家庭情况，并就家庭中的性别角色发表个人看法”的能力目标外，还设定了思政目标。思政目标的设定细化为品格培养与价值观塑造，力图从认知、情感、行为三个方面对学生进行积极的正向引导（见表 2. 1）。

表 2.1 “大学英语Ⅲ”视听说课第一单元课程思政目标

思政目标	具体内容	《纲要》参照	引导方向
品格培养	从家庭传承故事中领悟家庭成员的榜样力量对个人成长的积极影响，从人与动物的特殊家庭故事中培养学生的仁爱之心、关爱生命的高尚品质	道德修养	认知 情感
价值观塑造	唤起学生对家的爱，关注家庭中的男女平等，增强学生的家庭观念与传承意识，并激发其家族荣誉感；激发学生成为未来家庭精神支柱、行为楷模的决心，使其在未来的从业中具有仁爱之心；加强学生关注社会问题的意识，培养学生的社会责任感		情感 行为

（二）思政内容分析与材料选取

本单元主题为 Family。听力材料的内容以“家庭”为核心向周边拓展，包括职业继承、家庭结构、家庭分工等。围绕主题的教学材料分为线上与线下两个部分。

中国大学慕课平台线上材料为 3 段视频讲座，围绕“家庭”的主题，内容层层递进。通过视频 *Description of Family Members* 建构语言知识，通过视频 *Different Families* 进行文化拓展，通过视频 *Roles in the Family* 激发学生思辨。3 段视频讲座着重培养学生关于“家庭”这一主题的语言表达与交流能力，唤起亲情，并增强学生的家庭观念与传承意识。

本单元教材包括 3 段音频和 1 段视频，其中的听力训练旨在培养学生概括材料大意的能力与分辨细节的能力。从职业继承故事中领悟家庭成员的榜样力量对个人成长的积极影响，从人与动物的特殊家庭故事中培养学生热爱大自然、珍爱生命的高尚品质。

本单元配有与主题相关的讨论题与项目，让学生了解自己的家庭传承、挖掘自身家庭成员的共性与特性，并思考当今社会家庭中的性别角色，激发学生的家族荣誉感与成为未来家庭精神支柱、行为楷模的决心。

口语训练拓展材料“Talking about Your Family in English”为学生提供支架以提升其口语表达能力；主题拓展导入材料“Four Famous Families in the World”使学生意识到家庭对一个人成长的重要影响，再次增强学生的家庭观念与传承意识，并激发其家族荣誉感，激发学生成为未来家庭精神支柱、行为楷模的决心；课后补充视频 *China Details supporting measures for 3-Child Policy* 与课后补充阅读材料“Despite Incentives, Willingness to Bear a Third Child still Low”引发学生思考目前我国人口方面存在的问题与解决对策，加强学生关注社会问题的意识，培养学生的社会责任感。

（三）教学步骤设计

为便于展示本单元的整个教学流程，教学设计依然以 BOPPPS 模式呈现。导入(Bridge-in)的活动主要作为驱动任务，使学生“知不足”，然后介绍课程目标(Objectives)。通过小组交流、小组辩论、教师巡视的形式进行前测(Pre-assessment)，以了解学生的“缺口”，并给出反馈。依托中国大学慕课平台引入的线上课程为参与式学习(Participatory learning)(小组交流与辩论)提供支架。之后，通过随机提问、对话等方式进行后测(Post-assessment)，检测学生对课文重点词汇、短语和有关主题表达的掌握程度与口语交流水平。最后，通过教师反馈、自主完善文字稿等方式对交际任务进一步促成或驱动(Summary)。与读写课相同，为了清晰地呈现教学过程，每个教学周都做了独立的教学设计，包括第一次课教学设计(见表 2.2)、第二次课教学设计(见表 2.3)和第三次课教学设计(见表 2.4)。

表 2.2 “大学英语Ⅲ”视听说课第一单元第一次课教学设计

思政教学内容与过程(以 BOPPPS 模式为例)			
步骤及时间分配	教学内容	课程思政素材(示例 + 来源)	设计意图
导入 Bridge-in (10 分钟)	引导学生画 family tree，要求其用关键词标注家族成员的亲缘关系、外貌特征、性格特征与从事职业等信息，用星号标注家庭中的名人	视频来源：https://v.qq.com/x/page/f0323snybb3.html  	通过观看视频引出主题，并通过画 family tree 唤起学生对家的爱。同时使学生发现自己在单元主题表达上语言能力的不足(POA—驱动)

续表 2.2

思政教学内容与过程（以 BOPPPS 模式为例）			
步骤及 时间分配	教学内容	课程思政素材 （示例 + 来源）	设计意图
教学目标 Objectives （5 分钟）	知识目标：识别及熟记与家庭成员、家庭结构、家庭分工相关的词汇、短语和习惯表达。 能力目标：听辨主旨、细节与数字；分辨听力材料中家庭成员之间的关系；运用与家庭成员相关的词汇与表达介绍自己的家庭情况，阐明不同家庭结构的优缺点，并就家庭中的性别角色发表个人看法。 情感目标：增强学生的家庭观念与传承意识，培养他们的家庭责任感、关爱生命的品格等	**Unit Objectives** In this unit, we are going to ● To build up language about family, to expand family culture and to think critically about roles in the family. ● To learn how to talk about family; ● To grasp the main information when listening to some materials about family; ● To strengthen students' attachment to one's family and the sense of inheritance; to cultivate students' quality of leading by example and the idea of cherishing life. **Unit Content** In this unit, we are going to ● Watch videos about family members, family types and roles in the family; ● Learn how to talk about family; ● Listen to some materials about family ● Watch a video about a special family composed of human and animals	使学生明确本单元的学习目标，并强调本次课的学习重点：家庭成员
前测 Pre-assessment （10 分钟）	小组交流： 1. 组内成员根据画好的 family tree 相互介绍自己的家庭状况。 2. 同伴交流各自家庭中最想聊的家庭成员。 3. 记下交流过程中遇到的语言障碍 （教师巡视点评）	每个人的 family tree 不同，以下图片为示意图。 	通过组内交流与同伴交流激活学生已有的关于家庭的词汇与表达，并通过输出发现自己口语的不足。同时，增强学生的家庭观念与传承意识，并激发其家族荣誉感。 （POA—驱动） 教师巡视给予针对性反馈，让学生改进自己语言表述中的不足 （POA—评价）
参与式学习 Participatory learning （40 分钟）	1. 自主学习线上第一段视频 *Description of Family Members*，熟记外貌描写与性格描写的英语词汇，并修改、完善 family tree。 2. 观看拓展视频 *Oxford Online English-Talking About Your Family*，熟记介绍家庭成员的常用表达，解决前一环节交流中遇到的语言障碍，并进行组内再交流	1. 线上视频 *Description of Family Members* 的来源：https://www.icourse163.org/spoc/learn/BZYXY-1461328171?tid=1463469473#/learn/content?type=detail&id=1241426248 2. 拓展视频 *Oxford online English-Talking About Your Family*	通过线上视频 *Description of Family Members*、拓展视频 *Oxford Online English-Talking About Your Family* 与教材中的对话进行语言知识建构，着重培养学生的语言表达与交流能力，并增强学生的家庭观念 （POA—促成）

续表 2.2

思政教学内容与过程(以 BOPPPS 模式为例)			
步骤及 时间分配	教学内容	课程思政素材 (示例 + 来源)	设计意图
参与式学习 Participatory learning (40 分钟)	3. 自学教材 p3 中的对话，掌握针对“家庭”主题的对话结构，并根据自身情况进行改写，与同伴对话。 4. 讲解教材 p2 中的听力音频：*A Famous Family*	3. 教材 p3 中的对话： 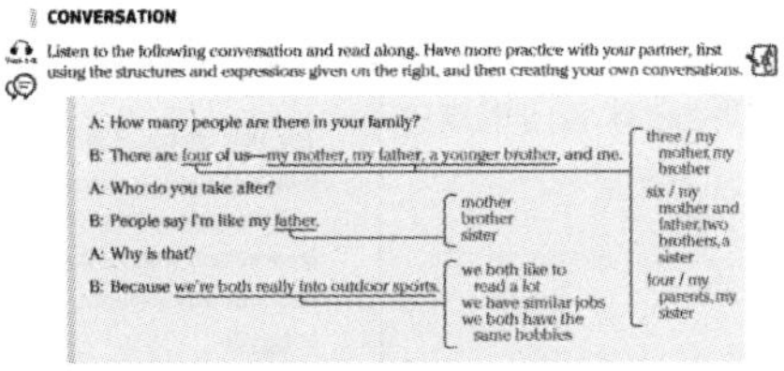 CONVERSATION Listen to the following conversation and read along. Have more practice with your partner, first using the structures and expressions given on the right, and then creating your own conversations. A: How many people are there in your family? B: There are four of us—my mother, my father, a younger brother, and me. [three / my mother, my brother; six / my mother and father, two brothers, a sister; four / my parents, my sister] A: Who do you take after? B: People say I'm like my father. [mother; brother; sister] A: Why is that? B: Because we're both really into outdoor sports. [we both like to read a lot; we have similar jobs; we both have the same hobbies] 4. 拓展视频《海洋卫士——库斯托》； 听力音频 1：*A famous family*  	培养学生对主旨的分辨能力，培养学生听辨数字的能力与根据时间线索辨别主要信息的能力，使学生明确家庭传承故事的讲述方式，增强学生的传承意识 (POA—促成)
后测 Post-assessment (10 分钟)	用随机提问、对话等方式检测学生对本次课重点词汇、句型与有关主题表达的掌握程度与口语交流水平	参考问题： Could you introduce your family members to your classmates? Is anyone in your family famous? 参考对话： How many people are there in your family? Who in your family are you most like?	检测学生的学习效果，并为大学英语四级口语考试提前热身；增强学生的家庭观念与传承意识，并激发其家族荣誉感；唤起学生对家的爱 (POA—评价 & 驱动)
总结 Summary (5 分钟)	布置作业： 1. 完成中国大学慕课平台线上讨论任务： Please find some pictures of your family members and introduce your family members to your classmates. You can use the expressions you have learned from this unit. 2. 准备教材 p10 中 Expansion Activity 第一个辩题	1. 讨论任务： 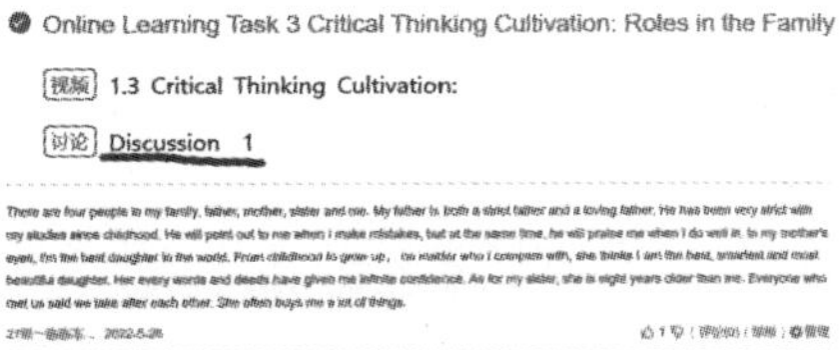 2. 教材 p10 中 Expansion Activity： 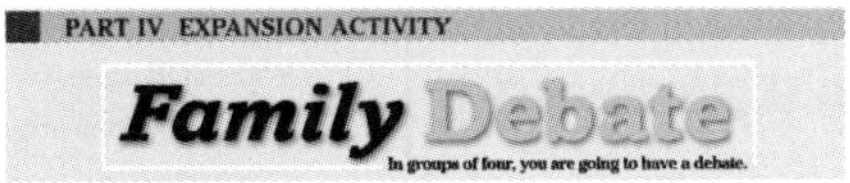 辩题：Big families are better than small families.	1. 学生完成主题陈述口语文字稿，为大学英语四级口语考试中“个人陈述”(一分钟)做准备；学生与教师线上点评。 (POA—促成 & 评价) 2. 为下节课“家庭”这一主题的深入与拓展做铺垫。 (POA—驱动) 课后：唤起学生对自己家庭的思考与评价，理性爱家

表 2.3 "大学英语Ⅲ"视听说课第一单元第二次课教学设计

思政教学内容与过程(以 BOPPPS 模式为例)			
步骤及 时间分配	教学内容	课程思政素材 (示例 + 来源)	设计意图
导入 Bridge-in (10 分钟)	提问: Do you know any famous family in the world? 进而介绍四个全球名门望族		使学生意识到家庭对一个人成长的重要影响,再次增强学生的家庭观念与传承意识,并激发其家族荣誉感,激发学生成为未来家庭精神支柱、行为楷模的决心(POA—驱动)
教学目标 Objectives (5 分钟)	知识目标:识别及熟记与家庭成员、家庭结构、家庭分工相关的词汇、短语和习惯表达。 能力目标:听辨主旨、细节与数字;分辨听力材料中家庭成员之间的关系;运用与家庭成员相关的词汇与表达介绍自己的家庭情况,阐明不同家庭结构的优缺点,并就家庭中的性别角色发表个人看法。 情感目标:增强学生的家庭观念与传承意识,培养他们的家庭责任感、关爱生命的品格等	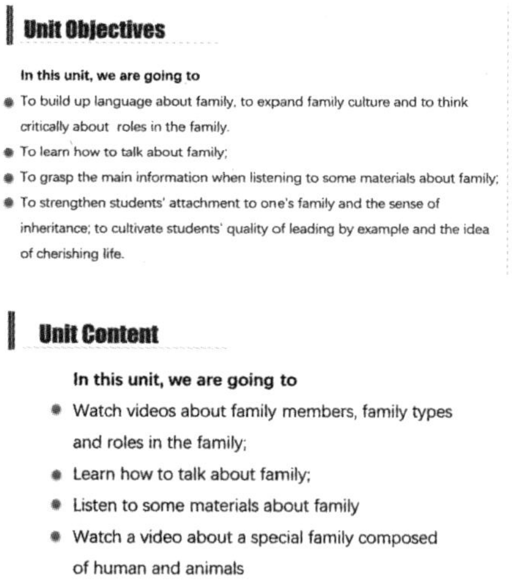	再次使学生明确本单元的学习目标,并强调本次课的学习重点:家庭结构(POA—驱动)

续表 2.3

思政教学内容与过程（以 BOPPPS 模式为例）			
步骤及 时间分配	教学内容	课程思政素材 （示例＋来源）	设计意图
前测 Pre-assessment （10 分钟）	小组辩论： 针对教材 p10 中 Expansion Activity 的第一个辩题 *Big families are better than small families* 进行主题辩论。辩论结束，学生投票选出优胜组，教师点评	教材 p10 中 Expansion Activity 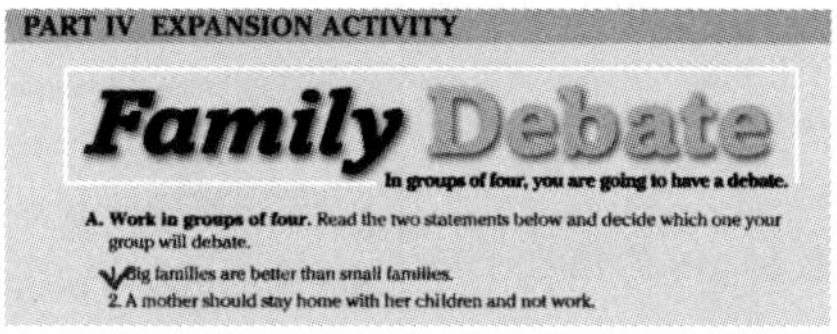 第一个辩题：*Big families are better than small families*.	通过辩论激活学生已有的知识，并使学生通过输出发现自己的不足；审视同伴对家庭结构优缺点的辩证评价 （POA—驱动） 同伴互评提供总体质量判断，教师评价给予针对性反馈，使学生进一步明确自己的不足 （POA—评价）
参与式学习 Participatory learning （40 分钟）	1. 自主学习线上第二段视频 *Different Families*，熟记家庭结构的英语表达，以及核心家庭与大家庭的优缺点的英语表达。同时，各小组完善自己的辩论稿。 2. 讲解教材 p4-6 的听力音频：*Brazil's Changing Families*	1. 第二段线上视频 *Different Families* 的来源：https://www.icourse163.org/spoc/learn/BZYXY-1461328171?tid=1463469473#/learn/content?type=detail&id=1241426249&sm=1 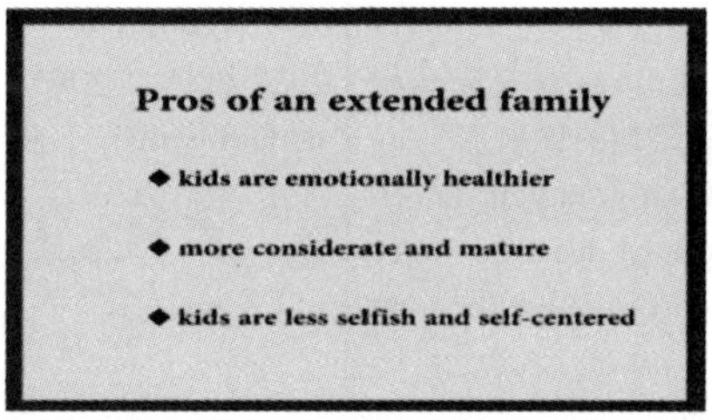 2. 教材 p4-6 的听力音频：Listening 1（*Family size*）& Listening 2（*The Way People Live—Live Solo*）  	（POA—促成） 1. 通过线上视频 *Different Families* 进行第一辩题的语言知识建构，着重培养学生的语言表达、交流能力与思辨能力；使学生反思家庭结构对自己个人特质的影响。 2. 培养学生对主旨的提取能力与对细节中主要信息的分辨能力，并增强学生在家庭结构方面的跨文化认知
后测 Post-assessment （10 分钟）	观点陈述： 用随机提问的方式检测学生对“Big Families are Better than Small Families”辩题观点的形成情况，教师点评	观点形成过程中可参考第二段线上视频 	后测可以检测学生的学习效果；观点陈述的检测方式为大学英语四级口语考试中“个人陈述”热身；使学生更客观、全面地评价家庭结构，培养正确选择未来家庭结构的能力 （POA—评价 & 驱动）

续表 2.3

思政教学内容与过程（以 BOPPPS 模式为例）			
步骤及时间分配	教学内容	课程思政素材（示例 + 来源）	设计意图
总结 Summary （5 分钟）	布置作业： 1. 进一步完善中国大学慕课平台讨论任务。 2. 进一步完善基于第一个辩题的观点陈述。 3. 准备教材 p10 的第二个辩题	1. 讨论任务： Online Learning Task 3 Critical Thinking Cultivation: Roles in the Family 视频 1.3 Critical Thinking Cultivation: 讨论 Discussion 1 2. 第一个辩题观点陈述（一分钟）： *Big families are better than small families* 3. 第二个辩题：“*A mother should stay home with her children and not work.*”	1. 进一步完善口语输出质量，为四级口语考试热身。（POA—促成） 2. 为深入与拓展主题做铺垫。（POA—驱动） 课后：唤起学生对家庭中夫妻分工偏见的关注，呼吁家庭中的性别平等

表 2.4 “大学英语Ⅲ”视听说课第一单元第三次课教学设计

思政教学内容与过程（以 BOPPPS 模式为例）			
步骤及时间分配	教学内容	课程思政素材（示例 + 来源）	设计意图
导入 Bridge-in （10 分钟）	1. 回顾前两次课的主要内容：描述家庭成员、介绍家庭结构及不同家庭结构的优缺点 2. 提问：What does your father/mother do at home? Who provides more support for your family?	学生优秀作品： 2021 级第二临床学院 2 班赵翔宇完善后的 family tree 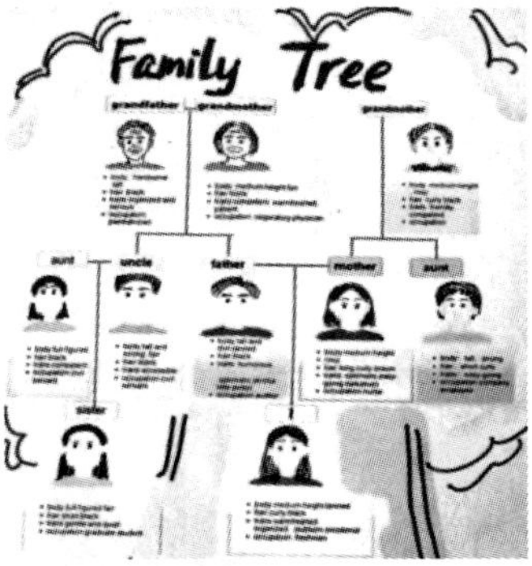	1. 使学生意识到前两次课内容之间的联系，明确拓展“家庭”这一话题的内部逻辑：家庭成员—家庭结构—家庭分工。 2. 使学生回忆父母对家庭的付出，感恩父母的同时，思考他们的家庭分工是否合理（POA—驱动）
教学目标 Objectives （5 分钟）	知识目标：识别及熟记与家庭成员、家庭结构、家庭分工相关的词汇、短语和习惯表达。 能力目标：听辨主旨、细节与数字；分辨听力材料中家庭成员之间的关系；运用与家庭成员相关的词汇与表达介绍自己的家庭情况，阐明不同家庭结构的优缺点，并就家庭中的性别角色发表个人看法。 情感目标：增强学生的家庭观念与传承意识，培养他们的家庭责任感、关爱生命的品格等	**Unit Objectives** In this unit, we are going to • To build up language about family, to expand family culture and to think critically about roles in the family. • To learn how to talk about family; • To grasp the main information when listening to some materials about family; • To strengthen students' attachment to one's family and the sense of inheritance; to cultivate students' quality of leading by example and the idea of cherishing life. **Unit Content** In this unit, we are going to • Watch videos about family members, family types and roles in the family; • Learn how to talk about family; • Listen to some materials about family • Watch a video about a special family composed of human and animals	再次使学生明确本单元的学习目标，并强调本次课的学习重点：家庭分工

续表 2.4

<table>
<tr><td colspan="4">思政教学内容与过程（以 BOPPPS 模式为例）</td></tr>
<tr><td>步骤及
时间分配</td><td>教学内容</td><td>课程思政素材
（示例 + 来源）</td><td>设计意图</td></tr>
<tr><td>前测
Pre-
assessment
（10 分钟）</td><td>小组辩论：
针对教材p10中Expansion Activity的第二个辩题“A mother should stay home with her children and not work”进行主题辩论。辩论结束，学生投票选出优胜组，教师点评</td><td>教材 p10 中 Expansion Activity
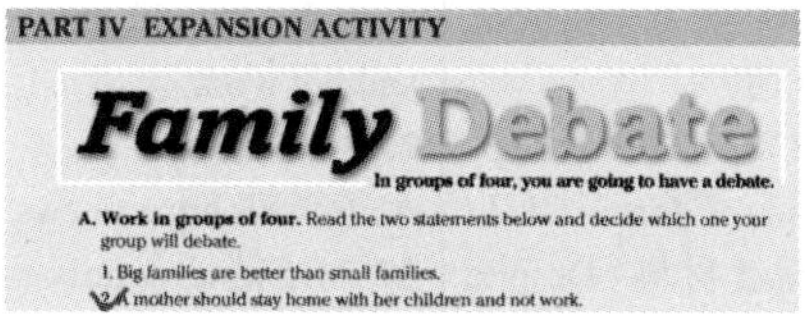

第二个辩题：“A mother should stay home with her children and not work”</td><td>通过辩论激活学生已有的同主题知识，并通过输出使学生发现自己的不足；审视同伴对家庭分工方式的辩证评价，以及家庭中性别平等的思考。
（POA—驱动）
同伴互评提供总体质量判断；教师评价给予针对性反馈，使学生进一步明确自己的不足
（POA—评价）</td></tr>
<tr><td>参与式学习
Participatory
learning
（40 分钟）</td><td>1. 自主学习线上第三段视频 Roles in the Family，熟记与家庭分工相关的英语表达。同时，各小组完善自己的辩论稿。
2. 讲解教材p7-8的视频Raising otter babies
3. 英语四级真题听力听写训练（选择 2～3 句）</td><td>1. 第三段线上视频 Roles in the Family.
视频来源 https://www.icourse163.org/spoc/learn/BZYXY-1461328171?tid=1463469473#/learn/content?type=detail&id=1241426250&sm=1

2. 教材 p7-8 的视频 Raising otter babies

</td><td>1. 通过线上视频 Roles in the Family 进行第二个辩题的语言知识建构，着重培养学生的语言表达能力、交流能力与思辨能力，并增强学生的家庭责任感。
（POA—促成）
2. 培养学生对主旨的理解能力与对细节中主要信息的分辨能力，从人与动物的特殊家庭故事中培养学生的仁爱之心、关爱生命的高尚品质。
（POA—促成）
3. 通过精听提升学生的听力水平
（POA—促成）</td></tr>
<tr><td>后测
Post-
assessment
（10 分钟）</td><td>观点陈述：
用随机提问的方式检测学生对“A mother should stay home with her children and not work”这一辩题观点的形成情况，教师点评</td><td>观点形成过程中可参考线上第三段视频
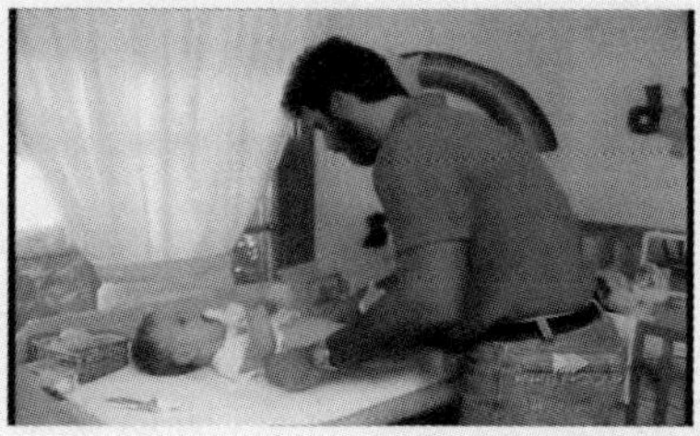</td><td>后测可以检测学生的学习效果。观点陈述的检测方式为大学英语四级口语考试中“个人陈述”热身；使学生更客观、全面地评价家庭分工，为未来做出正确的家庭分工决策做好准备
（POA—评价 & 驱动）</td></tr>
</table>

续表 2.4

思政教学内容与过程（以 BOPPPS 模式为例）			
步骤及 时间分配	教学内容	课程思政素材 （示例＋来源）	设计意图
总结 Summary （5 分钟）	布置作业： 1. 课后进一步完善基于第二个辩题的观点陈述。 2. 观看视频 *China Details Supporting Measures for 3-Child Policy*，课后阅读材料“Despite Incentives, Willingness to Bear a Third Child still Low.”	1. 第二个辩题观点陈述（一分钟）： A mother should stay home with her children and not work. 2. 补充视频 视频来源：https://news.cgtn.com/news/2021-07-21/China-details-supporting-measures-for-3-child-policy-12507CZZVTy/index.html  补充阅读材料： 材料来源：https://global.china daily.com.cn/a/202208/17/WS62fc432ea310fd2b29e72a30.html  	1. 进一步完善口语输出质量，为四级口语考试热身。 （POA—促成） 2. 加强学生关注社会问题的意识，培养学生的思辨能力与社会责任感

三、教学行动

大学英语视听说课程的教学对象与大学英语读写课程的教学对象是相同的——医学院校大学一年级临床医学专业学生。本单元是他们第二学期视听说课程的第一单元。临床医学专业学生的入学成绩比本校大多数其他专业学生的高，英语成绩亦如此。根据第一学期的学习情况来看，他们具有相对较强的学习积极性，大部分学生能够比较认真地完成老师布置的任务。然而，如大部分中国学生一样，他们的听说能力不及阅读能力。而且，平时每天用于英语听说训练的时间不足半小时。此外，绝大多数学生并没有每日泛听英语的习惯。

（一）驱动

为调动学生的学习积极性、增加其在英语听说中的时间投入，教师既要激发学生的学习兴趣，又要使学生认识到学习任务具有潜在的交际价值。但由于笔者没有找到“家庭”这一主题与学生专业紧密相联的交际场景，所以驱动任务的设置只能考虑加强学生的情感认同，通过为学生提供情绪价值来激发学生的学习热情。结合大学生所处的环境，笔者设置了三个交际场景：① 大学生多半是外出求学，离家很远，几个月才能回家一次，因此十分想念自己的家人。为解思念之苦，也为了与现在的同学增进相互了解，请画出家谱（family tree)，并用英语向全班同学介绍自己的家庭成员。② 学生们在画家谱的过程中一定有很多感慨吧！不同的家庭生活体验是否与不同类型的家庭有关？那么谈一谈吧：大家庭好，还是小家庭好呢？请说出你的理由，为大家未来的选择提供参考。③ 不同的家庭生活体验是否也与家人的家庭分工有关呢？那么请谈一谈你的家人在家庭中的分工吧。另外，你的爸爸/妈妈是职场人，还是全职爸爸/妈妈？你更支持女性外出工作，还是回归家庭？请说出你的理由，为大家未来的选择提供参考。三个交际场景都具备了“场景制导”原则（文秋芳，2019）要求的场景四要素（见表 2. 5），且围绕“家庭”这一主题不断深入。因此，完成产出活动的过程是情感与思维互动的过程。

表 2.5 产出活动交际价值案例展示

	产出活动	交际目的	交际场合	交际话题	交际角色
视听说课案例	活动 1	通过倾诉排解思念之苦，通过交流增进同学之间的相互了解	视听说课课堂、日常聊天、四级口语考试	介绍家庭成员	学生
	活动 2	通过交流为未来的家庭结构选择提供参考		阐明大家庭好，还是小家庭好	
	活动 3	通过交流为未来的家庭分工提供参考		阐明女性应外出工作，还是应回归家庭	

首先，产出活动的设计反映了真实世界的活动，具有“交际真实性”。家庭对人的一生具有很大的影响，无论积极影响，抑或是消极影响，家庭成员之间都会建立起情感纽带，形成情感上的依附关系。当大学生远离亲人，身处新的学习环境时，每次想起家人或是向他人提起自己的家人，都会感受到温暖与力量。因此，无论是在课堂上的交流中，还是在日常的聊天中，甚至是在四级口语考试中，学生都能够真切地感知以上产出任务的交际价值，进而产生学习驱动力（张文娟，2022）。其次，产出活动具有“认知挑战性”。如何才能清楚地描述一个人？需要涵盖哪些方面？各个方面如何表述？这些是第一个产出活动“画家谱”要解决的问题。此外，你是来自小家庭，还是大家庭？父母在家庭中如何分工？思考后你会发现家人的性格与职业、家庭结构与家庭分工均会对你产生影响。这一思考过程便是提升自己对家庭认知的过程。最后，产出活动能够使学生在尝试完成任务的过程中感知困难与缺口。学生在整理家谱与辩论口语稿时发现的自己在语言、结构、逻辑等方面的欠缺能够使他们产生学习动力，明确学习重点。总之，学生对产出活动的“价值认同”、活动本身的“认知挑战”和学生体验到的“缺口意识”使本单元的产出活动具有驱动力（张文娟，2022）。

为使学生的学习动力持续，驱动任务贯穿教学始终，形成了相对固定的循环模式：导入—前测—后测—教师总结 + 学生课后（见表 2. 6）。“导入”引起学生兴趣，“前测”与“后测”使学生发现自己的“缺口”，“教师总结 + 学生课后”如同中转站，从任务 1 转入任务 2，再转入任务 3。主题不断深入与拓展，最终与社会热门话题“三胎政策”联系起来，再次激发学生的学习热情，以驱动课后自主学习。

表 2.6　驱动任务设计

教学步骤	驱动任务	小驱动任务	课堂活动
驱　动	任务 1：介绍家庭成员	活动 1（第一次课）	导入 1：引导学生画 family tree，要求其用关键词标注家族成员的亲缘关系、外貌特征、性格特征与从事职业等信息，用星号标注家庭中的名人
		活动 2（第一次课）	前测 1：组内成员根据画好的 family tree 相互介绍自己的家庭状况，同伴交流各自家庭中最想聊的家庭成员
		活动 3（第一次课）	后测 1：用随机提问、对话等方式检测学生对本次课重点词汇、句型与有关主题表达的掌握程度与口语交流水平
	任务 2：大家庭好，还是小家庭好？	活动 4（第一次课）	教师总结 + 学生课后 1：准备教材 p10 中 Expansion Activity 的第一个辩题——“Big Families are Better than Small Families”
		活动 5（第二次课）	导入 2：提问“Do you know any famous family in the world?”进而介绍四个全球名门望族
		活动 6（第二次课）	前测 2：针对教材 p10 中 Expansion Activity 的第一个辩题“Big Families are Better than Small Families”进行主题辩论
		活动 7（第二次课）	后测 2：用随机提问的方式检测学生对“Big families are better than small families”这一辩题观点的形成情况
	任务 3：女性外出工作，还是回归家庭？	活动 8（第二次课）	教师总结 + 学生课后 2：准备教材 p10 中 Expansion Activity 的第二个辩题“A Mother should Stay Home with her Children and not Work.”
		活动 9（第三次课）	导入 3：通过 family tree 优秀作品展，回顾前两次课的主要内容——描述家庭成员、介绍家庭结构及不同家庭结构的优缺点
		活动 10（第三次课）	前测 3：针对教材 p10 中 Expansion Activity 的第二个辩题“A Mother should Stay Home with her Children and not Work”进行主题辩论
		活动 11（第三次课）	后测 3：用随机提问的方式检测学生对“A Mother should Stay Home with her Children and not Work”这一辩题观点的形成情况
	非 POA 型任务：主题拓展学习	活动 12（第三次课）	教师总结 + 学生课后 3：观看视频 *China Details Supporting Measures for 3-Child Policy*，课后阅读材料“Despite Incentives, Willingness to Bear a Third Child still Low.”

与大学英语读写课相同，课程思政内容建设仍旧是通过教学素材得以实现的。然而，视听说课程在驱动环节的教学材料有其自身的特点。以本单元为例，驱动环节的教学材料中除了教材中的辩论题与笔者补充的简短的背景信息之外，剩下的多为学生在课堂活动中生成的作品，或生成的口语语料。这些教学材料是基于教材内容，在教师的主导下生成的，其思政方向体现了教师对主题与学生的认知，以及教师的价值观。在笔者看来，家首先是个有爱的地方。因此，笔者设置了第一个驱动任务：画家谱，并标注家族成员的亲缘关系、外貌特征、性格特征与从事职业等信息，用星号标注家庭中的名人。想起许久未见的家人，回忆家人的方方面面，并把家人介绍给自己的同学——整个过程即是一个充满爱的过程。介绍的过程中那个最想聊的人通常是使学生感受到最多爱的家人或是他们最崇拜的家人，因此与 family tree 相关的活动，可以增强学生的家庭观念与传承意识，激发其家族荣誉感。辅以四个全球名门望族的介绍材料，会使学生意识到家庭对一个人成长的重要影响，再次增

强学生的家庭观念与传承意识，激发其家族荣誉感。同时，对容易被激励、有理想抱负的学生来说，可能会坚定其未来成为家庭精神支柱、行为楷模的决心。鉴赏 family tree 优秀作品，思考“What does your father/mother do at home?”“Who provides more support for your family?”这两个问题。通过思考这两个问题，学生回忆父母对家庭的付出，在感恩父母的同时，思考他们的家庭分工是否合理。

在驱动环节，教材中的辩论题“Big families are better than small families”能够使学生联系自己的亲身经历对自身家庭进行思考与评价，思辨的过程可使学生更加理性地看待自己的家庭。之后针对这一题目的辩论与观点陈述使学生在审视多方意见的过程中提升对此问题的认知，进而使学生更客观、全面地评价家庭结构，并培养学生正确选择未来家庭结构的能力。教材中的另一个辩论题“A mother should stay home with her children and not work”能够唤起学生对家庭中夫妻分工偏见的关注，进而思考家庭中性别平等的问题。之后针对这一题目的辩论与观点陈述使学生在审视多方意见的过程中提升对此问题的认知，进而使学生更客观、全面地评价家庭分工，为未来生活中做出正确的家庭分工决策做好准备。最后的驱动材料来自英语新闻网站，笔者选取了与“家庭”这一主题既密切相关又直击当时热点的视频材料“China Details supporting measures for 3-Child Policy”与阅读材料“Despite incentives, Willingness to Bear a Third Child still Low”，以提升学生关注社会问题的意识，培养学生的思辨能力与社会责任感。

就视听说课程来说，课程思政的第一步依然是以问题或任务为驱动，让学生了解教学素材，引发思考。作品与口语语料只有在学生的创作、交流过程中，通过人与作品、人与人之间的互动，以及互动中的情感投入与流动，才能发挥思政的作用。本单元的主题为“家庭”，学生间的辩论、交流等能够促进学生认知的发展，而学生个人经历的唤醒能够激发学生对家庭的情感认同，进而影响学生的价值观。本单元思政教学主要为普适性价值引导（道德修养），与医学专业联系不够紧密，无法做到精准思政是本单元思政教学存在的不足之处。表 2. 7 呈现了本单元驱动环节中的思政融入。

表 2.7　驱动环节中的思政融入

教学步骤	教学素材	问题 / 任务	课程思政内容	学生发展	价值导向
驱　动	学生的 family tree 作品	学生画 family tree（导入 1）	唤起对家的爱	认知与情感	道德修养
	学生的口语语料	组内成员根据画好的 family tree 相互介绍自己的家庭状况，同伴交流各自家庭中最想聊的家庭成员（前测 1）	增强学生的家庭观念与传承意识，并激发其家族荣誉感		
	学生的口语语料	参考问题：Could you introduce your family members to your classmates? Is anyone in your family famous? 参考对话：How many people are there in your family? Who in your family are you most like?（后测 1）	增强学生的家庭观念与传承意识，并激发其家族荣誉感，唤起对家的热爱		

续表 2.7

教学步骤	教学素材	问题 / 任务	课程思政内容	学生发展	价值导向
驱　动	教材 p10 中 Expansion Activity 第一个辩题“Big Families are Better than Small Families.”	准备第一个辩题:“Big Families are Better than Small Families”(教师总结+学生课后 1)	唤起学生对自己家庭的思考与评价,理性爱家	认知与情感	道德修养
	四个全球名门望族介绍材料	提问:Do you know any famous family in the world?(导入 2)	使学生意识到家庭对一个人成长的重要影响,再次增强学生的家庭观念与传承意识,并激发其家族荣誉感,激发学生成为未来家庭精神支柱、行为楷模的决心		
	学生的口语语料	学生以“Big Families are Better than Small Families”为题展开辩论(前测 2)	审视同伴对家庭结构优缺点的辩证评价		
	学生的口语语料	第一个辩题“Big Families are Better than Small Families”观点陈述(后测 2)	使学生更客观、全面地评价家庭结构,培养正确选择未来家庭结构的能力		
	教材 p10 中 Expansion Activity 第二个辩题:“A Mother should Stay Home with her Children and not Work.”	准备第二个辩题:“A Mother should Stay Home with her Children and not Work”(教师总结+学生课后 2)	唤起学生对家庭中夫妻分工偏见的关注,进而思考家庭中性别不平等的问题		
	学生优秀作品	提问:What does your father/mother do at home? Who provides more support for your family?(导入 3)	使学生回忆父母对家庭的付出,在感恩父母的同时,思考他们的家庭分工是否合理		
	学生的口语语料	学生以“A Mother should Stay Home with her Children and not Work”为题展开辩论(前测 3)	审视同伴对家庭分工方式的辩证评价,以及对家庭中性别平等的思考		
	学生的口语语料	第二个辩题:“A Mother should Stay Home with her Children and not Work”观点陈述(后测 3)	使学生更客观、全面地评价家庭分工,为未来做出正确的家庭分工决策做好准备		
	视频材料 *China Details supporting Measures for 3-Child Policy*; 拓展材料 Despite Incentives, Willingness to Bear a Third Child still Low	观看视频 *China Details Sup-porting Measures for 3-Child Policy*; 阅读拓展材料“Despite Incentives, Willingness to Bear a Third Child still Low”(教师总结+学生课后 3)	加强学生关注社会问题的意识,培养学生的思辨能力与社会责任感		

（二）促成

促成的落实途径有三个标准：精准性、渐进性与多样性（邱琳，2020）。精准性是促成的核心要义，是解决学生学习困难的关键。目前，绝大多数学生听与说的能力都不乐观。听时难概括主旨，也抓不到细节；英语口语能力更差些，不知道说什么，怎么说。多数学生在缺乏内容、语言与逻辑的情况下，针对一个主题说不到半分钟，这远远达不到大学英语四级的要求。例如：

My father is short black hair and big eyes, he is conscientious. He is a businessman. My mother has short brown hair and slim, she is a caring and laborious housewife. What's more, I have a bother older than me nine years, he is a lawyer. He has short black hair and tall.（介绍家庭成员初稿，学生笔记 1）

I have a great family. My father is a worker. He is so didecated (dedicated) that he treat everything seriously. As the only boy in my little family. I felt really happy.（介绍家庭成员初稿，学生笔记 2）

My mother is a math teacher in a primary school. She is patient and gentle, so her students all like her.She has long hair and wearing glasses. She have watery eyes and fair skin. My mother likes flower appreciation and tea tasting. Sometimes she do flowers on the balcony.（介绍家庭成员初稿，学生笔记 3）

对于学生的"听"，本单元主要依托教材，通过泛听与精听的方法改善其"难概括主旨，抓不到细节"的问题。而用于"听"的教学材料，也为"说"提供支架。同时，通过线上课程与拓展教学材料的精准支架，力求使学生的口头表述变得有内容、有条理且语言准确性高。

渐进性关涉促成的过程，其要义包括：逐步加大加工难度，逐步减少教师支架力度（邱琳，2020）。本单元共有三个产出活动。从认知维度上看，三个产出活动涉及的内容（介绍家庭成员，分析家庭结构优劣，评价家庭分工偏见）从直观描述到抽象思辨，具有渐进性。同时，促成的过程也具有渐进性。首先，促成的过程逐步增加了难度。以第一个产出任务"介绍家庭成员"为例，最初仅要求学生画出家谱并做个人信息标注，然后要求学生进行小组交流。小组口语交流需要学生看着画好的家谱说出完整的句子，任务加工难度明显加大。最后要求学生把"介绍家庭成员"的文字稿发布到中国大学慕课平台，对语言表述的精准性要求提高了，任务难度明显更大。在此过程中，笔者逐步减少了所提供的支架力度。由最初的个性化反馈，到教学材料统一促成，再到优秀作品示范；从手把手教转变为统一指导，再到提供参考，以求学生对产出的作品不断完善。

多样性促成包括两个方面：形式多样性与内容多样性（邱琳 2019a, 2019b）。在本单元的促成环节中，笔者仅做到了形式多样性，即产出类型多样、活动类型多样与组织形式多样（邱琳，2020）。首先，促成活动的产出类型具有多模态。学生在视听说课程中训练了口语产出、听力产出与笔头产出（口语文字稿）能力。其次，促成活动种类多样。学生先后完成了"家庭成员介绍""家庭重要成员描述""家庭结构描述""家庭结构优缺点分析""家庭分工描述""家庭分工方式评价"等活动。学生课堂体验丰富，认知难度递增，产出能力逐步提升。最后，组织形式多样。本单元促成环节运用了个人学习、同伴对话、小组交流、教师引导等组织形式，以调动学生的学习积极性，增加其课堂参与度。表 2.8 呈现了本单元的促成活动设计。

表 2.8　促成活动设计

教学步骤	产出任务	子目标	方　法	课堂活动
促成（参与式学习＋总结）	1. 介绍家庭成员：Please find some pictures of your family members and introduce your family members to your classmates.（发布在中国大学慕课平台的讨论区中）	语言促成（第一次课）	活动 1	自主学习第一段线上视频 *Description of Family Members*，熟记外貌描写与性格描写的英语词汇，修改、完善 family tree
			活动 2	观看拓展视频 *Oxford online English-Talking About Your Family*，熟记介绍家庭成员的常用表达，解决前一环节交流中遇到的语言障碍，并进行组内再交流
			活动 3	自学教材 p3 的对话，掌握针对“家庭”主题的对话结构，并根据自身情况进行改写，与同伴进行对话
		语篇促成（第一次课）	活动 4	讲解教材 p2 的听力音频 *A Famous Family*，使学生明确家庭传承故事的讲述方式
		强化前两个子目标（第一次课）	活动 5	布置任务：完成中国大学慕课平台线上讨论任务：Please find some pictures of your family members and introduce your family members to your classmates. You can use the expressions you have learned from this unit.（一分钟文稿）
	2. 家庭结构：大家庭好，还是小家庭好？	语言／观点促成（第二次课）	活动 6	自主学习第二段线上视频 *Different Families*，熟记家庭结构以及核心家庭与大家庭优缺点的英语表达。同时，各小组完善自己的辩论稿
		语篇促成（第二次课）	活动 7	讲解教材 p4-6 的听力音频：*Brazil's Changing Families*，使学生明确阐述家庭结构变化的原因
		强化产出任务 1，强化前两个子目标（第二次课）	活动 8	布置作业： 进一步完善中国大学慕课平台讨论任务：Please find some pictures of your family members and introduce your family members to your classmates. You can use the expressions you have learned from this unit. 基于第一个辩题的观点进一步完善自己的陈述（一分钟文稿）
	3. 家庭分工：女性外出工作，还是回归家庭？	语言／观点促成（第三次课）	活动 9	自主学习第三段线上视频 *Roles in the Family*，熟记与家庭分工相关的英语表达。同时，各小组完善自己的辩论稿
		观点促成（第三次课）	活动 10	讲解教材 p7-8 的视频 Part Ⅲ *Video Raising Otter Babies*
		强化前两个子目标（第三次课）	活动 11	布置作业：课后进一步完善基于第二个辩题的观点陈述（一分钟文稿）

根据教学设计，本单元的所有促成活动都集中在 BOPPPS 的参与式学习（Participatory Learning）与总结（Summary）环节。每周促成一个产出任务，三个产出任务的促成模式极其相似，子目标主要包括：语言／观点促成—语篇／观点促成—强化子目标。

针对第一个产出任务“介绍家庭成员”（第一周），语言促成通过三个活动来实现：自主学习第一段线上视频(*Description of Family Members*)、观看拓展视频(*Oxford online English-Talking About Your Family*)、自学教材第三页的对话。这三个活动从词汇、表达与结构入手,夯实“家庭”这一主题口语交流的基础,丰富这一主题口语表达的内容。第一周的语篇促成通过讲解教材第2页的听力音频(*A Famous Family*)来实现,使学生明确家庭传承故事的讲述方式(叙述方式:时间顺序;讲述内容:成长经历+所获荣誉;结构特点:过渡句)。例如:

Jacques Cousteau was born in 1910 in France.Cousteau loved the water, and for almost sixty years, he studied the world's oceans. In 1943, he and a partner invented scuba diving equipment, and later he invented special cameras to film life underwater.

Cousteau taught people about the oceans. In 1968, he started a TV show called The Undersea World of Jacques Cousteau. On the show, he traveled with his son, Philippe, around the world. They taught people about sea animals and protecting Earth' waters. In 1973, he started the Cousteau Society, an international organization which works to protect Earth's waters. Before he died in 1997, Cousteau **won many awards** for his films and his work as an environmentalist.

Jacques' family have continued his work. Jacques' son, Philippe, had two children, Alexandra and Philippe Junior. They are both famous ocean conservationists.

Like her grandfather, Alexandra Cousteau, who was born in 1976, also cares about the world's seas. In 2000, she started a company with her brother called Earth Echo International. It teaches children and teenagers about keeping Earth's oceans clean.Later, in 2008, Alexandra started another company called Blue Legacy. It works to protect Earth's oceans. As the head of this company, she travels around the world, working on important water problems. In 2011, she **got an award for** her work as an environmentalist.(音频*A Famous Family*的听力原文)

第一周强化子目标的促成通过完成中国大学慕课平台线上讨论任务(Please find some pictures of your family members and introduce your family members to your classmates. You can use the expressions you have learned from this unit)来实现。完成讨论任务的过程中,学生需要反复学习本次课的教学材料,真正做到学以致用。

针对第二个产出任务“大家庭好,还是小家庭好?”(第二周),语言/观点促成通过自主学习第二段线上视频(*Different Families*)来实现。这一英语教学视频划分了家庭结构的类型,提供了讨论大家庭与小家庭优缺点的范例,为“大家庭好,还是小家庭好?”这一辩题提供了丰富的语言支架,也助力了辩题的观点提炼。第二周的语篇促成通过讲解教材第4页至第6页的听力音频(*Brazil's Changing Families*)来实现,使学生明确阐述家庭结构变化原因的方式(叙述方式:对比手法;讲述内容:过去与现在状况的呈现;逻辑结构:先结果,后原因)。例如:

In the past, Brazilian family sizes were much larger than today. In the 1990s, family size suddenly decreased. What is causing these changes?

For years, many Brazilian families had four or more children. However, today, most Brazilian families have only one or two children. Thirty years ago, many Brazilians lived in small towns. Today, almost 85 percent of Brazil's people live in cities. Life in a city can be expensive, so a small family is better.

In the past, people started families in their early twenties. Today, many young men and women are going to school and getting a job first. They get married and have families later. In 1980, only about half of all homes had a television. Today, most homes have a TV, and evening shows called novelas are very popular. The men and women on these shows are single or have small families. They have exciting lives. People watching want this life, too.（音频 *Brazil's Changing Families* 的听力原文）

第二周强化子目标的促成通过进一步完善“大家庭好，还是小家庭好？”的观点陈述来实现。由于没有时间为学生提供就此话题再次辩论的机会，因此要求学生选择一方，呈现理论依据，文字稿陈述时间不少于一分钟，为四级口语考试热身。由于本周的知识可用于“介绍家庭成员”产出任务的内容拓展，因此要求学生进一步完善第一周的中国大学慕课平台讨论任务。

针对第三个产出任务“女性外出工作，还是回归家庭？”（第三周），语言/观点促成首先通过自主学习第三段线上视频（*Roles in the Family*）来实现。这个英语教学视频提供了家庭分工的基础词汇（如 breadwinner，financial provider，house husband，stay-at-home dad，等等），呈现了传统家庭与现代家庭中家庭分工的变化，并阐述了对家庭与工作平衡的个人看法，为“女性外出工作，还是回归家庭？”这一辩题提供了丰富的语言支架，也助力了辩题的观点提炼。同时，观点促成也通过讲解教材第 7 页至第 8 页的听力视频（*Raising Otter Babies*）来实现。视频中展现了一种无关性别的、家庭与事业兼顾的特殊生活模式，使辩题的论点不再是非此即彼，提供了第三种可能。第三周强化子目标的促成通过进一步完善“女性外出工作，还是回归家庭？”的观点陈述来实现。与第二个产出任务情况相同，由于没有时间为学生提供就此话题再次辩论的机会，因此，同样要求学生阐明自己的论点，呈现理论依据，文字稿陈述时间不少于一分钟，为四级口语考试热身。

视听说课程的促成主要通过教学素材的输入得以实现，而教学素材又承载着丰富的思政内容。本着驱动环节思政“入脑”、促成环节思政“入心”的原则，笔者试图使学生做到精细学习、适当拓展、联系实际。精细学习指的是学生深入学习教学材料，如线上自学部分要边听边选择性地做笔记；教材部分须抓住主旨与细节，并对听力原文词汇、表达、结构进行分析。适当拓展是指学生需根据自己初稿中存在的问题，选择教学素材中与产出任务密切相关的内容为自己所用，从而丰富自己的产出任务。联系实际指的是产出任务需反映学生的客观事实，使学生在真实的场景中学习，有“我在画中游”之感。通过精细学习、适当拓展与联系实际，使学生对教学素材中融入的思政内容有更深的理解与感受。尽管产出任务不同，但三个促成环节均针对相关话题的语言知识建构，培养学生的语言表达与交流能力。然而，由于产出任务不同，用于促成的教学素材也不同，因此课程思政内容亦有差别（见表 2.9）。第一个产出任务“介绍家庭成员”在促成环节的课程思政旨在通过视频 *Description of Family Members* 与音频 *A Famous Family* 等增强医学生的家庭观念和传承意识；第二个产出任务“大家庭好，还是小家庭好？”在促成环节的课程思政旨在通过视频 *Different Families* 与音频 *Brazil's Changing Families* 使学生反思家庭结构对自己个人特质（如身体状况、性格特征等）的影响，并增强医学生在家庭结构方面的跨文化认知。第三个产出任务“女性外出工作，还是回归家庭？”在促成环节的课程思政旨在通过视频 *Roles in the Family* 与

Raising Otter Babies 增强医学生的家庭责任感，并从人与动物的特殊家庭故事中培养医学生的仁爱之心、关爱生命的高尚品质。促成环节的课程思政均为普适性课程思政，除了能够促进学生对新知识、新现象等的认知外，同时还能唤起学生对家庭的情感投入。唤起学生对某些家人的爱、回忆与思念，对某些家人的仰视与崇拜，以及家庭责任感等，都是提升学生道德修养的有效手段。

表 2.9　促成环节中的思政融入

教学步骤	产出任务	子目标	教学素材	课程思政内容	学生发展	价值导向
促　成	介绍家庭成员	语言促成（第一次课）	第一段线上视频 *Description of Family Members*；拓展视频 *Oxford online English–Talking About Your Family*；教材 p3 的对话	增强医学生的家庭观念与传承意识（普适性）	认知与情感	道德修养
		语篇促成（第一次课）	教材 p2 的听力音频 *A Famous Family*			
		强化前两个子目标	第一段线上视频 *Description of Family Members*；拓展视频 *Oxford online English–Talking About Your Family*；教材 p3 的对话；教材 p2 的听力音频 *A Famous Family*			
	家庭结构：大家庭好，还是小家庭好？	语言／观点促成（第二次课）	第二段线上视频 *Different Families*	使学生反思家庭结构对自己个人特质的影响，并增强医学生在家庭结构方面的跨文化认知（普适性）		
		语篇促成（第二次课）	教材 p4–6 的听力音频 *Brazil's Changing Families*			
		强化产出任务 1，强化前两个子目标	第二段线上视频 *Different Families*；教材 p4–6 的听力音频 *Brazil's Changing Families*			
	家庭分工：女性外出工作，还是回归家庭？	语言／观点促成（第三次课）	第三段线上视频 *Roles in the Family*	增强医学生的家庭责任感；培养医学生的仁爱之心、关爱生命的高尚品质（普适性）		
		语言促成（第三次课）	教材 p7–8 的视频 *Raising Otter babies*			
		强化前两个子目标（第三次课）	第三段线上视频 *Roles in the Family*；教材 p7–8 的视频 *Raising Otter babies*			

（三）评价

学习评价是依据教学目标对教学过程及结果进行价值判断并为教学决策服务的活动，是对教学活动现实的或潜在的价值做出判断的过程。本单元的知识目标是识别及熟记与家庭成员、家庭结构、家庭分工相关的词汇、短语和习惯表达；能力目标是听辨主旨、细节、与数字，分辨听力材料中家庭成员之间的关系，运用与家庭成员相关的词汇与表达介绍自己的家庭情况，阐明不同家庭结构的优缺点，并就家庭中的性别角色发表个人看法；情感目标是增强医学生的家庭观念与传承意识，培养他们的家庭责任感、关爱生命的品格等。与读写课程相同，情感目标即思政目标，在基于教学素材的、润物细无声的教学过程中，思政目标又得以细化为两个方面。针对品格培养，本单元教学使学生从家庭传承故事中领悟家庭成员的榜样力量对个人成长的积极影响，从人与动物的特殊家庭故事中培养医学生的仁爱之心，以及关爱生命的高尚品质。针对价值观塑造，本单元教学旨在唤起学生对家的爱，关注家庭中的男女平等，增强医学生的家庭观念与传承意识，并激发其家族荣誉感；激发医学生成为未来家庭精神支柱、行为楷模的决心，使其具有仁爱之心；提升学生关注社会问题的意识，培养学生的社会责任感。总之，通过提升认知、唤起情感，培养学生的品格，使其树立正确的价值观。

本单元涵盖三个独立的产出任务，但由于对产出任务的驱动与促成方式不同，评价方式与手段也略有差异（见表 2.10）。评价环节依然遵循“以评为学”的理念（文秋芳，2017），以发挥促学作用为目标。针对第一项产出任务，采用教师评价的方式，通过课堂观察推动知识目标的达成；此外，通过文本分析与课堂观察给学生提供改进的机会，提升学习效果，促进能力目标的达成。而针对第二、第三项产出任务，采用同伴互评与教师评价的方式，通过课堂观察推动知识目标的达成。针对情感目标（思政目标）是否达成，笔者采用了过程性学生反馈与一次性延时评价的方式（在学期末采用教师反思—学生反馈的方式），通过学生作业、调查问卷考查本单元教学在“立德树人”方面是否能够产生比较持久的影响。评价过程依然遵循“教、学、评一体”的原则，即教什么就评什么，学什么就评什么（张文娟，2022）。需要说明的是，此延时评价与读写课的延时评价是同一份调查问卷（见附录 3）。开始调查前，笔者先对之前的教学内容按讲授顺序，以“聊天”的语气进行了反思性回顾（见附录 2）。学生参考笔者的反思做问卷（见附录 3，本单元为 26 题和 28 题），即是对笔者思政教学效果的反馈。

表 2.10　口语评价活动设计、思政融入与效果检验

<table>
<tr><th>教学步骤</th><th>产出任务</th><th>教学目标</th><th>评价指标</th><th>教学进度</th><th>评价活动</th><th>评价方式</th><th>评价手段</th></tr>
<tr><td rowspan="5">评　价</td><td rowspan="3">1. 介绍家庭成员</td><td>知识目标</td><td>是否能够识别及熟记与家庭成员相关的词汇、短语和习惯表达</td><td>前测（第一次课）</td><td>在学生与同伴交流过程中，教师巡视给予针对性反馈，使学生改进家庭成员介绍中语言表述的不足</td><td>教师评价</td><td>课堂观察</td></tr>
<tr><td rowspan="2">能力目标</td><td rowspan="2">能否运用与家庭成员相关的词汇与表达介绍自己的家庭情况</td><td>后测（第一次课）</td><td>通过随机提问与对话的方式检测学生的学习效果，并为大学英语四级口语考试热身</td><td>教师评价</td><td>课堂观察</td></tr>
<tr><td>总结 / 课后（第一次课）</td><td>学生与教师共同线上点评学生完成的主题陈述文字稿</td><td>同伴互评
教师评价</td><td>文本分析</td></tr>
<tr><td rowspan="2">2. 家庭结构：大家庭好，还是小家庭好？</td><td>知识目标</td><td>是否能够识别及熟记与家庭结构相关的词汇、短语和习惯表达</td><td>前测（第二次课）</td><td>同伴互评提供总体质量判断；教师评价给予针对性反馈，使学生进一步明确自己的不足</td><td>同伴互评
教师评价</td><td>课堂观察</td></tr>
<tr><td>能力目标</td><td>是否能够阐明不同家庭结构的优缺点</td><td>后测（第二次课）</td><td>检测学生的学习效果，为大学英语四级口语考试中“个人陈述”热身</td><td>教师评价</td><td>课堂观察</td></tr>
</table>

续表 2.10

教学步骤	产出任务	教学目标	评价指标	教学进度	评价活动	评价方式	评价手段
评价	3. 家庭分工：女性外出工作，还是回归家庭？	知识目标	是否能够识别及熟记与家庭分工相关的词汇、短语和习惯表达	前测（第三次课）	同伴互评提供总体质量判断；教师评价给予针对性反馈，使学生进一步明确自己的不足	同伴互评 教师评价	课堂观察
		能力目标	能否就家庭中的性别角色发表个人看法	后测（第三次课）	检测学生的学习效果，为大学英语四级口语考试中“个人陈述”热身	教师评价	课堂观察
	以上 3 个产出任务	情感目标（思政目标）	品格培养	总结（第二次课）	学生进一步完善中国大学慕课平台的讨论任务	学生反馈	学生作业
			价值观塑造				
			品格培养	学期末（第 16 周）	教师做单元教学内容总结后，学生根据自身的感受和行为自评	教师反思 学生反馈	调查问卷
			价值观塑造				

值得注意的是，BOPPPS 教学模式中的“前测”和“后测”对应 POA 教学中的评价环节，可见测评一体不分家。“测”是工具，“评”是手段。“测”可使学生的知识与能力水平外显化；通过“评”判断外显化的知识与能力是否达到单元教学目标的要求，结果促使学生对产出任务进一步完善——以评为学，发挥促学作用。此外，针对情感（思政目标）的评价对教学活动潜在的价值做出判断，为接下来的教学决策提供依据。

四、行动效果

（一）学生的产出质量

本单元设置了三个驱动任务：借助家谱，介绍家庭成员；阐明大家庭好，还是小家庭好；阐明女性应外出工作，还是应回归家庭。通过一系列驱动、促成和评价活动，学生作品的终稿质量明显优于授课前作品的初稿质量，在要点呈现、语言规范与内容呈现方面都有不同程度的提高。下面以第一个驱动任务“借助家谱，介绍家庭成员”为例，进行详细论述。

第一，促成后学生作品中的要点呈现更加丰富。在单元教学正式开始之前，学生口述家庭情况的过程中主要提及家庭成员的关系、年龄与职业，口述时间不到半分钟。以上现象的主要原因是教师要求不够具体，如“Could you introduce your family to us?”。这种问题使学生没有抓手，不知从何说起。因此，教师所提要求需明确，同时借助多模态手段效果更佳。例如：引导学生画 family tree，要求其用关键词标注家族成员的亲缘关系、外貌特征、性格特征与从事职业等信息。同时，线上教学视频与拓展视频为学生进一步提供介绍家庭成员的要点，而同伴交流的过程也为学生提供见贤思齐的机会。从学生作品（如图2. 1至图2. 3所示）中可以看出，学生绘制的家谱各具特色，或涵盖教师要求中提及的亲缘关系、外貌特征、性格特征与从事职业，或受到线上教学视频与拓展视频的启发，标注出家庭成员的兴趣爱好、当时的生活状态，或受同伴交流的影响添加了年龄与具体的身高，或创意性地通过具体事例描述自己与家人之间的亲密关系，等等。总之，通过教师明确要求、线上教学视频与拓展视频的学习、同伴交流，并辅以个人创意，促成了丰富的家庭成员介绍要点，同时也延长了学生的英语口语表达时间。

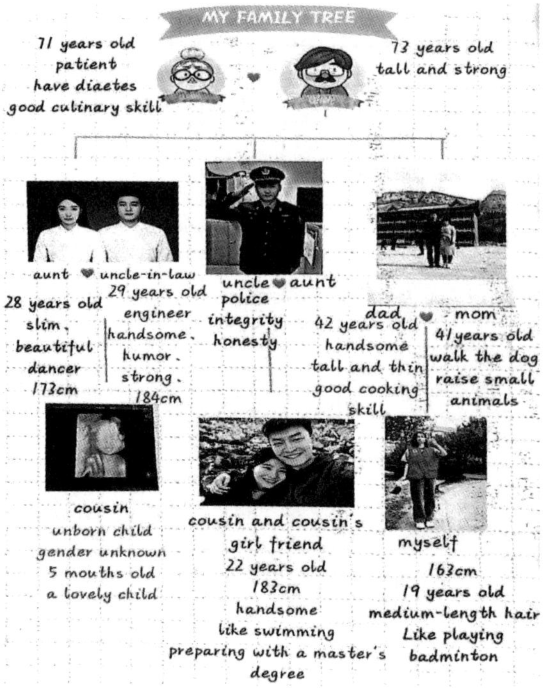

图 2.1　促成后的学生作品 1

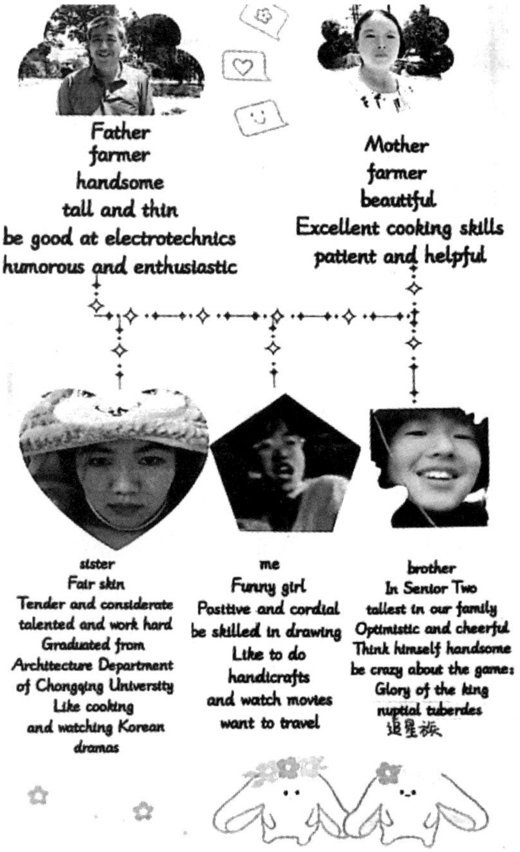

图 2.2　促成后的学生作品 2

图 2.3　促成后的学生作品 3

第二，促成后学生作品中的语言表达更加规范。为评价促成后学生英语口述内容的质量，笔者把介绍家庭成员的任务(Please find some pictures of your family members and introduce your family members to your classmates.You can use the expressions you have learned from this unit.)布置在中国大学慕课平台的讨论区中。通过仔细阅读学生的口述文稿(如学生笔记4、学生笔记5、学生笔记6)，笔者发现很多学生用到了促成材料(线上教学视频与拓展视频)中的词汇、表达与句型。如“immediate family”与“extended family”取自中国大学慕课平台第二个线上教学视频 *Different Families*，主要介绍不同的家庭结构。而多数学生还是选取了中国大学慕课平台第一个线上教学视频 *Description of Family Members* 中的语言点，如体现亲缘与亲密关系的表达“the only child”“maternal ...”“we are close ...”，体现年龄差距的语句“about five years younger than ...”与“four years younger than ...”，体现爱好、倾向的短语“... is crazy about ...”“... is fond of ...”“... looks like ...”，众多描述外貌特征的词汇与表达“handsome”“medium length”“curly hair”“medium height”“fair”“thick hair”，描写性格特征的词汇“strict”“warm-hearted”“envious”“naughty”“sensible”“knowledgeable”“humane”，还有此话题开篇的句型“There are ...”。

There are five people in my **immediate family**, although my **extended family** is large (larger) than it. I am **the only child** and therefore enjoy all the love from my parents. When winter comes, my **maternal grandparents** would come to our house and join us. My parents are primary school teacher and they work at the same school. As you may have guessed, I used to study in the school which is their workplace. As a result, I had a glad childhood with the company of my parents. My grandparents (are) farmers. We see them quite often when they live in the countryside in the warm days. However, if the temperature ~~will~~ drop(s) with the winter coming, they would come to our home. Although my father has excellent cooking skills, he seldom cooks. He is always immersed in Chinese paintings. My mother shoulder(s) all housework, but she always takes time to read books. I love paper cutting because (of) my father's influences. We are different people, but we are all love our family. (介绍家庭成员终稿，学生笔记4)

I'm from a happy family. There are four people in my immediate family. I have one brother, my parents of course and myself. I love my family very much. We always eat together, play sports outdoors such as playing badminton and taking a walk and talk with each other. Before I go to university, I saw my brother once a week. My brother is always enthusiastic and passionate about life. He is just **about five years younger than** me. He is strong and tall. He uesd (used) to study the Chinese Kongfu. But now he **is crazy about** playing basketball. He has a sense of humor. We often plays jokes on me. My brother **looks like** my father. My father is 46 years old. Though he is a little fat, in my opinion he is a **handsome** man. Sometimes he is a little **strict** but he love us very much. He is an interesting man. He is interested in fishing and playing table tennis. Finally, I'd like to introduce my favorite mom. My mother has **medium length** (and) **curly hair.** Her smile is extremely beautiful. She is one of my best friend. We watch TV shows together. She is very kind and she cooks very well. (介绍家庭成员终稿，学生笔记5)

There are seven people in my family. They are my father, my mother, my elder sister, my younger brother, my grandfather and grandmother. We have lived together since I was born. My father is a driver who can drive many kinds of cars. Though he has changed jobs many times, he has always been a driver. In order to support our family, my father work hard. To be honest, he is not a person good at expressing feelings. But like all fathers, his love is deep. It is worth mentioning that my father always makes a lot of friends whenever and wherever he wants. My mother has **medium height**. Even if there are some slight wrinkles on her face, she still looks beautiful. My mother is always thoughtful to care for us. At the same time, she is very **warm-hearted** and gets along with neighbors. Now let's talk in terms of my sister. She is also a college student and **is two years old than** me. Her skin is very **fair,** and she has **thick hair** and extremely beautiful eyes. These all make me very **envious**. In addition, my sister is a simple and honest person, and she is always lovely. There is a **handsome** boy in my family. He is my brother who **is four years younger than** me. He is really **naughty** and often irritate me. However, I have to say my brother sometimes is very **sensible.** About my grandfather, he is a retired driver. He is 80 years old, who has **gray hair** and looks serious. For my part my grandfather is profound **knowledgeable**. He has a book full of math, physics, poetry and so on. Moreover, my grandfather knows a lot about keeping in good health. Eventually, my grandmother is a **humane** woman and **is fond of** children. I grew up with my grandmother, so **we are close** very much. By the way, my grandmother did well in tailoring when she was young.（介绍家庭成员终稿，学生笔记 6）

第三，促成后学生作品中呈现的内容更加丰富。由于呈现的要点丰富了起来，内容也相应地丰富了起来，并且内容的呈现方式也变得更为灵活（又如学生笔记 4、学生笔记 5、学生笔记 6）。以学生笔记 4 的内容为例，它介绍了一个温馨的家庭故事。这位同学摒弃了分述每个家庭成员的方式，而是选择把所有成员看作一个整体，介绍一组成员的过程中也简述其他成员与之存在的联系。由于故事性强，文章中对家庭成员的特写（外貌特征、性格特点等）并不多，因此对促成材料的依赖性弱，仅“There are”…“immediate family”“extended family”“the only child”“maternal grandparents”源于促成材料。学生笔记 5 和学生笔记 6 采用分述每个家庭成员的方式，关注外貌特征与性格特点的描写，因此，很多词汇与表达源于线上视频与拓展视频，对促成材料的依赖性强，这也体现了促成材料的必要性与有效性。由此可见，针对不同的内容呈现方式，应提供不同的促成材料。需要补充说明的是，笔者虽然把教材中的听力材料 *A Famous Family* 作为语篇促成的样板，但由于其内容与学生的家庭背景相差太远，并没有学生选择讲述类似的故事，因此该语篇促成对本单元教学来说是无效的。

（二）学生的情感体验

学期末问卷调查（见附录 3，26 题）专门针对本单元的教学活动设置了问题：在视听说课 Family 单元，大家制作了自己的 family tree。在制作过程中（标明职业、外貌、性格、爱好等），你会在回想家庭成员时感到温暖吗？结果显示，25.77% 的学生认为“只是完成作业，我没有情感投入”，61.86% 的学生认为“完成作业的过程中我感觉幸福而温暖”，而 12.37%的学生认为“五味杂陈，我不想提及某些家庭成员”。因此，此项教学活动使 74.23%的学生产生了情绪波动。整体来说，持积极情绪的学生是持消极情绪学生的 5 倍。再结合问卷，以及学生发到中国大学慕课平台线上讨论板块的口述文稿可以推断，多数学生在本单元的学习中体验到了温暖，并表达了对亲人的爱与思念。例如：

我觉得最触动的内容，应该就是在制作家庭树的时候吧。大家都背井离乡，出门在外最想念的就是家吧。有家人在的地方就是家，所以制作家庭树让我感觉到很温馨。（调查问卷 -s22）

I have a happy and warm family of four. My father, my mother, my sister and I. As you can see from the photos, my father is a serious man, sometimes serious, but **his love for us is beyond doubt.** My mother is a very gentle, kind and beautiful person, **she always takes good care of us**, the whole family in perfect order. **My sister loves me the most in the world** (although she thinks she does), and **whenever I need something, whether it is material or spiritual, she will do her best to satisfy me**. Finally, this little guy is me, **the beloved family mascot**. In a word, **I love my family.**（介绍家庭成员终稿，学生笔记 7）

There are five members in my family: my father, my mother, my grandpa, my grandma and myself. My father is tall and strong, he used to work in army, and he is a office worker. My mom worked in the BZMU hospital as a doctor. She is really pretty and take everybody great. My grandpa used to work in BZMU, too, while my grandma was a teacher. Now I live in YanTai (Yantai) to have my university, but **I still miss them.**（介绍家庭成员初稿，学生笔记 8）

家的温暖可能来自不同的方面。

第一，部分学生在介绍家庭成员的过程中回忆自己的成长经历，体味亲人陪伴下的幸福童年。

My parents are primary school teacher and they work at the same school. As you may have guessed, I used to study in the school which is their workplace. As a result, I had **a glad childhood** with the company of my parents.（介绍家庭成员终稿，学生笔记 4 节选）

I have a big family and there are nine members in my extended family. Since **my childhood,** my paternal grandfather has been the person who loves me the most. He always gives me the best. Though he just an ordinary farmer with tanned skin, I love him very much.（介绍家庭成员终稿，学生笔记 9 节选）

My sister is 11 years older than me. She took care of me like a mother. **When I was a child, I really liked to stick to her, and I followed her wherever she went. And she brought the best company to my growth.** Up to now , even though we're all grown up and have our own lives, we are still very close. She has a four-year-old daughter now and I will take care of her like my sister used to take care of me.（介绍家庭成员终稿，学生笔记 10 节选）

第二，一些学生描述了家人生活的不易，文字中流露出对他们的爱与心疼。

There are seven people in my family. They are my father, my mother, my elder sister, my younger brother, my grandfather and grandmother. We have lived together since I was born. My father is a driver who can drive many kinds of cars. Though he has changed jobs many times, he has always been a driver. **In order to support our family, my father work hard. To be honest, he is not a person good at expressing feelings. But like all fathers, his love is deep.**（介绍家庭成员终稿，学生笔记 6 节选）

There are five people in my family. They are my grandpa and grandma, father and mother. When I was young, my grandparents and I lived in the countryside, and my parents worked in the city. **My grandparents are peasants, but they love me very much, so I almost never did farm work when I was young. They work in the fields all day, so they are a little thin.**（介绍家庭成员终稿，学生笔记 11 节选）

第三，部分学生提到了家人对自己的性格、职业选择等产生的影响。

There are five people in my family. My father, my mother, my grandmother, my sister and I. My mom is the second child, (and) my father is the second child too. As a result, I have many cousins who all older than me. My mother is kindness, industrious, warm-hearted and organized. My father is warm-hearted, conscientious, industrious and positive. When he experience difficult things, he always keep positive. **This attitude make me positive too.**（介绍家庭成员终稿，学生笔记 12）

I come from a big family. There are five people in my family, including my mother, my father, my grandfather, my brother and I. My father is a doctor. He is very tall and fat. He has short black hair and white skin. When he works, he is more than responsible and warm-hearted. My mother is a doctor, too. She has long straight hair, who is gentle and optimistic. The next is my grandfather, who is kind and patient. He is a doctor, too. **I'm influenced by them and I want to be a good doctor one day.** I like my brother best. He has short black hair and he is a junior high school student. He is six years younger than me. We had a good time with each other. **His attitude to life encourages me a lot.**（介绍家庭成员终稿，学生笔记 13）

第四，少部分学生在介绍家庭成员时提到了自家养的小动物。这与本单元教材中的视听材料（第三次课）不谋而合：人与动物之间的关系其实是一种相互给养的关系，因为人与动物的共同生活中，人为动物提供照料的同时，动物也能为人提供情绪价值。

Finally, I'd like to introduce my little cat, coffee. He came to my house at the age of two months and is now five years old. He weighs 11 catties and he likes eating dried fish and sleeping in the sun on high places. Coffee has a lively personality and has its own ideas. He spends his days having fun like a clever little boy. But **he is also a warm little fellow who has been with me through many sad moments.**（介绍家庭成员终稿，学生笔记 14）

当然，正如问卷调查结果所示，不是所有家庭成员都会给家人带来温暖，12.37%的学生表示画家谱的过程“五味杂陈，我不想提及某些家庭成员”。还有学生针对与父母之间的关系表达了无奈。

I'm not the only child in my immediate family. I have one sister who's nine years older than me. She is very beautiful. She's slim and shorter than me. She has black long hair. And **she likes animals but is a little picky.** And about my parents, my mom has a round and white face. She has long black hair like my sister, either. And she is always kind and patient with me.When it comes to my father, he is of medium height and has black short hair. **He is always strict and bad tempered. So I rarely talk with him.**（介绍家庭成员终稿，学生笔记15节选）

小时候妈妈对我非常温柔，但是自从我开始上学后，她就变得非常严厉，甚至有些刻板，不完成她计划好的内容就好像发生了什么天大的事情，脾气也越来越暴躁，恰恰我又是个贪玩的，并且不太想被束缚。渐渐地，家里不再有欢声笑语了，气氛也越来越压抑。我虽然知道妈妈都是为了我好，但是这样搞得所有人都不开心。现在我正在努力改变家里的氛围，尽管收效甚微，但是我能感受到变化了。如果将来我有自己的家庭，我一定会把快乐幸福放在第一位，也许这样一切都会变得更好。在以后的教育中，希望自己能够积极乐观地看待事情，帮助孩子实现精神以及心理上的成长，给予孩子内心的富足和安定。（调查问卷 -s23）

五、反思与启示

（一）课程思政的有效性

《大学外语课程思政教学指南》中提出要着力挖掘大学外语教学材料中的思政元素，将其有机融入教学活动，以“润物细无声”的方式渗透教学的全过程，并有效地促成学生社会主义核心价值观的内化，将塑造学生正确价值观的隐性思政目标与拓展学生知识面，提升学生外语交际能力的显性任务目标有机融合，实现显性外语学习和隐性思政教育的统一，为学生的健康人格发展和正向价值观养成提供独特的体验，促进学生全面发展（向明友，2022，转引自教育部高等学校大学外语教学指导委员会，2022）。Family这一单元通过视听说教材、中国大学慕课线上课程以及拓展材料等着力挖掘丰富的思政元素，如家庭观念、家庭传承、家族荣誉、家庭责任与社会责任等。教学设计做到了内容承载思政、思政寓于课程。笔者结合课文主题与社会背景设计驱动任务“借助家谱，介绍家庭成员”“阐明大家庭好，还是小家庭好”“阐明女性应外出工作，还是应回归家庭”，试图在驱动、促成、评价各环节将品格培养与价值观塑造融入知识传授与能力培养的过程中。思政教学目标重点放在对学生的品格培养和价值观塑造上。

课程思政的有效性需通过评价手段得以外显。而评价的设计必须“坚持学生中心、产出导向”，评价结果必须运用于“提升学生的课程学习体验、学习效果”（教育部，2020）。本单元的课程思政教学评价满足了以上要求。以第一个驱动任务“借助家谱，介绍家庭成员”为例，学生制作家谱、介绍自己的家谱、写出英语口述文稿，并在期末写反思，即是“坚持学生中心、产出导向”，而评价的结果（行动效果）表明学生的产出质量从要点呈现、语言规范与内容呈现等方面都有不同程度的提高，学习效果明显。在学习的过程中，大部分学生的情感能够与主题内容同频共振。有些学生回忆家人陪伴下的美好童年，有些学生感受到家人生活的不易，有些学生意识到了家庭成员对自己的性格、职业选择等方面产生的影响，还有些学生表达自己与小动物之间的深情厚意。当然，也有学生讲述与家人之间的隔阂，尽显无奈的同时却也满怀希望。无论积极的情感体验，抑或是消极的情感体验，都唤起了学生对家人的爱，体现了他们对家人的思念。由此可见，第一个驱动任务使学生领悟到了家庭成员的榜样力量对个人成长的积极影响，唤起了学生对家的爱。而且，对于医学世家的学生来说，增强了他们的传承意识（如学生笔记8、学生笔记13）。

(二)不足与改进之处

“大学英语Ⅲ”视听说课也是我校的教改课程,教学与行动研究同步进行,与“大学英语Ⅲ”读写课相同,目前也已经经历了三轮教学实践。每轮实践后笔者都会积极反思,总结教学中出现的问题,并及时做出调整,生成新的教学计划。

在第一轮教学行动中,视听说课主题与读写课主题不同步。由于视听说课教材与读写课教材选自不同的出版社,因此,两门课程的单元主题并不完全匹配。在第一轮教学行动开始前,我们的课改团队并没有意识到这个问题,仅仅努力使视听说课的单元主题与中国大学慕课平台的“交际英语”线上课程单元相匹配。在教学过程中,我们发现读写与视听说课程主题脱节,给人以割裂感,不仅不利于驱动任务的促成,也有碍对主题进一步的拓展,进而导致学生的思辨难以进一步深入。因此,在第二轮教学行动中,我们调整了视听说课授课单元的顺序,使之与读写课程的单元主题相匹配。这样更有利于主题的拓展与深入。例如,本单元视听说课的主题是 Family。虽是第一单元,但为了匹配读写课主题,被调整到视听说课的最后一个单元,与读写课主题 The Art of Parenting 同步教学。因此,学生在三个教学周内,听说读写译的训练一直围绕同一个主题,只是主题的侧重点不同(家庭成员、家庭结构、家庭分工、家庭教育、亲子关系等),真正做到了听中有说、说中有听、相互融合,学生的语言技能也在同步发展。同时,学生的情感也受到了教学的影响。除行动结果中提到的情感变化外,学生还反思了自己的家庭教育模式。部分学生联想到父母对自己的付出和期许,愿意为回报他们而努力(70.1%)。在了解到原生家庭对个人产生的重要影响后,部分学生(10.31%)决心通过自己的努力为下一代提供更好的生活(见附录3,24题和25题)。

每学完一章都会有不同的收获,就像学了关于原生家庭对自己的影响后我会反思自己的家庭,也会想如果自己有了一个家庭,自己应该是一个什么样的角色,应该扮演什么样的角色,为此我又应该做什么。(调查问卷-s24)

那个单元也提到了虎妈战歌。我觉得两种教育方式都没有错,出发的方向都是为了孩子。学完那个单元后,我对教育自己的孩子有了自己的认识,那就是陪伴孩子成长,引导孩子前进,给予孩子指导建议,但不替孩子做人生的选择。(调查问卷-s25)

已经记不清是在哪一章节,我在课堂老师的讲解之下就暗暗下定决心,想要努力学习,想要努力工作,为自己的下一代创造更好的成长环境,让自己的下一代有更多的机会。(调查问卷-s26)

学习“虎妈”一章时,我记得老师给我们放过一个有关原生家庭的视频。努力变好是为了自己,为了父母,也是为了自己的后代。至少我不希望,我的孩子想去看海,想去学琴,想去旅游时,我只能慌乱且无力地说不。(调查问卷-s27)

如果说视听说课中学生介绍家庭成员的内容多是直接的、感性的描述,那么读写课中对家庭教育的反思则是理性的思考。从感性描述上升到理性思考,是视听说课与读写课同频共振的结果。同时,更符合学习的规律:由简入难。从快乐的家谱简笔画(或思维导图),到激烈的辩论,再到忧虑未来的思考,“家庭”这一主题赋予学生的不仅仅是书本上的知识,还有情感上的共鸣与对未来生活的自我觉醒。

此外,在第一轮教学行动中,POA教学理念并没有在视听说课中落实到位。“借助家谱,介绍家庭成员”的任务更像是一个课程导入(Bridge-in),尽管有线上视频的促成,但笔者并没有让学生进一步完善文字稿,所以任务很快搁置,对提升口语的帮助亦有限。在第二轮教学行动中,笔者严格按照 POA 的理念进行教学设计。通过驱动、促成与评价,学生对“借助家谱,介绍家庭成员”任务的完成质量明显提升。在第三轮教学行动中,笔者更加关注如何使学生胜任更多与“家庭”这一主题相关的英语表述。因此,笔者根据线上课程的分主题增加了两个驱动任务:“阐明大家庭好,还是小家庭好”与“阐明女性应外出工作,还是应回归家庭”。通过小组辩论的形式进行驱动,通过线上课程视频与辩题观点文稿撰写的方式进行促成,并在课堂上进行同伴互评和教师点评,最后通过“后测”(观点陈述)检测学生的学习效果。显然,明确任务能够为学生的学习指明方向,辩论中“知不足”是确定个人学习目标的重要一环。三个口语表述任务大大增加了学生英语口语的训练时间,真正做到了听说共举两手抓,解决了视听说课教学时间的分配问题。同时,也解决了笔者关于如何开展线上线下混合式教学以促进学生听说能力均衡发展的疑问。目前,笔者已形成了相对稳定的线上线下混合式教学促学生听说能力均衡发展的教学模式:英语视听导入(依据教材)—驱动口语表述(依据教材与线上课)—促成口语表述(依据教材、线上课与拓展材料)—以评为学巩固(依据教材、线上课与拓展材料)。

尽管经过三轮教学行动,笔者已经基本解决了课改前对视听说课所持的困惑(听与说的教学时间应如何分配?如何开展线上线下混合式教学以促进学生听说能力的均衡发展?),但目前笔者的教学设计中仍然存在一些问题。

第一,听力训练材料没能对口语驱动任务起到促成的作用。教材中的听力训练材料包括:音频 *A Famous Family*、音频 *Brazil's Changing Families*、音频 *The Way People Live—Live Solo*(教材中没有题目,笔者根据内容拟定了这个题目)、视频 *Raising Otter Babies*。为了使听与说自然融合,笔者尽可能地从听力训练材料中寻找能够为口语任务提供促成的主题与内容要点、语言规范等。但由于听力材料内容灵活,使其与口语训练建立联系并非易事。在教学过程中,笔者选择通过音频材料 *A Famous Family* 为口语驱动任务“介绍家庭成员”提供促成,希望学生通过 *A Famous Family* 的谋篇布局明确家庭传承故事的讲述方式。此外,笔者选择通过音频材料 *Brazil's Changing Families* 为口语驱动任务“大家庭好,还是小家庭好?”提供促成,使学生明确阐述家庭结构变化的原因和方式。但由于口语任务与中国大学慕课平台线上课的内容、结构更为契合,因此听力材料的驱动仅仅适合做口语任务的内容拓展。实际情况是几乎没有学生做此类拓展,因此听力训练材料并没能对口语驱动任务起到促成的作用。

经过反思,笔者认为解决以上问题的方法有两个:(1) 在口语训练任务中明确要求学生仿照听力促成材料做相应的内容拓展;(2) 根据听力材料语篇特点提出新的口语任务。当然,这两个方法的适应情境并不同。如果听力材料内容与学生的成长背景相近,那么方法(1)可能比较有效。如果听力材料内容与学生的成长背景相差太远,那么学生就无从谈起。在这种情况下,方法(2)可能成为更好的选择。而真实的情况可能更为复杂,部分学生成长背景与听力材料内容近似,而部分学生成长背景与听力材料内容不同。这种情况下,教师可以为学生提供两种选择,使学生根据自身的情况完成相应的口语任务。当然,无论选择哪种,这部分都作为拓展内容,能够使整体口语表达的时间有所延长。

第二，对于某些思政目标的达成程度没有给予评价。思政目标的设定是以教学主题与内容为依据的，目前，明确达成的思政目标包括：学生从家庭传承故事中领悟到了家庭成员的榜样力量对个人成长的积极影响，唤起了对家的爱，关注到了家庭中的男女平等，并增强了医学生的家庭观念与传承意识。而其他思政目标是否达成，达成程度如何，由于没有运用恰当的评价手段，因此无法确定。

"从人与动物的特殊家庭故事中培养医学生的仁爱之心、关爱生命的高尚品质"这个目标是针对教材的视听材料 *Raising Otter Babies* 设定的。然而，视听材料内容更倾向于人与动物的和谐共处，更适合上升到环境保护、生态文明的高度，而"培养医学生的仁爱之心、关爱生命的高尚品质"过于牵强。尤其是在只看视频而没有教师引导的情况下，"仁爱之心、关爱生命"的启示更是无从谈起。

"激发家族荣誉感，激发医学生成为未来家庭精神支柱、行为楷模的决心，并在未来的从业中具有仁爱之心"的目标是针对主题拓展导入材料"Four Famous Families in the World"设定的。此教学材料作为对第一次课的听力材料 *A Famous Family* 的进一步拓展，"家庭影响"的启示更加显而易见，而"荣誉感""家庭精神支柱""行为楷模""仁爱之心"的启示似乎与"Four Famous Families in the World"难以关联。

"提升学生关注社会问题的意识，培养学生的社会责任感"的目标是针对课后补充阅读材料"China Details supporting measures for 3-Child Policy"与"Despite Incentives, Willingness to Bear a Third Child still Low"设定的。但由于两篇材料仅作为课后补充阅读之用，没有教师的阅读引导与后续检查，因此可能得不到学生的关注。尽管此材料内容与思政目标契合度高，但教师对此材料的处理方式可能使课程思政的效果减弱。当然，在没有对学生的学习效果进行检验的情况下，思政成效是无法进行判断的。

由此可见，思政目标达成情况未评价有两种可能。第一，思政目标本身的设定存在问题。如果教学材料内容与思政目标关联度不紧密，那么教师在目标设定上就犯了牵强附会的错误，其思政目标无须评价也知难以达成。因此，思政目标的设定应顺势而为，即选择与教学材料内容契合度高的思政维度设定思政目标。第二，教师对不同的教学材料的处理方式是有差异的。对于单元最后一次课即将结束时提供的课后补充阅读材料，如果教师把其定位为选择性阅读材料，那么对于其思政目标的达成情况也就无须关注；如果教师把其定位为必读性阅读材料，那么对于其思政目标的达成情况应通过评价手段来确定。

第三，课程思政的教学效果评价方式仍待完善。本单元的评价方式包括：教师评价、同伴互评、教师反思与学生反馈。目前，问题最突出的是学生线上评价。绝大多数学生并不参与线上评价，他们行动的一致性甚至可以改变赋分规则。为了使课改班学生的平时成绩不因线上课程而明显低于非课改班的平均水平，教改团队会在期末统计平时成绩时把学生参与线上评价的分值占比调到最低。一些担心不参与可能会影响平时成绩的学生虽然进行了线上评价，但大多数没有实际价值。"Great""Good"等是评价中的常用语，对于被评价学生进一步完善文稿没有任何帮助。还有些线上评价是好朋友之间的相互帮助，评语也是简单的整体评价，没有指导意义。

尽管大多数学者与教育者认为同伴互评为学生带来诸多益处（徐锦芬，2020），但在笔者的教学行动中，同伴互评形同虚设。那么，如何才能使同伴互评发挥作用呢？教师提要求，学生受培训，评价增值化是关键。首先，教师不提要求，学生便没有方向。比如，笔者认为学生的整体评价方式无效，那么要怎样评价呢？从哪些方面评价？教师应在评价开始之前就明确地指出来，这样学生便有了方向。其次，学生不受培训，评价水平不高。目前，很多研究表明“同伴反馈培训能够帮助教师成功地开展同伴反馈活动”。精心设计反馈过程和提供充足的培训时间是提高同伴反馈效果的保障（徐锦芬，2020）。最后，摆脱系统评价，采用增值评价。线上系统评价只能根据学生评价的次数赋分，难以辨别学生的评价质量。因此，可以采用增值评价来奖励高质量参与同伴互评的学生。可以通过被评价同学的反馈，如“他的评价对我的帮助很大”“他的评价对我有些帮助”“他的评价对我的帮助不大”“他的评价对我完全没有帮助”等来给参与同伴反馈的学生赋分。当然，教师也可以对学生评价的质量打分，对做出高质量同伴反馈的学生给予肯定。

第三部分 英语报刊阅读课程思政教学实践

英语报刊阅读课程是高等学校通识教育的重要组成部分，兼具工具性与人文性的特点。作为大学英语提高类课程，英语报刊阅读课程进一步加强对学生价值观的塑造与综合素质的培养，使社会主义核心价值观有机融入教学内容中，在高等院校落实“立德树人”的根本任务中发挥了重要作用。作为医学院校时效性最强的人文类课程，英语报刊阅读课程应实时反映世界科技新进展，吸收人类文明优秀成果，为培养具有前瞻思维、国际眼光的人才提供有力支撑，更为培养信念坚定、政治认同、文化自信、具有家国情怀的医学人才保驾护航。

本章的课程思政教学实践案例以教材《新闻英语》（李丽君，2020）第四单元 Disaster 中的“Developing World Braces for Coronavirus”为主要教学材料。依托中国大学慕课信息化教育技术平台，引进中南大学的“新闻英语”线上课，打造了“学—测—练—思—评”五位一体的线上线下混合式教学模式。本单元按照常规的教学进度，进行了一周 2 课时的教学。下面仍采用行动研究“计划—行动—观察—反思”的基本思路（Burns，2011），对本课例的行动计划、行动过程以及行动效果进行详细介绍。

一、行动背景与问题

英语报刊阅读课程与大学英语读写课、大学英语视听说课有很大差异。首先，课程性质不同。大学英语读写课与大学英语视听说课为笔者所在学校本科生的必修课，而英语报刊阅读为选修课中的英语提高类课程。其次，课时与学分不同。大学英语读写课与大学英语视听说课是一门课的两个分支，1—3 学期开课，每学期 3 学分，16 周，64 课时，其中读写课 32 课时，听说课 32 课时。英语报刊阅读是在每学年的第二学期开课，1 学分，8 周，16 课时。最后，上课时间不同。读写课与视听说课安排在周一至周五的白天，而英语报刊阅读课程只能安排在周一至周五的晚上，或是周末（笔者选择了周六下午）。此外，学生的选课原因不尽相同。最近一次问卷调查（见附录 9：第 4 题）结果表明：79. 29%的学生因为希望提高英语水平而选修了本门课程；32. 83%的学生通过对比认为自己可能对这门课更感兴趣；26. 26%的学生因为喜欢英语；18. 69%的学生因为喜欢读报；14. 14%的学生随同学一起选了这门课；7. 07%的学生随便选了一个；6. 06%的学生没有别的选择，只能选这门课。而课程性质、学分、上课时间与选课动机皆影响学生的学习投入度。

本课程时效性强，经过 11 年的持续探索，课程定位不断调整，内容不断更新，体系日渐完善。2012 年，本课程获批滨州医学院首批高质量选修课建设项目，课程旨在通过阅读与大学生群体相关的时文（选自 *21st Century*）提高学生的英语水平。2017 年，课程旨在提高学生的英语水平，并拓展其国际视野，培养其社会责任感，故更换了时文阅读材料（选自 *China Daily Youth* 电子刊）。2020 年春，学校引进中国大学慕课平台课程“新闻英语”，并以“灯塔阅读”小程序的时文（世界主流英语大报）为阅读材料，探索混合式教学模式。2020 年秋，再次引进“新闻英语”，使用课程配套教材为主要授课材料。至此，本门课程的授课内容终于固定了下来。同时，开通慕课堂开展智慧教学。“灯塔阅读”的时文则作为主题拓展材料，进一步探索线上线下教学的深度融合。2021 年春，总体沿用 2020 年秋的教学模式，但发现学生的学习兴趣有待进一步激发，学习自主性与思辨性有待进一步培养。因此，在 2021 年秋改变了拓展阅读模式，使学生可以通过自主探索与深度思考强化阅读技能，深化阅读主题，提升媒介素养。本课程虽然经过了多轮次的改革，教学模式已经基本成型，但学生的学习投入度仍亟待提升。

二、行动计划

英语报刊阅读的课程性质与学分是由学生的培养方案决定的，不能随意更改。医学生的必修课程多，也是由其培养方案决定的，因此选修课的上课时间被压缩了也是没有办法的事。另外，提高出于自主性动机选课的学生比例，更是教师所无法左右的。因此，在现实困难无法解决的情况下，教师只能通过对课程本身进行调整，提高学生的学习投入度。例如，由于本课程为选修课，结课考试一直采用“考查”的形式进行。但多年的实践表明，“考查”的结课形式使学生不重视学习的过程与知识的积累，进一步影响了学生的学习投入度。因此，本次教学行动主要通过改变评价手段，使学生重视学习过程，加大学习投入。同时，新的评价方式能够真正反映出学生的学习成果，包括英语报刊阅读的知识储备、阅读水平、思辨能力、全球视野以及社会责任感等。

（一）思政目标设定

以《高等学校课程思政建设指导纲要》（简称《纲要》）提出的“要围绕政治认同、家国情怀、文化素养、宪法法治意识、道德修养五项维度重点优化课程思政内容供给”为参照（秦丽莉等，2023），以教学主题与内容为依据，本单元除设定了“能够说出英语报刊图画的功能；识记与疫情相关的重点词汇与表达”的知识目标，“能够看懂英语新闻图画、写出图画注释；能够运用跳读技能阅读英语新闻”的技能目标外，将思政目标具体设定为“通过课文精讲，使学生具备‘人类命运共同体’的视野；通过拓展阅读，使学生了解抗击疫情的中国方案，激发学生的民族自信心与自豪感；通过总结中国过去 70 多年取得的成就，进一步激发学生的民族自信心与自豪感”。力图从认知、情感、行为三个方面对医学生进行正向、积极的引导（见表 3.1）。

表 3.1 英语报刊阅读第四单元课程思政目标

思政目标	具体内容	《纲要》参照	引导方向
价值观塑造	通过课文精讲，使学生具备“人类命运共同体”的视野； 通过拓展阅读，使学生了解抗击疫情的中国方案，激发学生的民族自信心与自豪感； 通过总结中国过去 70 多年取得的成就，进一步激发学生的民族自信心与自豪感	政治认同 家国情怀	认知 情感 行为

（二）思政内容分析与材料选取

本单元主题为Disaster（灾难）。教材中的第一篇课文“Developing World Braces for Coronavirus”（《发展中国家准备应对冠状病毒》）为精讲教学内容。课文介绍了发展中国家秘鲁的首都利马疫情防控的举措，并深挖了未来应对新型冠状病毒扩散可能遇到的艰难险阻及原因。文章提到医疗体系的落后与不完备将给新型冠状病毒的防控带来巨大的阻碍，但最根本的问题还是贫困。若不解决贫困问题，疫情防控很难取得巨大成效。文章的最后提出利马的疫情防控实则是依靠欧美国家与中国对疫情有效控制的经验。教师通过对教材课文的精讲，使学生认识到“建设繁荣富强的国家”的重要性，并认识到中国疫情防控对世界疫情防控的重要意义，进而使学生具备“人类命运共同体”的视野。

虽然本课程为线上线下混合式课程，但线上的教学视频主要讲解的是英语新闻的阅读技巧，内容上与单元主题并不相关，而线上课本身提供的拓展阅读材料并没有围绕疫情主题进行拓展与深入。为了达到精准课程思政的目的，笔者选择的拓展视频与阅读材料都与疫情这一主题密切相关，并随全球疫情的发展变化不断更新。总之，教学材料的选择依然秉持“四性一贴近”（即关联性、时效性、权威性、准确性、贴近学生生活）的原则，在教材的基础上，结合学生专业，选择能够提升学生认知、促进思辨，并发挥思政作用的教学材料。

视频*Vaccine Diplomacy? Watch out for Vaccine Nationalism*选自China Daily微信公众号。针对中国为国外提供疫苗，却遭到某些国家诋毁的事件提出了有理有据的反驳。笔者在事件发生后便将此视频引入了课堂教学，目的是使学生意识到国际形势的复杂性。中国在为世界提供帮助的同时，应时刻警惕某些国家可能随时产生的恶意与诽谤。由于此视频内容不仅与疫情相关，还反映了国际关系的错综复杂，具有启示意义，因此尽管后续失去时效性，但此视频一直在课堂教学中沿用。信息图“All you need to know about taking COVID-19 Vaccines”（接种COVID-19疫苗须知）选自China Daily网站。该信息图包括疫苗种类、免疫程序、特定人群接种建议、其他有关事项四个部分，不仅普及了疫苗接种的相关知识，同时为医学生提供了疫情主题的官方标准翻译，当然也为医学生后续的相关知识推广提供了语言支架。随着疫情形势的逐渐好转，人们更关注愈后的情况，因此，笔者又推荐了China Daily网站上相关的信息图为学生普及愈后常识，并提供相关知识推广的语言支架。最近一轮课程的推荐网站上面提供了所有抗击疫情的中国方案，在普及医学知识的同时，激发学生的民族自信心与自豪感。

此外，需要说明的是，本门课程强调从世界视角看中国，反映了中国的一些重大事件对国际的影响。课程主题从第一单元的科技、第二单元的社会问题、第三单元的文化，再到第四单元的灾难，无一不反映中国的发展与取得的成就，因此本单元设置讨论题“China's Achievements in the Past 70 Years”（总结中国过去70年取得的成就），在对前几个单元的主题进行回顾的同时，进一步激发学生的民族自信心与自豪感。虽然没有针对此讨论题指定拓展阅读材料，但这章的任务其实对学生的要求更高，学生需根据教师之前提供的信息源，自主选择阅读材料，完成讨论题。

除China Daily微信公众号与网站外，拓展阅读材料还来源于“灯塔阅读”小程序。“灯塔阅读”小程序的文章主要来源于世界主流媒体，具有权威性与时效性。结合疫情主题，笔者为学生布置了《非典、中东呼吸综合征和新型冠状病毒有什么区别？》《为什么冠状病毒对男性的打击似乎比女性更大？》《冠状病毒对中国教育造成的巨大影响》等文章，提升学生对疫情的认知，并使其深入思考疫情可能对整个社会产生的其他影响，为医学生的创新项目选题提供了灵感，进而争取到了能够深入研究相关问题的支持。

（三）教学步骤设计

教学设计以学生为中心，以教学目标为导向，依托信息化教育技术平台（雨课堂、中国大学慕课、China Daily 网站与微信公众号、“灯塔阅读”小程序、批改网），分课前、课中、课后三步走，打造“学—测—练—思—评”五位一体的线上线下混合式教学模式，并将教书育人与立德树人相融合（见表 3.2）。课前，借助中国大学慕课平台自主“学”习英语新闻阅读技巧，并完成线上章节“测”试、构“思”线上讨论题。课中，首先完成基于线上教学视频内容的检“测”，与学生应用视频理论知识的能力检“测”，精讲课文，做课后“练”习，最后，通过小组合作“思”考，完成指定任务。课后，指定的拓展阅读材料提供学生进一步“练”习的机会，同时通过自主拓展阅读材料促“思”辨，完成讨论题。

表 3.2　英语报刊阅读第四单元教学设计

作品标题	Disaster	所属课程	英语报刊阅读
相关知识点	英语报刊图画与跳读	课程编码	18yy0006x
授课对象	主要为大学二年级学生	授课时长	40 分钟 ×2
使用教材	《新闻英语》		
一、教学背景分析 **1. 课程内容简介** 课文介绍了发展中国家秘鲁的首都利马疫情防控的举措，并深挖了未来应对新型冠状病毒扩散可能遇到的艰难险阻及原因。文章提到了医疗体系的落后与不完备给新型冠状病毒的防控带来了巨大的阻碍，但最根本的问题是贫困。贫困问题若不解决，疫情防控很难取得巨大成效。文章最后提出利马的疫情防控实则是依靠欧美国家和中国对疫情有效控制的经验。 **2. 学情分析** 本课程的授课对象主要为大学二年级的学生，他们英语基础良好，能够用较为复杂的句子表达个人想法。开课时，他们正处于四级备考阶段，所以对短篇英语新闻报道有一定的了解。但对于篇幅较长、思辨性强的观点性文章还需加大阅读量，对于跳读技能的训练也需加强。此外，多数学生只关注世界大国疫情的发展与防控情况，对于贫困小国疫情期间的艰难并不知晓。疫情期间，医学生不仅需要心系祖国，也应具备“人类命运共同体”的视野，心系全世界。 **二、课程教学目标** **1. 知识目标** ① 能够说出英语报刊图画的功能； ② 识记与疫情相关的重点词汇与表达。 **2. 技能目标** ① 能够看懂英语新闻图画，写出图画注释； ② 能够运用跳读技能阅读英语新闻。			

续表 3.2

作品标题	Disaster	所属课程	英语报刊阅读
相关知识点	英语报刊图画与跳读	课程编码	18yy0006x
授课对象	主要为大学二年级学生	授课时长	40 分钟 ×2
使用教材	《新闻英语》		

3. **情感目标(思政目标)**

① 通过课文精讲，增强学生的职业认同，并使学生具备“人类命运共同体”的视野；

② 通过拓展阅读，增强学生的职业认同，使学生了解抗击疫情的中国方案，激发学生的民族自信心与自豪感；

③ 通过总结中国过去 70 多年来取得的成就，进一步激发学生的民族自信心与自豪感。

三、教学重点难点

1. **教学重点**

(1) 语言知识

词汇：brace, sanitation, epicenter, sanitizer, under-resourced, overstretched, fraction, premium, exacerbate, impoverished, avert, repercussion, mitigate, outsized, reliant, curfew, lockdown, etc.

表达：swiftly take measures to slow the spread of the novel coronavirus, social distancing, frequent hand-washing, a death toll, vulnerable populations, take hold, health care system, per capita, the potential for serious outbreaks, communicable diseases, confirmed cases, gross domestic product

(2) 语言技能

阅读：看懂英语新闻图画，能够运用跳读技能阅读英语新闻；

写作：能够为课文中的三张图片写出注释。

2. **教学难点**

跳读技能的训练。

四、教学实施流程

如图 1 所示。

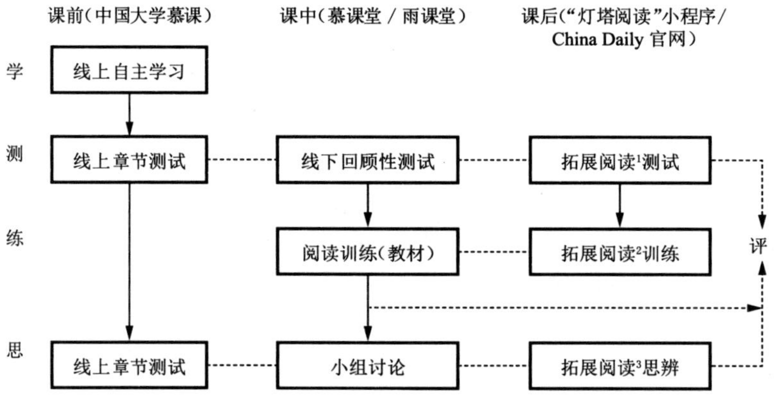

图 1 单元课程混合式教学设计流程图

1. **课前**

学生课前通过中国大学慕课平台自主学习线上教学视频赏析图画(线上视频 3.4)；省时解惑的跳读(线上视频 3.5)；你问我答(专题视频)，并完成章节测试题、构思线上讨论题“China’s Achievements in the past 70 Years”。此讨论题检验学生对国家发展历程了解程度的同时，也检验学生是否能够从当时的社会背景出发，了解中国对全球疫情防控做出的贡献。此过程使学生更加了解自己的祖国，而且能够进一步激发学生的民族自信心与自豪感。

续表 3.2

作品标题	Disaster	所属课程	英语报刊阅读
相关知识点	英语报刊图画与跳读	课程编码	18yy0006x
授课对象	主要为大学二年级学生	授课时长	40 分钟 ×2
使用教材	《新闻英语》		

2. **课中**

学生首先通过慕课堂进行签到，然后完成基于线上教学视频内容的检测（见图 2）。最后，教师根据实时测试结果，对错误率高的题目进行讲解。

慕课堂测试

1

图 2　慕课堂测试引导页（线下课课件）

检测结束后，首先，教师利用教材上的练习（教材 p.54 & p.60）训练学生应用视频理论知识（英语报刊阅读顺序与跳读）的能力（见图 3 和图 4）。

Exercise 1 --- Interpreting pictures　(电子书 p.54-55)

smaller	lead	cutlines	satisfy
bigger	hook	illustrations	annoy

A news picture can be a helper for a quick understanding of the main idea. Some pictures, for example, give the vivid information of a disaster. It can also be a 1._hook_ when without releasing the exact information of the news. If you feel confused just by reading the picture itself, read the words beside or below the picture, which are called captions or 2._cutlines_

How to get a quick idea of a news story? There are four steps. Read the picture first, and ask yourself whether the information in it is clear or not. If not, read the caption beside or below, usually in 3._smaller_ size. Ask yourself another question what is still not clear to you. And if you want to 4._satisfy_ your curiosity, go to read the headline at the top. If you find some questions are still not answered, go to the 5._lead_ before reading the whole story.

图 3　英语报刊图片功能与阅读顺序训练（线下课课件）

Exercise 2 --- Skimming for efficiency　(电子书 p.60-61)

News Reading Strategy 2: *Skimming for efficiency*

F Identifying the Strategy

Watch the "News English" MOOC video and learn how to skim for efficiency. Read the following passage and do the exercises.

1. Read the headline and answer the following questions.
   1) What kind of climate change has been mentioned?
   2) What is the influence of this change?
2. Skim the passage quickly and underline the topic sentence in each paragraph. Then find out the theme of this passage.
3. Signal words and phrases provide us with hints of logical relationship between two statements or two courses of action, thus tell us how the structure and ideas are organized. Underline the signal words or phrases of paragraph 1. Then discuss how these words or phrases help you follow the author's idea.

图 4　跳读训练（线下课课件，部分）

续表 3.2

作品标题	Disaster	所属课程	英语报刊阅读
相关知识点	英语报刊图画与跳读	课程编码	18yy0006x
授课对象	主要为大学二年级学生	授课时长	40 分钟 ×2
使用教材	《新闻英语》		

之后，教师精讲课文（英语报刊长文，教材 p. 55），并让学生做课后练习（根据篇章结构补全句子 p. 59，课文内容概述填空 p. 60），了解中国对全球疫情防控可能起到的作用（见图 5 至图 7）。

Text A

Developing World Braces[1] for Coronavirus

Poor sanitation[2], weak health care systems and systemic poverty make coping with coronavirus extremely difficult, health experts say.

By Simeon Tegel

1 LIMA, PERU — even as Americans swiftly take measures to slow the spread of the novel coronavirus, engaging in social distancing and frequent hand-washing, experts there are predicting a death toll that could run into the thousands.

2 Yet although it might not feel like it right now, those living in the United States and other developed nations including Europe, the current epicenter[3] of the global crisis, may be among the lucky ones.

3 At least they can wash their hands.

图 5 英语报刊长文精讲（线下课课件，部分）

C Mind Mapping

Read the news story again and fill in the blanks according to the information from the text.

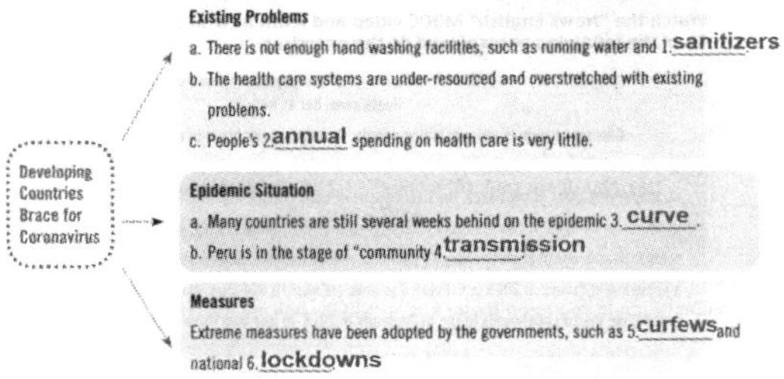

图 6 篇章结构思维导图填空（线下课课件）

D Summarizing

Complete the summary of problems in developing countries with words from the text. Write one word for each blank.

Facing with the epidemic disease, developing countries would suffer more seriously than developed countries. Most people in these areas lack basic hand 1. washing facilities. The loss caused by the coronavirus both in health and economy would be 2. catastrophic. in Africa and Latin America. What makes things worse is the under resourced and 3. overstreched health care system with many existing problems. In Africa, people's limited annual health care spending prevent them from testing process, let alone 4. treating the disease. Although the rural areas in poor countries are more isolated because of the 5. inadequate roads and transport, the densely 6. populated cities are still at risk.

图 7 课文内容概述填空（线下课课件）

最后，学生通过小组合作，为课文中的三张图片写出注释（见图 8）。

B Applying the Strategy

Read the news pictures in Text A and explain what you can find in them. Then write a caption for each of them.

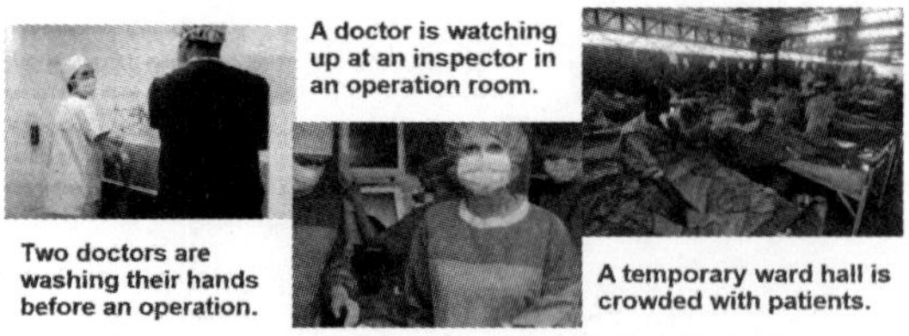

图 8 为新闻图片写注释训练（线下课课件）

续表 3.2

作品标题	Disaster	所属课程	英语报刊阅读
相关知识点	英语报刊图画与跳读	课程编码	18yy0006x
授课对象	主要为大学二年级学生	授课时长	40 分钟 ×2
使用教材	《新闻英语》		

基于以上练习和讨论，以及对重点内容的讲解，学生能够了解课文结构与段落功能，理解课文大意，并能够熟练运用线上知识(读懂图片并添加注释)。同时，增强学生的政治认同，使学生具备“人类命运共同体”的视野。

此外，课堂补充视频 *Vaccine Diplomacy?*（见图 9)，揭示西方国家扭曲事实，故意抹黑中国的险恶用心。启示学生在为全球疫情贡献中国智慧的同时，还须警惕世界环境中失实舆论对我国的诋毁。为中国在国际中树立良好的形象，讲好中国故事是每个中国人的责任。

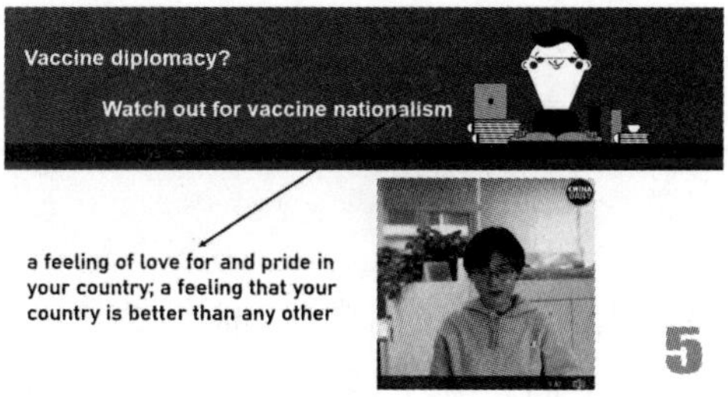

图 9　课堂补充视频 *Vaccine Diplomacy?*（线下课课件）

3. 课后

学生完成 China Daily 官网同主题英语新闻拓展阅读材料(见图 10)，加强医学生的专业科普知识，提高医学生的专业科普意识。

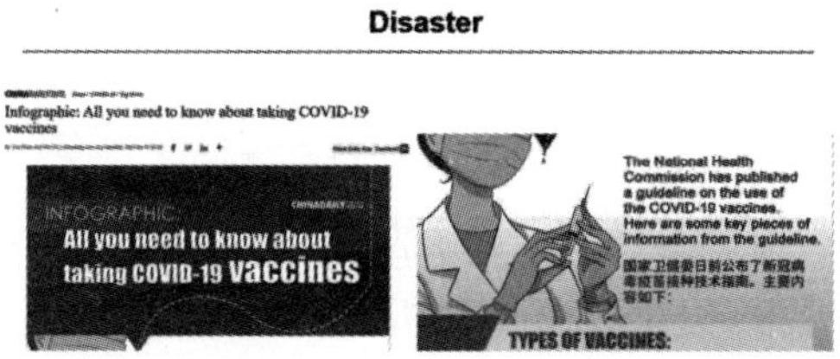

图 10　拓展阅读材料“Infographic: All you need to know about taking COVID-19 Vaccines”（线下课课件）

学生根据个人兴趣在 China Daily 官网找同主题拓展阅读材料，自主阅读，并写 70 词的新闻评论，以培养学生的概括能力与思辨能力。

学生完成“灯塔阅读”小程序中同主题拓展阅读材料中的阅读理解题，激起医学生的职业认同、政治认同与家国情怀，并间接地提升学生“人类命运共同体”的意识。

学生完成讨论题“Talk about the Great Achievements China and Chinese People have Achieved in the Past 70 Years”，增强政治认同，并激发学生的民族自信心与自豪感。

教师对新闻评论做出评价，然后与学生对讨论题回答情况进行反馈。

五、教学反思

通过融合学(学生线上自主学习课程知识与技能)、测(线上章节测试与线下课堂知识回顾性测试)、练(线下课堂中学生利用慕课配套教材进行的阅读训练与课后学生利用 China Daily 官网进行的主题拓展训练)、思(线上自主探索与课堂小组讨论)、评［线下课堂的知识回顾性测试评价、教师课堂反馈，以及教师对优秀新闻评论(见图 11)及讨论题回答情况的反馈］于课前、课中、课后教学三环节，本次课能够达到预先设定的知识目标、能力目标与情感目标(思政目标)。

目前，学生明显具备了自主查找主题新闻的能力，而且能够独立或借助线上词典读懂 China Daily 官网上的新闻，并做出简单的评论。虽然学生的思辨能力还有待进一步提高，但边阅读、边思考的过程能够提升学生对社会问题的关注，并在思考对策的过程中培养他们的社会责任感。

续表 3.2

作品标题	Disaster	所属课程	英语报刊阅读
相关知识点	英语报刊图画与跳读	课程编码	18yy0006x
授课对象	主要为大学二年级学生	授课时长	40 分钟 ×2
使用教材	《新闻英语》		
Comments:Snowfall in large areas of northern China has brought joy to many people, but it is a challenge to the management department. The problems of snow cover include damage to buildings, suspension of bus services in some areas, interruption of water supply and so on. Heavy snow is a threat to people's lives. The authorities should take measures to deal with potential risks, strengthen emergency mechanism and protect people's property safety. Especially to prevent extreme weather from causing great losses to people's lives and property again. 图 11　新闻评论(学生作业)			

三、教学行动

本课程的授课对象主要为大学二年级的学生,他们英语基础良好,能够用较为复杂的句子表达个人想法。开课时,学生们正处于四级备考阶段,所以对短篇英语新闻报道有一定的了解。但对于篇幅较长、思辨性强的观点性文章还需加大阅读量,对于跳读技能的训练也需加强。此外,多数学生只关注世界大国疫情的发展与防控情况,对于贫困小国疫情期间的艰难并不知晓。疫情发生时,医学生不仅需要心系祖国,还应具备“人类命运共同体”的视野,心系全世界,认识到疫情对整个人类世界带来的影响与未来作为医生的责任,这便是本单元教学主题的意义。

(一)学

此教学模式中的“学”指的是学生课前的线上自主学习(见表 3. 3)。学生课前须自主学习中国大学慕课平台上的教学视频《赏析图画》(线上视频 3. 4)、《省时解惑的跳读》(线上视频 3. 5)、《你问我答》(专题视频)。第一个视频《赏析图画》重点讲解新闻中图片的作用、图片注释的作用与写法、阅读新闻的顺序,以及如何欣赏新闻漫画与特定图示的隐含意义。第二个视频《省时解惑的跳读》重点讲解什么是跳读、为什么要跳读,以及如何跳读。视频的主讲人通过分析英语新闻实例,展示跳读的具体方法,并提出“主动阅读”的概念,为学生明确正确的阅读目的。前两个视频是对新闻阅读方法的讲解,为接下来教师主导下的新闻阅读训练提供了方法支撑,同时也为学生进一步拓展阅读,以及今后的自主阅读提供了方法保障。第三个视频《你问我答》不是本门线上课程的主干课程,而是属于特色板块。线上课的每个章节都附有一个“你问我答”。本章节的《你问我答》视频中,教师回答了学生“When reading English news, I know all the words of a sentence, but I can’t understand it. What can I do? ”这一问题。教师指出了一词多义、语法结构复杂,以及缺乏背景信息是产生上述问题的主要原因,并提出了了解背景信息的三个渠道:从新闻导语中找背景信息,通过阅读同一主题的其他新闻报道找背景信息,阅读中文的相关新闻报道找背景信息。所以,这个特色板块与主干课程视频相同,都是讲授英语新闻的阅读方法,并且都是独立于单元主题而存在的。

表 3.3 “学”中的活动设计与思政融入

教学环节	教学素材	教学内容	任务	思政元素
课前	中国大学慕课平台教学视频 3.4 赏析图画	新闻中图片的作用；图片注释的作用与写法；阅读新闻的顺序；如何欣赏新闻漫画；特定图示的隐含意义	自主学习线上教学视频	无
	中国大学慕课平台教学视频 3.5 省时解惑的跳读	什么是跳读；为什么要跳读；如何跳读；什么是“主动阅读”		
	中国大学慕课平台教学视频 你问我答	回答学生的问题“When reading English news, I know all the words of a sentence, but I can't understand it. What can I do?”		

当然，本门线上课程是理论与实践相结合的。“理论”指英语新闻的阅读方法，“实践”指对具体英语新闻的分析。线上课程在讲解阅读方法的过程中穿插了大量的英语新闻实例，以进行阅读方法的展示。尽管多条新闻的输入可能对学生的认知与情感产生一定的影响，但由于用于实例的英语新闻为节选，主题不统一，与单元主题不相符，时效性渐弱(线上课录制于 2019 年初)，因此，本行动研究对线上视频是否发挥了课程思政作用不做进一步分析。经过多轮教学实践，笔者认为课程思政应系统地围绕主题展开，兼具广度与深度，才可能起到启迪智慧、立德树人的作用，而“天女散花”式的课程思政模式会因为教学材料内容不聚焦、浅尝辄止而如同蜻蜓点水，虽泛起涟漪，但无法掀起波澜，即只能对学生的认知与情感产生短暂的影响，而对价值观的塑造与行为的规范难以发挥作用。

(二)测

此教学模式中的“测”包括三个部分(见表 3.4)：学生课前的线上章节测试，课堂上的线上回顾性测试，课后依托“灯塔阅读”小程序的拓展阅读测试(表 3.2 图 11 中标记为拓展阅读[1]测试)。测试的主要目的是收集信息用于决策(Bachman & Palmer, 2016)。课前的线上章节测试由慕课团队提供，主要检测学生对线上讲授的阅读方法的了解情况。而课堂上的线上回顾性测试由笔者来编写，主要弥补线上章节测试没有涵盖的教学重点。以上两次测试尽管出题人不同，但目的是一致的，即检测学生对线上课程内容的掌握情况(认知水平)，以确定学生学习的难点，并在课堂上对难点做进一步讲解。课后主要依托“灯塔阅读”小程序的拓展阅读里形式多样的测试题。每篇阅读材料测试题包括阅读理解(4 道题)、朗读(25 个句子)与翻译题(英译汉 1 道题，汉译英 1 道题)。由于本门课程是英语报刊阅读，更侧重于学生阅读能力的培养，因此笔者只为学生布置了 4 道阅读理解题，而其他测试形式学生可选择性完成，不计入平时成绩。这类测试不仅能够检验学生的阅读水平，而且可以使学生在阅读过程中对自己阅读技巧的应用有清晰的认识，从而明确自己的不足，并确定接下来阅读训练的主要方向，

表 3.4 “测”中的活动设计与思政融入

教学环节	教学素材	任务	思政元素	学生发展	价值导向
课前	中国大学慕课平台教学视频 3.4 赏析图画； 3.5 省时解惑的跳读	完成线上章节测试 (慕课平台提供)	无	认知	无

续表 3.4

教学环节	教学素材	任　务	思政元素	学生发展	价值导向
课　中	中国大学慕课平台教学视频 3. 4 赏析图画; 3. 5 省时解惑的跳读	完成慕课堂检测题	无	认　知	无
课　后	《非典、中东呼吸综合征和新型冠状病毒有什么区别？》 《为什么冠状病毒对男性的打击似乎比女性更大？》 《冠状病毒对中国教育造成的巨大影响》	阅读指定文章 完成线上章节测试 （“灯塔阅读”小程序提供）	医学生专属	认知、情感与行动	职业认同
			普适性		政治认同 家国情怀 人类命运共同体

此外，结合疫情主题与学生所学专业，笔者在“灯塔阅读”小程序中选择的拓展阅读材料尽可能具备促进专业知识输入与思辨能力培养的条件。例如《非典、中东呼吸综合征和新型冠状病毒有什么区别？》《为什么冠状病毒对男性的打击似乎比女性更大？》这两篇文章能够提升学生的专业认知与语言知识。而文章《冠状病毒对中国教育造成的巨大影响》除了使学生了解疫情对中国教育产生的影响外，还为学生之后把目光投向疫情对世界各个领域的影响，以及为立项大学生创新项目奠定了基础。总的来说，虽然用于测试的阅读材料没能直接对标政治认同、家国情怀、文化素养、宪法法治意识、道德修养 5 项课程思政维度，但其对学生行动（同主题大学生创新项目申报：基于英语报刊文献的历史上重大疫情状况调查）带来的影响，以及后续取得的成果表明，依托“灯塔阅读”小程序的拓展阅读[1]材料唤起了医学生的职业认同、政治认同与家国情怀，并间接地提升了学生“人类命运共同体”的意识，发挥了课程思政的作用。但需要注意的是，这种积极影响尽管强化了学生的思维深度，但其覆盖面太小，只有 5 名学生能够参与相关项目研究中，因此，测试部分的课程思政不具有普适性。

（三）练

此教学模式中的“练”融入课中与课后两个环节（见表 3. 5）。课中，教师利用教材上的练习，训练学生应用视频理论知识（英语报刊阅读顺序与跳读）的能力。之后教师精讲教材长文“Developing World Braces for Coronavirus”。讲解的过程中分析新闻结构、提炼主题词汇与重要表达。需要说明的是，“练”这个教学环节不仅包括对本章英语报刊阅读顺序与跳读阅读技巧的训练，而且包括对之前章节英语报刊阅读技巧的回顾与训练，如分析新闻结构（如指出标题特点、识别导语）、分析词汇特色（如辨别简短词、简缩词、模糊词等）、阐明语法特点（如说出时态呼应不规则、省略介词与代词、前置修饰词等现象）、辨别新闻修辞（如明喻、暗喻、借代等）。当然，在对学生的阅读技能进行训练的过程中，阐明课文传达的意义，使学生意识到贫困可能给疫情防控带来的阻碍，并从发展中国家的视角了解中国疫情防控对世界疫情防控的重要意义，增强职业认同，同时使学生具有“人类命运共同体”的视野。详细分析教材文章后，观看视频 *Vaccine Diplomacy? Watch out for Vaccine Nationalism*，揭示疫情背景下国际政局的变幻莫测。中国为国外提供疫苗，反遭某些国家诋毁，由此唤醒学生的政治觉悟，使其在怀有“同命运，共应对”思维的同时，时刻警惕国外敌对势力随时可能抛出的恶意与诽谤。在促思辨的同时，为学生课后进一步的“思”做准备。

表 3.5　“练”中的活动设计与思政融入

教学环节	教学素材	任　务	思政元素	学生发展	价值导向
课　中	教材上的练习：Interpreting Pictures； Skimming for Efficiency	完成教材中的填空题与问答题	无	认　知	无
	教材长文： “Developing World Braces for Coronavirus”	分析新闻结构； 提炼主题词汇与重要表达； 分析词汇特色； 阐明语法特点； 辨别新闻修辞	医学生专属	认知与情感	职业认同
			普适性		人类命运共同体
	拓展视频 *Vaccine Diplomacy? Watch out for Vaccine Nationalism*	回答“What is nationalism?”	普适性		政治认同 家国情怀
课　后	疫苗接种信息图； 愈后常识的信息图	阅读信息图	医学生专属	认知与情感	职业认同
	China Daily 官网疫情主题板块	自选阅读材料，并完成阅读	医学生专属		职业认同
			普适性		不确定

课后，学生完成 China Daily 官网同主题拓展阅读材料（表 3. 2 图 1 中标记为拓展阅读[2]测试）“All you need to know about taking COVID-19 Vaccines”，进一步拓展与疫情主题相关的语言知识，如官方翻译用语，疫情知识推广语言支架等。加强医学生专业科普知识输入的同时，提升医学生的专业科普意识。疫情接近尾声时，将 China Daily 官网同主题拓展阅读材料换成学生普及愈后常识的信息图，为医学生提供相关服务贡献了语言、结构与内容等方面的参考。疫情结束后，笔者为学生推荐了 China Daily 官网疫情主题板块。

此板块全方位记录了中国抗击疫情的过程，呈现了中国对疫情的相关研究成果报导，并单独介绍中医在疫情防控方面的作用与研究成果。此外，设有常见知识问答，以及健康小贴士等栏目，为学生提供抗击疫情的中国方案，以此激发学生的民族自信心与自豪感。总之，用于“练”的课后拓展阅读材料主要选自代表国家声音与语言标准的 China Daily 官网，但选取的阅读材料并不固定。疫情期间的拓展阅读材料由笔者来具体指定，依据是课程进行中的热门话题，如接种疫苗的注意事项、愈后症状。疫情结束后，笔者只推荐学生具体的网址，而阅读内容由学生根据自己的兴趣来选择，具有一定的灵活性。但无论如何，“练”这一环节的教学材料是课程思政的重要依托，是决定本章课程思政成败的关键因素。

（四）思

此教学模式中的“思”分布在各个教学环节，包括课前、课中与课后（见表 3. 6）。课前学生在线自主学习英语报刊的阅读技巧——主要是通过识记提升学生的认知。而课前的另一项任务即是回答线上的讨论题“China’s Achievements in the Past 70 Years”，此讨论题具有承上启下的作用。首先是“承上”。本课程第一章主题是科技，教学重点放在了近年来中国航空航天所取得的成绩上，并且笔者在课堂上引导学生回顾了中华人民共和国成立以来我国航空航天领域的壮举。第二章主题是社会问题，虽然教材关注的是美国枪支问题，但在讨论中笔者引导学生关注中国的社会问题——垃圾分类，并要求学生为此出谋划策。第三章主题是文化，使学生了解目前中国文化对外传播取得的进展，使学生认识到讲好中国故事的重要性。以上教学章节已经为学生回答本章（第四章）的线上讨论题做好了铺垫，促使学生对前三章的教学内容进行回顾。同时，也为学生的自主发挥提供了机会，这便是此讨论题的“启下”功能。在检验学生对国家发展历程了解程度的同时，也检验了学生是否能够从当时的社会背景出发，了解中国对全球疫情防控做出的贡献。这虽然只是一道讨论题，作用相当于课堂的导入部分，但是需要学生既回顾又探索，通过自我探究、思考总结完成任务，并自己引导自己进入第四章的学习。此项任务的完成，不仅能够使学生更加了解自己的祖国，而且能够进一步激发学生的民族自信心与自豪感。

表 3.6 “思”中的活动设计与思政融入

教学环节	教学素材	任　务	思政元素	学生发展	价值导向
课　前	前三章教学材料和学生自选材料	完成中国大学慕课平台讨论题：“China's Achievements in the Past 70 Years”	普适性	认知与情感	家国情怀
课　中	教材中的新闻插图	为教材中的插图写注释	医学生专属		职业认同
课　后	China Daily 官网疫情主题板块	从 China Daily 官网选择一篇与主题相关的、时效性强的新闻进行简要介绍，并对该新闻报道的事件进行评论，以文字的形式呈现出来	普适性		家国情怀 人类命运共同体

在课堂上，笔者选择让学生通过小组讨论的形式为教材中的三幅图片写注释。为完成此项任务，学生首先要对教材内容有整体的把握与正确的理解。其次，学生要对图片进行仔细观察，确定图片传达的主要信息点。最后，根据英语新闻图片的语言特点准确地为三幅图片加注释。此项任务已经超出了英语报刊阅读的技能范畴，对学生提出了更高的要求，即明确在信息传播的过程中如何利用图片辅助文字的意义传达，以及确定图片后如何利用注释使信息量最大化。此项任务的完成不仅要求学生对图片信息的捕捉具有敏锐性，同时也要求学生的英语语言能力能够胜任对捕捉到的信息进行正确的传达。教材中的三幅图片展现了医生的工作状态，以及疫情期间国外方舱医院的状况，影射了医学生未来的职业状况与环境。

课后，笔者要求学生从 China Daily 官网选择一篇与主题相关的、时效性强的新闻进行简要介绍，并对该新闻报道的事件进行评论，以文字的形式呈现出来（表 3. 2 图 1 中拓展阅读[3]思辨与图 11）。此项任务旨在提高学生认知水平的同时，训练学生的思辨能力。值得一提的是，这项任务可以是“练”的环节中课后拓展阅读任务的延伸。“练”的环节主要通过学生的阅读，培养其阅读能力。而读后评的过程即为“思”。学生不仅要了解阅读材料的意义，还要总结主要内容，并通过深度思考对新闻事件发表自己的看法。天下事、国事也是每个人的事，学生应该意识到自己不是局外人，通过完成以上任务将大局观、人类命运共同体的观念深植于心，并意识到医学生应具备的知识与责任。

（五）评

“评”同样分布在各个教学环节，并呈现出多元化的特征（见表 3. 7）。首先，有“测”即有“评”，测评不分家。由于所有的“测”都是依托中国大学慕课平台（线上章节测试、线

表 3.7 “评”中的活动设计与思政融入

教学模式	模式内嵌	教学目标	评价指标	评价活动	评价方式	评价手段
（章节）评	测	知识目标	能够说出英语报刊图画的功能	检测学生的自主学习成效	机器自动评分	中国大学慕课平台选择题
		能力目标	能够运用跳读技能阅读英语新闻	检测学生的同主题阅读能力		“灯塔阅读”小程序
		情感目标/思政目标	增强学生的职业认同			
	练	知识目标	识记与疫情相关的重点词汇与表达	对学生完成教材练习的正误情况作反馈并提供讲解	教师评价	课堂观察 课堂提问
		能力目标	能够运用跳读技能阅读英语新闻			
		情感目标/思政目标	增强学生的职业认同； 具备“人类命运共同体”的视野	对学生回答问题（文章内涵）的情况做出反馈		
	思	情感目标/思政目标	激发学生的民族自信心与自豪感	对线上讨论题做出反馈	学生互评+教师评价+机器自动评分	文本分析 互评量化
		能力目标	能够看懂英语新闻图画，写出图画注释	对学生写的插图注释作反馈	教师评价	课堂提问
		情感目标/思政目标	增强学生的职业认同； 了解抗击疫情的中国方案，激发学生的民族自信心与自豪感	给学生写的新闻简介与评论打分		文本分析
（结课）评	—	能力目标	能够运用跳读技能阅读英语新闻	考试：阅读理解	机器自动评分	雨课堂选择题
		知识目标	能够说出英语报刊图画的功能； 识记与疫情相关的重点词汇与表达	写课程反思	教师评价	文本分析
		能力目标	能够看懂英语新闻图画、写出图画注释； 能够运用跳读技能阅读英语新闻。			
		情感目标/思政目标	增强学生的职业认同； 具备“人类命运共同体”的视野； 激发学生的民族自信心与自豪感			

下回顾性测试）或微信小程序（表 3.2 图 1 中拓展阅读[1]测试）这类数字化工具完成的，因此“评”亦是由数字化工具进行“机器自动评分”。这种学习评价方式具有即时性的特点，不仅能够对自主学习效果提供及时的反馈，而且能够对学生的阅读能力提供客观的量化参考，是本课程过程性评价的重要组成部分。其次，在“练”的过程中，主要采取“教师评价”的方式。通过课堂观察与提问，教师对学生回答问题及完成教材练习的正误情况做出反馈并提供讲解。教材附带的练习题主要是对文章结构与内容的考查，多为填空题，因此教师课堂的直接反馈更能增进学生对文章内容的理解。最后，在“思”的过程中，主要采取“学生互评+教师评价+机器自动评分”和“教师评价”两种评价方式。由于本环节的“线上讨论”

是依托中国大学慕课平台完成的，笔者便要求自己与学生共同对学生的发帖进行反馈，而在线平台将根据评价次数为做出评价的学生赋分。“小组讨论”（为教材中的三幅图片写注释）与“拓展阅读[3]思辨”（选择一篇与主题相关的、时效性强的新闻进行简要介绍，并对该新闻报道的事件进行评论）采用“教师评价”的方式。由于“小组讨论”是在课堂上进行的，教师的直接反馈是最高效的方式。虽然“拓展阅读[3]思辨”的评价是形成性评价的一部分，但是实际上学生的新闻简介与评论需要每周针对不同的主题进行，期末才需上交。因此，这项作业更像是期末的课程作业，在课程结束后，笔者不给学生做文字性的反馈，仅仅根据作业的质量进行打分。

尽管本课程没有应用POA教育理论，但POA中“以评为学”的理念明显体现在本课程的教学中。贯穿整个教学环节的学习评价能够反映学生线上与课堂学习和阅读能力的不足，以及思辨能力的缺乏，进而促使学生加大学习投入。另外，除上面提到的各种形成性评价外，最后一次课的终结性评价更进一步加大了学生的学习投入。最新一轮的教学行动中，笔者把终结性评价分为两种形式：英语报刊阅读理解和写课程反思（见表3.7）。英语报刊阅读理解包含两篇阅读文章，题目全部为判断对错题，主要目的是考查学生对文章内容的理解以及检验学生的阅读能力。题目全是客观题，因此笔者采用“机器自动评分”。而课程反思须根据笔者提供的提纲来写。提纲分为三个部分（见附录10）：“我学习本门课程的收获”“我学习本门课程的过程中存在的不足”“我对本门课程的意见与建议”。“我学习本门课程的收获”要求学生须从“语言方面”“记忆与思维方面”“技能方面”和“情感方面”谈及自己的收获。因此，学生的反馈能够全面地反映他们的学习成效，不仅有知识的收获，同时还有视野的开阔与心灵的感悟。“我学习本门课程的过程中存在的不足”这一提纲给学生提供了一次“照镜子”的机会，帮助他们内观自醒。通过回答这个问题，学生能清楚地看到自己的不足，为今后更好地学习进行调整。“我对本门课程的意见与建议”这一提纲不仅能够反映出学生对本门课程的整体认识，也为课程的进一步完善提供了可能。由于从微观到宏观对课程进行反思并不容易，学生需要复习并回顾七周的教学内容，所以写课程反思的形式能够促进学生的学习投入。这部分由笔者来手动打分，分数作为附加分加到学生的总成绩中。“写课程反思”也是考查课程思政效果的有力手段。学生详细地描写自己的情感变化，为课程思政成效提供了可靠的证据。

四、行动效果

（一）学生的学习投入度

学习投入度指学生参与学习活动的投入程度（Newmann, 1992）。为解决因评价内容与评价方式等导致的学生学习投入度不足的问题，笔者在教学中增加检测活动的同时，也增加拓展阅读的任务量，并设置相应的评价方式，以促进学生对课程的投入。结果表明，课堂上对线上视频中重点内容的检测能够提升学生对线上课程的投入度，有效地减少了线上课程仅刷进度的现象。看视频记笔记是部分学生选择的应对检测的方法，对比连续两个学期的问卷结果发现，学生记笔记的人数占比由前一轮教学的52.63%（见附录8）增长到最近一学期的69.19%（见附录9）。

我发现老师上课还要再次检测视频讲述的内容，这和线上的（章节）检测不一样，所以得看仔细点儿，不然上课现拉进度条来不及。我看视频时会记笔记，一般重点内容都记了，这样在上课做题时，就不会觉得难了。（课程反思 1）

此外，"灯塔阅读"小程序中的拓展阅读训练成绩是计入课程总成绩的，同时 China Daily 官网指定网址的拓展阅读与思辨训练也计入课程总成绩，三者兼顾（阅读理解能力+概括能力+思辨能力）的评价方式是增加学生学习投入度的有效手段。问卷结果显示，60.61%的学生能够坚持与笔者的教学同步完成"灯塔阅读"小程序中的拓展阅读训练，95.96%的学生完成了全部训练任务，并有 73.74%的学生能够在阅读的过程中经常或偶尔有意识地运用英语新闻的阅读方法与技巧，比前一轮教学增长了 10.58%（前一学期为 63.16%）；77.78%的学生认为课后阅读"灯塔阅读"小程序的主题拓展文章能够提升学习效果，比前一轮教学增长了 9.36%（前一学期为 68.42%）。可见，通过积极的行为投入与认知投入，学生对教学效果产生了积极认同。

（二）学生的情感体验

1. 学生的收获感

收获感是学生自我感知的学习收获，包括知识、能力、意识等（张文娟，2022）。最近一学期的问卷调查结果（见附录 9）表明，学生对本门课程的满意度（非常满意＋满意）达到 93.94%，比前一轮的 81.58%高了 12.36%。因此，总体来说，最近一轮的教学行动更受学生的欢迎。而写结构性教学反思不仅能够促使学生对学习内容进行全面回顾，还能使学生自我感知的学习收获显化，是考查学生收获的有效手段。

语言方面，绝大部分学生都提到学到了与科技、社会、文化、疾病、教育相关的主题词汇，但举例说明这一点的学生少之又少。当然，这可能是由于笔者并没有做这方面的要求，学生认为没有必要明确举例，但也可能是很多学生提及的"在英语词汇掌握上仍存在不足，没能做到课后的及时整理与记忆"。而大多数学生记忆最清楚的是英语新闻的倒金字塔结构和新闻六要素。还有学生认识到了本门课程收获的语言知识对未来的职业发展可能带来的积极影响，唤起了他们的职业认同。

通过这门课程，我学到了关于报刊、新闻的专业术语表达等，了解了新闻的分类、结构，新闻结构有倒金字塔结构、金字塔结构、沙漏结构，其中倒金字塔结构分开头 5W1H（Why, What, Where, When, Who, How），中间主体关键信息，结尾额外的信息；还学到了与航空航天、文化、疾病和疫情、教育、经济相关的词汇与表达。（课程反思 2）

我对英文报刊的句式和新闻结构有了一定的了解，这对我今后阅读与医学相关的英文报刊提供了帮助。由于医学类的报刊大多使用英文发表，我认为学习这门课程对我们之后的学习和考研有很大帮助，不仅有利于我们更好地吸收国外最新的医学知识，还能增加我们的知识储备。（课程反思 3）

技能方面，97.98%的学生学会了如何通过英语新闻网站搜索新闻，并在任务的推动下，在自主的探索中找到了自己喜欢的英语新闻网站，熟悉了其使用方法。在学生了解了英语新闻的结构特点后，能够将其运用到阅读的过程中，使新闻阅读更加得心应手。除了从教师的讲授中获取技能外，部分学生还能够通过自己的不断探索总结对个人而言有效的阅读方法。同时，他们还发现不同栏目的新闻报道结构并不相同，因此阅读方法也应进行相应的调整。

通过第一节课，我了解到许多英语新闻网站包括中国新闻网站和美国等外国新闻网站，了解到如何从栏目分类中找到自己感兴趣的新闻。在之后的课程里进一步学习了如何快速阅读，如通过阅读标题、导语部分能够快速掌握新闻的大致内容。（课程反思 4）

在第一节课中，老师仿佛给我打开了新世界的大门，给我们讲了许多网站，让我懂得了用哪些网站搜索英语新闻。我最常用的网站是今日美国和环球时报。同时，在英语新闻的阅读中我不再执着于某些不认识的单词，通读下来大致能读懂新闻的意思。（课程反思 5）

我学会了通过英语新闻网站搜索新闻，比如 China Daily，USA Today，CGTN 等，个人用得最多的网站是 CGTN。通过本门课，我学会了如何切换 CGTN 的中英文版本，如何搜索自己感兴趣栏目的话题。我还了解到在读英语新闻的技巧方面，首先，要读标题；其次，要读导语部分，对于大部分的新闻而言，读导语可以迅速了解该新闻的内容，但是有一些旅游类或者是视频类等方面的文章导语部分可能无法表达概括出全部内容，需要通读全文才能了解全篇内容；最后，如果导语没有表达出此次事情的目的，可以再选择读最后一段，这里可能会有此事的目的，可以让我们较迅速地掌握全文内容。（课程反思 6）

意识方面，在学习本门课程之前，学生对所接触到的新闻只是被动地接受，对新闻的内容从未质疑过。而通过笔者的引导，96.97%的学生意识到不同的媒体对同一事件的报道角度可能不同，95.96%的学生意识到媒体对某些事件的报道可能掺杂了个人或政府的态度。此外，某些课堂活动使学生突然产生了文化危机感，提出了警惕文化入侵、增加文化自信的倡议。总体而言，97.47%的学生认为本门课程开阔了他们的视野，95.45%的学生认为本门课程拓宽了他们的思维。

新闻阅读让我开阔了自己的视野。通过对英文媒体的阅读，以及对相同国内媒体的报道之间的对比，我发现不同的媒体对同一事件的报道角度可能不同，持有不同的立场和观点，往往会掺杂个人或政府的态度，很难做到公平公正。（课程反思 7）

通过老师的讲解介绍，我了解到当代人的思维方式正在逐渐“西方化”。我之所以对这节课印象深刻，是因为老师在测试我们的思维方式时，发现大部分同学都是西式思维，而我的思维更注重相互关联，是中式思维。我认为这是十分可怕的一件事，从古至今传承的关于事物的辩证思维，正在被西方的思维代替。这无疑是一种文化入侵，我们应该增加文化自信，弘扬和传承中华民族传统文化。（课程反思 8）

通过学习英语报刊阅读，我不仅开拓了视野，还从不同的角度了解了国际时事和各国文化，感受到世界的多样性和魅力，从而激发出我对未知世界的好奇心和探索欲。英语报刊通常会报道一些社会热点和问题，例如环保、贫困、人权等，引发人们对社会问题的关注和思考，从而激发社会责任感和公民意识。（课程反思 9）

2. 学生的心灵感悟

调查问卷根据章节主题设置了直击学生心灵的问题（见附录 9：选择题第 19 题至第 32 题）。此外，通过学生的课程反思也可以了解他们的情感体验，发现他们精神认识上的升华，以印证课程思政教学的成效。问卷结果显示:“灾难”主题的学习使96.46%的学生对自己身在中国而倍感庆幸,使96.97%的学生对“人类命运共同体”这一概念有了更深刻的体会。课程反思表明,本章的学习不仅促发了学生的民族自豪感,也增加了其对西方某些国家的反感。同时,疫情这一主题唤起了医学生的职业认同,使其呼吁先进医疗设备共享,建设美好地球村。

通过阅读新闻,我对新闻更加感兴趣,也更热爱我的祖国,庆幸自己的国家非常和平安定。但是作为一个社会主义国家,中国无时无刻不受排挤,西方报道的新闻也含有抹黑曲解中国之意或是缩小中国的贡献。因此,我们要做的是学好英语对其进行反击,而这需要我们拥有浓厚的家国情怀。(课程反思10)

通过对本门课程的学习,我在查找网站时也阅读了一些新闻,了解了一些国内外的大事,例如之前的世界卫生组织宣布新冠大流行的结束,让我又回想起了三年的新冠疫情,通过阅读新闻和自己的经历,我更加完整地了解了整个世界对新冠的心路变化过程。(课程反思11)

《灾难》那一篇让我记忆尤为深刻,因为这篇文章介绍了医疗设备,作为医学生来说,我对于这类文章极为敏感。这篇文章让我知道,世界医疗设备两极分化太严重,有些国家的人民会因为没有药物或者成熟的治疗手法而死去,而有些国家不仅医疗设备先进并且垄断市场。通过本门课程的学习,我觉得世界大国应该分享自己先进的技术,遵循人类命运共同体思想,这样才能建设更美好的地球村。(课程反思12)

此外,其他章节的主题也给学生带来了震撼,不仅体现在课程反思中,也体现在本章线上讨论学生对中国70多年所取得成就的举例中,其中多数学生提到了我国航空航天所取得的成绩。同时,学生在反思中表达了自己作为中国人的自豪感,当然也不乏清醒的态度、中肯的建议与贡献的决心。

我了解了关于航空航天的很多知识,这是因为我对科学技术很感兴趣,让我对广阔无垠的星空充满了向往之情。通过这件事,我认识到了我国航空航天方面的先进地位,也让我的爱国之情得到了强化。(课程反思12)

An Earth science satellite is launched from the Taiyuan Satellite Launch Center in Taiyuan, North China's Shanxi province, Nov 5, 2021. Designed and built by the Chinese Academy of Sciences, the satellite is tasked with conducting precision space-based survey of fuel consumption, urban construction and coastal environments in densely populated regions to provide data support to the research of humankind-nature interaction and sustainable development. It is the world's first satellite dedicated to servicing the United Nations' 2030 Agenda for Sustainable Development, according to the academy.(线上讨论1)

本门课程中有关于外媒报道的中国的相关文章,比如航空航天、传统文化等方面的内容,增强了我作为一名中国人的民族自豪感和幸福感。今天的中国已在慢慢靠近世界舞台的中央,在慢慢变得强大。(课程反思13:自豪感)

课上有一篇来自美国的报道讲了中国近年来航天工程的发展……有意思的是美国对我国航天方面高速发展所表现出的玩味的态度,一方面让我看到了中国在国际上不容忽视的地位,另一方面也让我看到了其他国家的强势之处。我们与发达国家尚有不小的差距,不能

骄傲自满，要承认我们所存在的短处和缺陷，才能更好地进步。（课程反思 14：清醒的态度）

我还知道了一些关于科技的热点问题，因为对太空航天比较感兴趣，我认为国家还是应该在这方面多多投资，让国家在这方面做大做强。（课程反思 15：中肯的建议）

通过对本门课程的学习，我了解到了中国在不同方面的发展，比如科技和经济等方面的发展，让我深刻认识到自己作为一名中国人，理应努力拼搏，为国家的发展做出贡献。（课程反思 16：贡献的决心）

（三）学生的行为变化

尽管意识转变不一定引起行为转变，但意识转变是促使行为发生变化的内驱力。从意识转变到行为转变不是一次课就能够达成的。另外，习惯的养成不仅需要坚持不懈的毅力，也需要时间的累积。因此，对于学生行为变化的考查，笔者没有局限于本章的教学所产生的影响，而是放眼于本门课程的时间跨度，包括课程结束后一两年的时间里，甚至着眼于未来可能出现的行为。

第一，通过学习本门课程，31.82%的学生表示课程结束后一定会通过英文报刊网站进行阅读，66.16%的学生表示课程结束后可能会继续通过英文报刊网站进行阅读，仅有2.02%的学生表示课程结束后不会再继续阅读英语新闻。

课程带给我的改变。我以前一直是一个“三天打鱼两天晒网”的人，比如今天决定了我要每天看外刊，甚至心血来潮地搜索相应的资料，但是明天我可能就坚持不下去了，但是有老师的指引，我会坚持一周看一篇新闻，看完之后感觉自己学到了很多，也更多地理解了坚持的意义，相信在以后的生活中我能够持之以恒地学习英语，阅读外刊。（课程反思 17）

第二，通过学习本门课程，学生开始关心新闻时事，并会因为感兴趣而自主广泛、深入地探索事件的来龙去脉，进而提升了思维，使个人表述更客观。

我之前并不是很关注新闻时事，但在学习这门课后，我开始关注国家新闻，也开始拓宽自己的兴趣。通过学习这门课程，我发现自己开始具备逻辑思维，并且能够持公平的态度去表明自己的看法。（课程反思 18）

在这门课程中，我了解到了在俄乌战争中，中国的态度与体现出来的大国风范。印象深刻是因为为了深入了解，我查阅了大量资料，包括媒体平台与新闻资讯。（课程反思 19）

第三，主题为“教育”的章节引起了一些学生的关注。课堂教学导入部分介绍的中国毕业生赚钱最多的十所大学，教学过程中提到的全球大学排名改变了学生之前对于大学排名的固有观念，可能为其未来研究生择校提供参考。

我了解了中国大学的排名，知道了中国学生毕业后发展较好的大学，还知道了查询大学排名的方法。这是我以前未曾想过的，能在这次课上得以了解，我感觉很高兴，这也为我以后选取考研学校提供了查询途径。（课程反思 20）

我印象很深刻的是高等教育这个话题，因为我对大学排名的了解仅仅停留在 QS 世界大学排名［英国一家国际教育市场咨询公司 Quacquarelli Symonds（简称 QS）所发表的年度大学排名］阶段，除了这个排名之外，别的就不太了解，一直以为这就是一个官方数据，但通过学习，我发现依据不同的事实基础，可以有多种多样的排名，它是多种因素综合的结果，这对我未来选择学校也有一定的影响。（课程反思 21）

此外，一些学生对某个章节的内容更为关注，决定做进一步的调查研究。目前，已有15名学生组成了3个项目组，并成功获批了大学生创新项目。其中5名临床医学专业的学生合作获批项目“基于英语报刊文献的历史上重大疫情状况调查”。经过研读文献，归纳总结，发表论文“Reflections on Major Epidemics in History Reported by Online English, News Media and Literature: Interaction between Epidemics and Social Conditions（Chen et al.,2023）”。该论文于2023年被SSCI/SCI期刊收录。另外两组是中医学专业的学生。受“文化”主题的影响，他们分别对中医术语的规范、中医文化的对外传播展开调研，分别获批项目“基于外宣资料的中医双语平行语料库建设研究”和“‘讲好中国故事’背景下中医文化对外传播路径研究”。前一个项目已撰写了结项报告，并建设了小型中医双语语料库（含有效词条共1 176条）。另一个项目已完成了前期调研“A Survey on the Overseas Dissemination of Traditional Chinese Medicine”（见附录12），并根据调研结果开通了A Good Life With TCM公众号，定期推送中医小故事，推广养生小常识。

五、反思与启示

（一）课程思政的有效性

英语报刊阅读课程主题丰富多样、内容与时俱进，兼具时效性、综合性与实用性，是最容易融合思政教育的课程。结合本章主题“灾难”、社会环境与学生专业，关于疫情的报道是本章教学材料的首选。作为学校的课程思政精品课与一流课程，英语报刊阅读已经进行了多轮教学实践，并取得了比较明显的思政效果。通过践行“元素润人”“师德育人”“实践砺人”三重境界课程思政观（程湘爱，2023），落实了立德树人的根本任务。

第一，本章节践行“元素润人”。基于教材主题，结合学生专业，笔者所选的拓展学习材料全部与疫情相关。新冠病毒、“疫苗外交”、疫苗接种、愈后常识、抗击疫情的中国方案、疫情对教育的影响等思政元素遵循时效性，随着全球疫情的发展逐渐引入本课程的教学中，并依据授课时的社会环境，对思政元素按需、按时迭代。通过课中教师的思维引导、课后学生的自主阅读与探索，医学生增强了职业认同感、民族自豪感与“人类命运共同体”的意识。本章节以疫情+（与疫情相关的各类主题）为思政元素，将形塑学生正确价值观的隐性思政目标与拓展学生知识面、提升学生思辨能力的显性任务目标有机融合，实现了显性外语学习和隐性思政教育的统一。

第二，全过程践行“师德育人”。教师合格与否不仅在于其学识是否渊博，更在于是否具有高尚的人格。作为学生道德修养的楷模，教师的一言一行都具有重要的示范作用。因此，教师言行也作为课程思政实施框架的一个维度（文秋芳，2021）。就本课程而言，学生学习投入的最大拦路虎就是本课程的课程性质。在“你没有在本门课程的学习中投入足够的时间和精力，原因是什么？”这一问题中，2022年时，有87. 50%的学生选择了“因为是选修课，我不想投入太多时间与精力”这个选项（见附录8：选择题第33题），而2023年这个百分率降到了54. 55%（见附录9：选择题第38题）。笔者认为这种变化的发生与笔者对待本门课程的态度、教学方式与学习评价方式密切相关。在之前的教学中，笔者确实认为选修课不应该弄得太复杂，尤其是结课考试。医学生课业负担尤其繁重，笔者不想“为难”学生。笔者认为自己的这种态度学生是能够感受得到的。严师才能出高徒，而笔者对他们的这种“体谅”，换来的也必定是本来持敷衍态度的学生学习上更加敷衍。因此，在2023年授课时，笔者改变了之前的教学态度，无论是必修课还是选修课，都同样严格要求学生。笔者首先在课堂上明确告诉学生“虽然本门课是选修课，但我是把它当作必修课来教的，我非常认真地对待这门课”；其次，在教学方式上，课前预习、课中提问、课后巩固等一个环节也不少；最后，在学习评价上，过程性评价与终结性评价相结合，通过多元评价方式，检测学生对各章节知识的掌握与对技能的运用，并要求学生自我反思使其学习成效外显化。总之，很多学生感受到了我对待课程的“认真”。笔者认为自己的“认真负责”，也会换来他们的“认真对待”。

这门课程让我触动最深的就是老师的认真负责，我这学期非常庆幸选了老师的选修课。我每周最开心的事就是上老师的课。能跟着老师去学习一些东西，去提高自己的认知，去开阔自己的视野，是人生一大幸事。优秀的老师不仅可以传递给学生知识，还可以给予学生生活的乐趣，教给学生感性地去享受生活。（课程反思22）

课上老师进行讲解和提问，课下也有相应话题的灯塔阅读需要完成，分工做得很到位，既有老师的讲解，又有同学的思考，师生互动，提高了同学们的学习兴趣。老师课上讲解也非常辛苦，非常认真。（课程反思23）

老师布置作业很细心，上课也很有耐心，对学生很温柔，对工作认真负责。老师还很敬业，让我在这门课学习的过程中收获颇多！（课程反思24）

选修这门课之前我也没有想过老师会这么负责，一点一点带我们分析句子的结构，带我们学习比较困难的单词、短语、句型，了解了英语类新闻的结构。通过这门课的学习，我对英语学习又有了更加深刻的认知，原来，英语学习就是要在一点一滴中积累。（课程反思25）

除“元素润人”“师德育人”外，本课程也实现了课程思政的第三重境界——“实践砺人”。最为直接、反复的实践是学生运用本门课程学到的新闻阅读技巧进行自主查找新闻与阅读新闻的过程。这项实践不仅是学生学以致用的过程，同时也能提升学生认知，拓展学生思维，促进学生思考。此外，坚持阅读英语新闻也是对学生持之以恒精神的磨砺。

相对间接、周期较长的实践是少数学生自愿组成学习小组完成大学生创新项目的过程。从选题到论证，从收集数据到项目完成——这个过程既是对学生学习、探究能力的考验，也是提升学生阅读与探究等各方面能力的过程。项目“基于英语报刊文献的历史上重大疫情状况调查”需要学生大量阅读国内外新闻报道与相关文献，找出共性、归纳总结；项目“基于外宣资料的中医双语平行语料库建设研究”要求学生主要依托国内新闻网站提炼相关词汇，建成语料库；项目“‘讲好中国故事’背景下中医文化对外传播路径研究”要求学生调查现有中医文化传播媒介与外国人的使用倾向，确定最为有效的中医文化对外传播的路径，并把中医文化通过有趣的故事形式传播出去。通过上述“实践”，学生的收获是多方面的。除相关知识、阅读与写作能力得到了提升外，团队合作能力、交际能力、调研能力、数字化能力等方面也都有很大的提升。

（二）不足与改进之处

英语报刊阅读这门课程自2020年疫情起从中国大学慕课平台引课，之后连续5个学期开展线上线下混合式教学。在五轮次的教学行动中，教学素材不断更新，教学方式持续调整，学习评价方式日渐完善，绝大多数学生对课程质量的反馈是积极的。但笔者从自身的感知出发，认为本门课程的教学还有需要改进的地方，并且自身感知到的困惑或不足也从学生对课程的反馈中得到了共鸣。

笔者的困惑：本门课程是否应该固定教学材料？本课程是英语报刊阅读课程，因此其阅读材料的时效性是需要考量的问题。阅读具有时效性的新闻报道能够使课程内容与时俱进，并激发学生的阅读兴趣。而固定的教学材料内容随时间推移而日渐陈旧，影响学生的阅读体验，也不利于使学生的认知与时俱进，但好处是与线上课程的教学模块相匹配，并且选材精良。从教师的角度而言，固定教学材料使教师的备课负担减轻，不必每次课前都要准备全新的阅读素材，而由此节省下来的时间可以更深入地开发教学材料，探索更优的教学模式，以及改进学习评价方式等。

犹豫过后，笔者曾在第四轮的教学行动中选出一个单元，用最新的新闻报道做课堂教学材料，而其他单元选用固定教材中的“旧闻”。问卷结果显示15.79%的学生倾向于选用网络上最新的新闻报道作为阅读材料，而21.05%的学生倾向于使用固定教材，另有60.53%的学生表示选用哪种教学材料“无所谓”（见附录8：第19题）。当时笔者认为多数学生可能习惯于使用固定教材，固定教材对于中国学生来说会使学习更有仪式感。同时，笔者依然认为英语报刊阅读课程失去时效性是不对的。因此，在第五轮的教学行动中，虽然笔者使用了固定教材，但增加了课后拓展阅读新闻的分量，目的是满足学生与时俱进的需求。然而，这种做法个别学生并不满意。

作为一门选修课，课程期间课下作业较多，需要做题、阅读等消耗的时间较长，降低了我对课程的积极性；上课时间为周六下午，学习意愿不强烈，时常打乱生活计划。（课程反思27）

我觉得老师可以少布置一点儿课后作业。选修课如果占了较多的课后时间，难免会让大家苦恼，从而产生“破罐子破摔”的想法，而且在出于不情愿的状态下也很难保证学习的质量。因此，我希望老师尽量把课程的学习和处理放在课堂上。（课程反思28）

上述学生的反思表明对课程有异议的原因还是与本课程的性质有关。而缓解矛盾的方式根据学生的表述应该是减少课后阅读作业，“尽量把课程的学习和处理放在课堂上”。

笔者考虑了学生的诉求，但同时也不想放松对学生的要求，降低课程的质量，因此，笔者决定下一轮的教学行动将做以下调整：在课堂上，教师主导的对固定教材的详细讲解依然保留，并增加多模态教学材料的使用，同时还要把原来课后的拓展阅读任务转移到课堂上来。课堂上给学生留出自主阅读的时间，并通过新闻播报、课堂提问、小组讨论、新闻评论等多种方式，加大学生的课堂参与度。总之，未来本门课程的课堂将是以教师为主导、学生为主体的翻转课堂，教师的输出与学生的输入、输出并重。

当然，课堂内容容量的增大需要充足的时间做保障。因此，笔者将把课时分配重新进行调整，把每次2节课改为3节课，把原来的8周课改为6周课，原来的6个教学主题改为5个教学主题。虽然教学主题变少了，但对于每个主题的学习与探索将更充分、更深入。至此，改革后的课程不仅能够体现课程的时效性，提升教学的有效性，而且更符合学生的诉求。

我认为可以在上课过程中适当播放一些真实的新闻视频，因为我觉得比起课本，视频会有更强烈的吸引力。（课程反思29）

针对这门课程,我的建议是可以在课堂上增加一些学生们用英语对最近某一新闻的讨论,这样不仅可以帮助学生练习英语,还有助于加深我们对新闻的理解。(课程反思 30)

我认为可以在课堂上增加提问环节,这样可以提高学生的积极性,同时,建议在以后的教学中增加更多的实践活动,让学生在真实的语境中运用所学知识进行实践。(课程反思 31)

我觉得老师可以在课堂上留出更多的时间给同学们自己来阅读;设置一些翻转课堂让同学们分享自己的阅读方法和学习收获;增加练习题的数量来巩固课堂知识。(课程反思 32)

我觉得这节课可以采用翻转课堂的形式,这样可以使同学们对这节课有更加深入的思考,有强烈的代入感。(课程反思 33)

我认为或许可以增加一些小组合作,还有课堂互动,或者让大家多阅读一些英文报刊后再站在自己的立场谈谈对新闻的见解。(课程反思 34)

课时的调整又会带来一系列的问题,如:一次 3 节课的课堂应该如何设计?第 6 周只有 1 节课应该如何安排结课考试?自主阅读与课堂互动的增加对教师将提出更高的要求,那么教师课前应该做好哪些方面的准备?这些将是笔者下一次教学行动要解决的主要问题。

附　录

附录 1　“大学英语Ⅲ”读写课教学安排资料

Unit 1　课前学习任务说明

第一次课前请完成：

1. 阅读双语诗歌，思考问题“What is success?”

2. 观看 BBC 英语纪录短片《20 世纪最伟大的科学家之一——屠呦呦》思考以下问题：

① What success has Tu Youyou achieved in medical field?

② What are the traits Tu Youyou possessed contributing to her success?

课堂上检查上述思考题。

1. 记忆本单元“New words, Phrases and Expressions”，并自学“Book 3 Uuit 1（B3U1）New words 思政例句”材料；

2. 利用电子书（交互式课件）预习课文；

3. 利用 FIF 口语平台完成 B3U1 课文跟读训练（请大家自行掌握训练时间，在截止日期前完成）。

****

英文选段 | WHAT IS SUCCESS

Ralph Waldo Emerson

成功的内涵

拉尔夫•沃尔多•爱默生

What is success?

成功是什么？
To laugh often and love much;
笑口常开，爱心永在，
To win the respect of intelligent people
赢得智者的尊重，
And the affection of children;
孩子们的爱戴；
To earn the approbation of honest critics,
博得真诚的认可，
And endure the betrayal of false friends;
容忍损友的背叛；
To appreciate beauty;
欣赏美好的东西，
To find the best in other;
发现别人的可爱。
To give oneself;
学会无私地奉献，
To leave the world a little better,
给世界增添光彩：
Whether by a healthy child,
要么培育出健康的孩子，
A garden patch,
要么留下花园一块，
Or a redeemed social condition;
亦或是改善社会条件；
To have played and laughed with enthusiasm,
尽情娱乐、笑得畅快，
And sung with exultation;
把欢乐的歌唱起来；
To know even one life has breathed easier,
甚至知道一个生命活得自在，
Because you have lived…
因为你的一路走来……
This is to have succeeded.
这就是成功的内涵。

结论：收获与奉献都是成功的人生

****

BBC 短片：《20 世纪最伟大的科学家之一—— 屠呦呦》

The envelope was stuffed full of original documents connected to **the discovery of artemisinin and one name stood out from the rest – Tu Youyou.** Finally, I can piece whole story together.

这个信封里装满了与发现青蒿素相关的原始文件，在这些文件中，有一个名字映入眼帘——屠呦呦。于是，我终于得以将整个故事串联起来。

As they scoured the documents, Louis and Su uncovered an incredible story, **the story of an exceptional scientist, willing to risk her own life to find a cure for malaria and bring it to the world, the story of Tu Youyou.**

在翻阅文件的过程中，路易斯和苏发现了一个不可思议的故事，关于一位伟大科学家的传奇故事，她宁愿冒着自己的生命危险，也要寻找治疗疟疾的方法，并将这份厚礼献给全世界，她就是屠呦呦。

Tu's quest didn't begin in China, but in the jungles of Vietnam, where soldiers on both sides of the war, found themselves fighting a third enemy – mosquitoes.

屠呦呦征服疟疾的征程并非始于中国，而是在越南的丛林中，当时正值越战，交战双方人员损失严重，并非因为战斗，而是因为“第三方敌人”——蚊子。

Tens of thousands were left incapacitated after being bitten by the malaria-carrying insects. In one US army unit, a third of soldiers contracted the disease.

成千上万的士兵在被携带疟疾的蚊虫叮咬后，完全丧失了行动能力。在某个美国军团里，有三分之一的士兵都感染上疟疾。

Now, we have no way of estimating how many soldiers died in the North Vietnamese army, but we know the losses were colossal because the Communist Party Chairman, Ho Chi Minh, reached out in desperation to his allies in China, asking for help to find a cure.

虽然我们无法准确地预估因为疟疾而导致北越士兵的死亡人数，但我们可以肯定，一定损失惨重，因为当时的越南主席胡志明正处在绝望之中，不得以向他的盟友伸出了求救之手，希望中国能帮忙找到治疗方法。

Chairman Mao Zedong declared the search for a drug a top priority, and in May 1967, officially launched Project 523.

在毛泽东主席亲自指示下，研发抗疟疾药物成了当务之急。1967 年 5 月，中国政府正式启动“523 项目”。

At Beijing's Academy of Medical Sciences, 39-year-old researcher Tu Youyou decided to scour hundreds of old manuscripts in search of ancient wisdom a traditional herbal remedy that might form a basis of a cure.

在北京的中医研究院中药研究所里，39 岁的研究员屠呦呦临危受命，翻查上百份中国古代医学典籍，从中汲取创新灵感，希望能找到一味传统中草药，为治疗疟疾奠定基础。

With over 2 000 preparation to choose from, this was a daunting task.

两千多个关于疟疾的药方需要一一实验排查，这是一项异常艰巨的任务。

Professor Ni Muyun worked closely with Tu on the project.

倪慕云教授与屠呦呦曾在“523 项目”上密切合作过。

Tu Youyou was very self-disciplined. She set an example for the rest of us leading the

discussions and inspiring everyone else.

【原话】屠呦呦严格要求自己，处处以身作则，带动我们大家共同来探讨一些问题。

At that time, we were all young, so it was happy team.

【原话】我们都比较低，她自己本身也年轻，所以我们这个团队还是非常和谐的。

Our task was very clear. We had to complete the task.

【原话】当时这个任务非常明确，就是交给我们一定要完成这个任务。

Then, **with her husband away and her research growing more demanding, Tu was forced to place her children into care.**

后来，她的丈夫被下放，但手头的研究项目却让她根本抽不开身，于是，她不得不将自己的孩子送去寄养。

At that time, we had to overcome the difficulties ourselves.

【原话】还是一心一意，当时没办法，都自己克服困难。

It really was not easy for her. The children were away for so long, it placed a barrier between them.

【原话】不容易，很不容易。所以孩子跟她也有一些隔阂，时间比较长。

Tu only saw her daughter once in the next three years and when they finally reunited, the older girl refused to acknowledge the face that she was her mother and the younger one didn't even recognize her.

接下来的三年里，母女三人仅仅见过一次面，直到后来母女重聚，大女儿已经生疏到都不愿意开口叫妈妈，而小女儿甚至都不认识自己眼前的母亲。

Despite the hardship, Tu never gave up hope that a cure was just around the corner.

尽管困难重重，屠呦呦却从不放弃希望，找到治疗方法一定指日可待。

By this stage, she had tested almost 200 compounds with nothing to show for it.

此时，她已经对近200种中草药进行了研究，可惜颗粒无收。

She continued to scour the ancient text.

不服输的屠呦呦继续查阅古代医学典籍。

Then, in a book written in the fourth century by Chinese scholar Ge Hong, she found a preparation that claimed to cure the malaria-like fever.

某天，她无意中阅读到晋代葛洪的《时后备急方》，书中提到一条处方能治愈疟疾导致的发热症状。

Take a handful of artemisia annua, soak in two liters of water, extrude juice and take it all.

【原话】青蒿一握，以水二升渍，绞取汁，尽服之。

Artemisia was a plant Tu had tested before without success.

屠呦呦之前用青蒿提取物做过试验，但没有成功。

Then she had an epiphany. By heating the plant to extract the compound, she might have been damaging the drug in the process.

她突然冒出一个灵感，莫非是之前实验时提取过程中的温度过高，而高温可能破坏了药物的效果。

Instead, she decided to try extracting it at a lower temperature mimicking the original formula.

于是，屠呦呦决定改用低沸点溶剂来提取有效物，以此来模仿书中的古方。

She tested it on **a cluster of malaria cell.**

她将青蒿提取物用于疟疾细胞进行试验。

Every single one was destroyed.

结果发现，对疟疾抑制率高达 100%。

But when the team tested the drug on animals, the results were alarming.

可是，当研究小组将青蒿用于动物实验时，结果却令人震惊。

While some of them were cured, others were poisoned.

某些动物得以痊愈，还有某些动物疑似中毒。

Nobody could say whether the drug could be safe in humans.

没人敢说这种药物用于人体是否安全。

What happened next was a little conventional, scientifically.

接下来发生的事情，从科学角度来看有点不太循规守矩。

You see, Tu was so convinced that the extract would work that **she volunteered to test it on herself.**

屠呦呦坚信青蒿提取物有效且对人体无害，于是，她主动要求在自己身上做实验。

Knowing what was at stake, Tu went into hospital, and over several days, doctors gradually increased the dose.

虽然明知可能会危及生命，但屠呦呦还是进了医院，接下来的几天里，医生对她进行试药观察并逐渐增加剂量。

She took the extract, she felt fine, but more importantly, they were monitoring her major organs, her heart, her liver, her kidneys, and they were fine too.

她亲自试药，感觉良好，而且最重要的是医生一直在观察她内脏器官的各项指标，心脏，肝脏，肾脏，全部没有任何问题。

The test had worked.

实验成功了！

Few people are brave enough to risk their own lives in the hope of saving others.

很少有人会像她这样做敢于冒着自己的生命危险，仅仅因为有一线希望能够拯救他人。

Further proof that Tu is worthy of your vote.

这也进一步证明屠呦呦值得你为她投票。

Like any new drug, it would take many years of refinement by Tu and her team before artemisinin could be rolled out worldwide.

与所有新药物一样，屠呦呦和小组成员必须再花上多年时间对药物进行改良，才能将青蒿素推广至全世界。

The first tablets were approved in 1986, and in 1999, **the World Health Organization added**

artemisinin to their list of essential medicines.

1986年，青蒿素获得了卫生部新药证书，1999年，世界卫生组织将青蒿素列入“基本药品”目录。

Since then, the number of deaths due to malaria have fallen by almost 50 with several countries eradicating the disease altogether.

从那天起，疟疾造成的死亡人数整整下降了近50%，多个国家甚至彻底根除了这种疾病。

Tu dedicated her life to perfecting the drug, but continued to work in the shadows.

屠呦呦一生致力于继续完善青蒿素，可她却仍然默默坚守，默默耕耘。

Then 40 years after the discovery, Tu was herself discovery by Louis and Su in Washington.

在青蒿素发现40年后，来自美国国家科学院的路易斯和苏终于发现了屠呦呦。

They wrote about her story in the journal *Cell*.

他们将屠呦呦的故事撰写成文章发表在《细胞》杂志上。

And at the age of 84, she was awarded the Nobel Prize for Medicine, the first Chinese person ever to win the award.

84岁高龄的屠呦呦终于获得了诺贝尔生理医学奖，她也是第一位获得该奖项的中国人。

I'm deeply grateful to my family for their understanding and support. This is not only an honor for myself but recognition and encouragement for all scientists in China.

【屠呦呦获诺贝尔奖发言】深深感谢家人一直一来的理解和支持，这不仅是授予我个人的荣誉，也是对全体中国科学家团队的嘉奖和鼓励。

Tu still lives in Beijing, but prefers to stay out of the spotlight.

屠呦呦现居北京，她依然不喜欢公开场合的聚光灯。

If you measure greatness in terms of the number of human lives saved, then there is no doubt at all that Tu Youyou is one of the greatest scientists of all time.

如果要用拯救了多少人的生命来衡量一个人伟大的程度，那么，毫无疑问，屠呦呦是人类历史上最伟大的科学家之一。

The drugs saved millions of people's lives, people in some of the poorest communities on the planet, millions of children.

她研制的药物挽救了数百万人的生命，包括全世界最贫困地区的人民以及数百万儿童。

When it comes to icons, there is no doubt at all Tu Youyou is right up there.

当我们提及杰出科学人物时，毫无疑问屠呦呦一定出现在这个名单中。

So, four people who may have seem outsiders, a female Polish immigrant, a Jewish refugee, a gay mathematician, and a Chinese woman working almost anonymously, ended up making some of the biggest contributions to the 20th century.

因此，我们挑选出了4位看起来像是“局外人”的科学家，一位来自波兰的女性移民（居里夫人），一位犹太移民（爱因斯坦），一位同性恋数学家（阿兰图灵），还有一位此前几乎无人认识的中国女性(屠呦呦),正是他们四位为20世纪的人类做出了最伟大的贡献。

But despite their difference, they all shared **the intellectual courage to think outside the box and the personal courage to stand firm in the face of adversity.**

尽管他们彼此差异巨大,但他们都有跳出固有思维模式的智慧勇气,以及面对逆境依然坚定立场的个人勇气。

*** 注:加粗部分与单元主题密切相关,或可能应用于写作。**

第二次课前请完成:

1. 听读英语名篇(海明威)"On Achieving Success."思考以下问题:

What is the way to success?

2. 观看英语视频 *8 Secrets of Success*,并思考以下问题:

What are the 8 secrets of success?

3. Set a goal, follow the suggestions in this video, and see what will happen at the end of this semester.(上传QQ作业)

课堂上检查上述思考题。

4. 自学"B3U1 sentences"材料,能运用3个句型造句;

5. 复习课文1-2段,预习课文4-6段,并填写第15页PPT中的表格。

****

On Achieving Success

关于获得成功

Ernest Miller Hemingway

欧内斯特•海明威

We cannot travel every path. **Success must be won along one line.** We must **make our business the one life purpose to which every other must be subordinate.**

我们不可能把每条路都走一遍。必须执着于一条道路才能获得成功。我们必须有一个终生追求的目标,其他的则从属于这个目标。

I hate a thing done by halves. If it be right, do it boldly. If it be wrong, leave it undone.

我痛恨做事半途而废。如果这件事是对的，就大胆勇敢地去做；如果这件事不对，就不要去做。

The men of history were not perpetually looking into the mirror to make sure of their own size. **Absorbed in their work they did it.** They did it so well that the wondering world sees them to be great, and labeled them accordingly.

历史长河中的伟人并不是靠终日瞻观镜中的自己来衡量自身的形象的。他们的形象来自对事业全身心的投入与追求。他们是如此的卓越超凡，于是芸芸众生觉得他们很伟大，并因此称他们为伟人。

To live with a high ideal is a successful life. It is not what one does, but **what one tries to do, that makes a man strong.** "Eternal vigilance," it has been said, "is the price of liberty." With equal truth it may be said, **"Unceasing effort is the price of success."**

为崇高的理想而活着是一种成功的生活。使人变强大的，不是这个人做了什么，而是他努力尝试去做什么。有人说过，"恒久的警惕是自由的代价"，那同样也可以说，"不懈的努力是成功的代价"。

If we do not work with our might, others will; and they will outstrip us in the race, and pluck the prize from our grasp.

倘若我们不尽全力工作，别人会尽全力，随后他们将在竞争中超越我们，从我们手中夺取胜利的果实。

Success grows less and less dependent on luck and chance. Self-distrust is the cause of most of our failures.

成功越来越不依赖于运气和巧合。丧失自信是我们失败的主要原因。

The great and indispensable help to success is character. Character is a crystallized habit, the result of training and conviction. Every character is influenced by heredity, environment and education. But these apart, **if every man were not to be a great extent the architect of his own character, he would be a fatalist, and irresponsible creature of circumstances.**

性格是取得成功不可或缺的重要助力。性格是一种固化成形的习惯，是不断培养并坚信于此的结果。每个人的性格都会受到遗传因素、环境和教育的影响。但除此之外，如果人在很大程度上不能成为自己性格的构筑者，那么他就会沦为宿命论者，从而成为环境的失败造物。

Instead of saying that man is a creature of circumstance, it would be nearer the mark to say that man is the architect of circumstance. From the same materials one man builds palaces, another hovel. Bricks and mortar are mortar and bricks, until the architect can make them something else.

与其说人是环境的造物，不如说人是环境的建筑师更贴切些。同样的材料，有人能用其建造出宫殿，而有人只能建成简陋的小屋。在建筑师将其变成他物之前，砖泥依然是砖泥。

The true way to gain much is never to desire to gain too much.

获得很多东西的真正方法是永远不要渴望获得很多。

Wise men don't care for what they can't have.

智者不会在意他们得不到的东西。

***注：加粗部分与单元主题密切相关，或可能应用于写作。**

第三次课前请完成：

1. 复习课文 1-6 段，预习课文 7-8 段；
2. 完成教材第 9-12 页课后练习 3-7；
3. 观看与翻译主题相关的视频《中国双创》（中文）；

4. 自主完成第 16 页汉英翻译后，观看翻译讲解视频“第一单元翻译——汉英翻译”，并准备视频最后的问题：视频中提到了哪两种翻译方法？

Paragraph translation

- **Translate the following paragraph into English.**

1）如今，很多年轻人不再选择“稳定”的工作，2）他们更愿意自主创业，依靠自己的智慧和奋斗去实现自我价值。3）青年创业(young entrepreneurship)是未来国家经济活力的来源，4）创业者的成功不但会创造财富、增加就业机会、改善大家的生活，从长远来看，对于国家更是一件好事，5）创业者正是让中国经济升级换代的力量。6）尤其是在当前，国家鼓励大众创业、万众创新，在政策上给予中小企业支持，7）这更加激发了年轻人的创业热情。

5. 修改批改网作文，并根据同伴互评、教师指导与机器点评修改作文：

“The traits of successful people in the medical field”

Unit2 课前学习任务说明

第一次课前请完成：

1. 观看双语新闻纪录片《武汉抗疫纪实》(*The Lockdown-One Month in Wuhan*)并思考以下问题：

① What did citizens in Wuhan fear during the pandemic of Covid-19?

② What did medical workers in Wuhan fear during the pandemic?

③ What did medical workers in Wuhan do when facing the pandemic?

④ Write down expressions and sentences you think are important.

观看视频请复制以下网址并在浏览器打开：https://news.cgtn.com/news/2020-02-28/The-lockdown-One-month-in-Wuhan-OsaehknbVu/index.html（此教学材料由张薇薇老师提供）

The lockdown: One month in Wuhan

At 10 a.m. on January 23, Wuhan went into lockdown. This was done to stop a deadly virus from spreading further across the nation. It was one day before Chinese New Year's Eve, a major travel day for people planning to return home for the holidays. This documentary is dedicated to all those who've been battling tirelessly against the COVID-19 virus in order to keep the epidemic at bay. Their efforts in safeguarding humanity from the virus will always be remembered.

拓展资源网站：https://www.cgtn.com/

课堂上检查上述思考题。

2. 记忆本单元"New words, Phrases and Expressions"，并自学"Book 3 Uuit 2（B3U2）New words"思政例句材料；

3. 利用电子书（交互式课件）预习课文；

****

4. 利用 FIF 口语平台完成 B3U2 课文跟读训练（请大家自行掌握训练时间，在截止日期前完成）。

第二次课前请完成：

1. 复习课文 Para. 1–10。Review the words and expressions the author used to describe his fear;

2. 学习"B3U2 Sentence patterns"材料，能够运用 3 个句型造句。

3. 预习课文 Para. 11–19。Consider the factors which make the author overcome his fear and rescue the drowning boy (Para.12-15);

4. 划分课文结构。Figure out how to write a story;

5. 结合 p. 44 Outline（left），读 p. 44 Sample essay（right）。See how the story is plotted;

6. 观看视频 *How I beat stage fright*? Learn more expressions about fear, and recall if you had similar experiences.

https://open.163.com/newview/movie/free?pid=M9PGGABAT&mid=M9PJL7Q41
课堂上检查上述思考题。

****

How I beat stage fright

I have **stage fright.** I've always had stage fright, and **not just a little bit, it's *a big bit***. And it didn't even matter until I was 27. That's when I started writing songs, and even then I only played them for myself. Just knowing my roommates were in the same house made me uncomfortable.

But after a couple of years, just writing songs wasn't enough. I had all these stories and ideas, and I wanted to share them with people, but physiologically, I couldn't do it. I had this **irrational fear**. But the more I wrote, and the more I practiced, the more I wanted to perform.

So on the week of my 30th birthday, I decided I was going to go to this local open mic, and ***put this fear behind me***. Well, when I got there, it was packed. There were like 20 people there. (Laughter) And they all looked angry. But ***I took a deep breath***, and I signed up to play, and I felt pretty good.

Pretty good, until about 10 minutes before my turn, when my ***whole body rebelled***, and ***this wave of anxiety just washed over me.*** Now, when you ***experience fear***, your ***sympathetic nervous system kicks in.*** So you ***have a rush of adrenaline***（肾上腺素）, your ***heart rate increases***, your b***reathing gets faster***. Next your ***non-essential systems start to shut down, like digestion.*** (Laughter) So y***our mouth gets dry, and blood is routed away from your extremities***（手足，末端）, ***so your fingers don't work anymore. Your pupils dilate, your muscles contract, your Spidey sense tingles***（预感要大难临头）, ***basically your whole body is trigger-happy***（备战状态）. (Laughter) That condition is not conducive to performing folk music. (Laughter) I mean, ***your nervous system is an idiot.*** Really? Two hundred thousand years of human evolution, and it still can't tell the difference between a saber tooth tiger and 20 folksingers on a Tuesday night open mic? (Laughter) ***I have never been more terrified — until now.*** (Laughter and cheers)

So then it was my turn, and somehow, I get myself onto the stage, I start my song, I open my mouth to sing the first line, and ***this completely horrible vibrato***（颤音）— you know, when your voice wavers — comes streaming out. And this is not the good kind of vibrato, like an opera singer has, this is my ***whole body just convulsing with fear***. I mean, it's a nightmare. I'm embarrassed, the audience is clearly uncomfortable, they're focused on my discomfort. It was so bad. But that was my first real experience as a solo singer-songwriter.

And something good did happen — I had the tiniest little glimpse of that audience connection that I was hoping for. And I wanted more. But I knew I had to ***get past***（解决） ***this nervousness***.

That night I promised myself: I would go back every week until I wasn't nervous anymore. And I did. I went back every single week, and sure enough, week after week, it didn't get any better. The same thing happened every week. (Laughter) ***I couldn't shake it***（我无法摆脱它）.

And that's when I had an epiphany（顿悟）. And I remember it really well, because I don't have a lot of epiphanies. (Laughter) All I had to do was write a song that ***exploits my nervousness.*** That only seems authentic when I have stage fright, and the more nervous I was, the better the song would be. Easy. So I started writing a song about having stage fright. First, fessing（交代）up to the problem, the physical manifestations, how I would feel, how the listener might feel. And then accounting for things like ***my shaky voice***, and I knew I would be s***inging about a half-octave higher than normal***, because I was nervous. By having a song that explained what was happening to me, while it was happening, that gave the audience permission to think about it. They didn't have to feel bad for me because I was nervous, they could ***experience that with me***, and we were all one big happy, nervous, uncomfortable family. (Laughter)

By thinking about my audience, by embracing and exploiting my problem, I was able to take something that was ***blocking my progress***, and turn it into something that was essential for my success. And having the stage fright song ***let me get past that biggest issue*** right in the beginning of a performance. And then I could move on, and play the rest of my songs with just a little bit more ease. And eventually, over time, I didn›t have to play the stage fright song at all. Except for when I was really nervous, like now. (Laughter)

Would it be okay if I played the stage fright song for you? (Applause)

Can I ***have a sip of water***? (Music) Thank you.

♫ I'm not joking, you know, ♫ ♫ this stage fright is real. ♫ ♫ And if I'm up here trembling and singing, ♫ ♫ well, you'll know how I feel. ♫ ♫ And the mistake I'd be making, ♫ ♫ ***the tremolo caused by my whole body shaking***. ♫ ♫ As you sit there feeling embarrassed for me, ♫ ♫ well, you don't have to be. ♫ ♫ Well, maybe just a little bit. ♫ (Laughter) ♫ And maybe I'll try to imagine you all without clothes. ♫ ♫ But singing in front of all naked strangers ***scares*** me more than anyone knows. ♫ ♫ Not to discuss this at length, ♫ ♫ but my body image was never my strength. ♫ ♫ So frankly, I wish that you all would get dressed, ♫ ♫ I mean, you're not even really naked. ♫ ♫ And I'm the one with the problem. ♫ ♫ And you tell me, don't worry so much, you'll be great. ♫ ♫ But I'm the one living with me ♫ ♫ and I know how I get. ♫ ♫ Your advice is gentle but late. ♫ ♫ If not just a bit patronizing. ♫ ♫ And that sarcastic tone doesn't help me when I sing. ♫ ♫ But we shouldn't talk about these things right now, ♫ ♫ really, I'm up on stage, and you're in the crowd. Hi. ♫ ♫ And ***I'm not making fun of unnurtured***（自然的）, ***irrational fear***, ♫ ♫ and if I wasn't ready to face this, ♫ ♫ I sure as hell wouldn't be here. ♫ ♫ But if I belt one note out clearly, ♫ ♫ you'll know I'm recovering slowly but surely. ♫ ♫ And maybe next week, I'll set my guitar ringin' ♫ ♫ my voice clear as water, and everyone singin'. ♫ ♫ But probably I'll just get up and start groovin', ♫ ♫ my vocal cords movin', ♫ ♫ at speeds slightly faster than sound. ♫ (Applause)

★字幕来源：TED 网站。加粗部分与单元主题密切相关，或可能应用于写作。

第三次课前请完成：

1. 完成教材 p. 39 – p. 46 页课后练习 3-7；

2. 观看与翻译相关的视频，并回答：

① 你对中国梦的理解是什么？

② 中国梦和美国梦有哪些相似之处和不同之处？

3. 观看视频“第二单元汉译英翻译讲解”，并准备视频最后提出的问题。

Reading and Writing task (For NHCE unit 2 Fear)

文档 读写课课前任务（1）

文档 读写课课前任务（2）

视频 第二单元汉译英翻译讲解

4. 完成批改网作文，并根据同伴互评、教师指导与机器点评修改作文：“How I Overcome Fear?”

课堂上检查上述问题。

Unit3 课前学习任务说明

第一次课前请完成：

1. 利用电子书（交互式课件）预习课文，熟悉课文内容，并观看 BBC 纪录片奥黛丽·赫本：珍贵照片解读《传奇人生》，进一步了解其跌宕起伏的人生故事。

拓展 BBC 纪录片《寻觅奥黛丽·赫本》蔡雷英语 2021-02-25 06:30

带你了解奥黛丽·赫本背后的故事。本片制作相当用心，主持人 Darcey Bussell 探访了意大利、荷兰、英国、美国、瑞士等多国，寻觅赫本一生的足迹。在赫本炫目的美貌背后，是一段不为人知的关于背叛、勇气、心碎和梦想幻灭的传奇。

2. 观看视频（QQ 群）*Life Snapshot of Audrey Hepburn*，并回答问题：

① What impresses you the most from the video?

② What are the roles Audrey Hepburn had once played in her life?

3. 记忆本单元“New words, Phrases and Expressions”，并自学“Book 3 Uuit 3（B3U3）New words 思政例句”材料；

****

4. 利用 FIF 口语平台完成 B3U3 课文跟读训练（请大家自行掌握训练时间，在截止日期前完成）。

第二次课前请完成：

1. 复习课文 Para.1-8，预习 Para.9-15；

2. 学习“B3U3 Phrases and Patterns”材料，能够运用短语与句型造句；

3. 观看奥黛丽·赫本珍贵英语采访视频，并思考以下问题：

① How did Audrey Hepburn describe her trip to Ethiopia?

② What did Audrey Hepburn hope the public would do?

③ How did Audrey Hepburn influence the world?

4. 阅读英语文章“38 Beautiful Audrey Hepburn Quotes to Fuel Your Soul”思考问题“Which quotes fuel you the most? Please pick out 3 from the 38.”

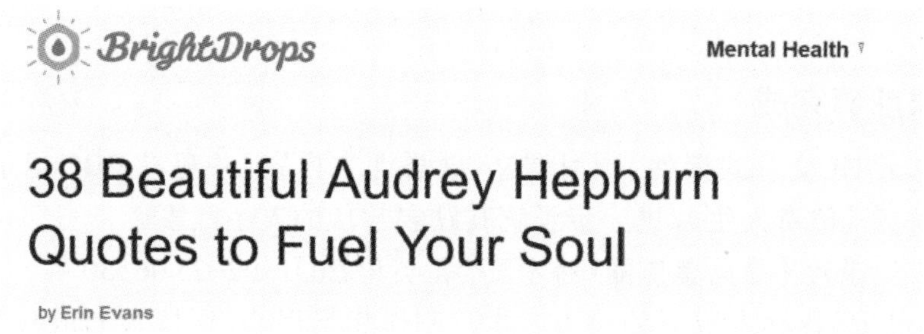

第三次课前请完成：

1. 阅读双语诗歌“Kindness”，并思考问题“How is kindness born in you?”

2. 完成教材 p70 – p77 页课后练习 3–7；
3. 观看视频“第三单元翻译——汉译英”，并准备视频最后提出的问题；
4. 完成批改网作文，并根据机器点评修改作文“Autobiography”

背景设定：我今年已经 80 岁了，想写篇自传来回忆自己……的一生

（注意时态的使用）

自传内容：写实（过去与现在）+ 虚构（未来）

写作方法：Chronological Sequence（时间顺序）

****

写作拓展“How to Write an Interesting Biography”

https://www.thoughtco.com/how-to-write-a-biography-1856830

****

Kindness 良善

Naomi Shihab Nye

Before you know what kindness really is
要想知道良善到底是什么
you must lose things,
你得遭受损失，
feel the future dissolve in a moment
感受到前途在瞬间消亡
like salt in a weakened broth.
好比盐溶解于寡淡的肉汤。
What you held in your hand,
你攥在手里的东西，
what you counted and carefully saved,
你看重的、小心翼翼地保存的东西，
all this must go so you know
所有这些都得失去，你才会知道
how desolate the landscape can be
在不同的良善区域之间
between the regions of kindness.
景观会是多么凄凉。
How you ride and ride
你是怎样在车上坐呀坐
thinking the bus will never stop,
以为永远不会到站，
the passengers eating maize and chicken
吃着玉米和鸡肉的乘客
will stare out the window forever.
眼睛永远盯着窗外。

Before you learn the tender gravity of kindness,
要想领会良善之柔力，
you must travel where the Indian in a white poncho
你必须行万里路，看到
lies dead by the side of the road.
披着白色斗篷的印第安人死在路旁。
You must see how this could be you,
你必须明白那死者也可能是你，
how he too was someone
那死者也曾是这么一个人
who journeyed through the night with plans
怀揣着计划披星戴月赶路
and the simple breath that kept him alive.
一息尚存就砥砺前行。
Before you know kindness as the deepest thing inside,
要想知道良善是内心最深处的东西，
you must know sorrow as the other deepest thing
你必须知道悲伤是内心最深处另一件事。
You must wake up with sorrow.
你必须带着悲伤醒来。
You must speak to it till your voice
你必须和它交谈，直到你的声音
catches the thread of all sorrows
抓住了所有悲伤的纤维
and you see the size of the cloth.
看见了纤维织成的布料的模样。
Then it is only kindness that makes sense anymore,
那时，只有良善才言之成理，
only kindness that ties your shoes
只有良善能为你系紧鞋带
and sends you out into the day to gaze at bread,
把你派往尘世，购买面包，
only kindness that raises its head
只有良善抬起它的头颅
from the crowd of the world to say
在世上的芸芸众生前宣称
It is I you have been looking for,
你一直寻觅的就是我，

and then goes with you everywhere
接着良善与你结伴，去往任何地方
like a shadow or a friend.
如影随形，如知心伴侣。

Unit4 课前学习任务说明

第一次课前请完成：

1. 利用电子书（交互式课件）预习课文，熟悉课文内容；

2. 观看视频（QQ 群）*Section A Lead-in Xu Jiangjun*，并回答问题“Why did Xu Jiangjun take up his journey?”

3. 完成第一次读写课前阅读材料（https://www.terratrotter.eu/why-travel-purpose/），结合材料回答问题“Do you like travelling or not?Why or why not?”

4. 记忆本单元“New words, Phrases and Expressions”，并自学“Book 3 Uuit 4（B3U4）New words 思政例句”材料；

****

5. 利用 FIF 口语平台完成 B3U4 课文跟读训练（请大家自行掌握训练时间，截止日期前完成）。

第二次课前请完成：

1. 复习课文 Para. 1-4，并利用下面的思维导图（由宋晓慧老师制作）复述 Para. 1-4 的内容；

2. 预习 Para. 5-9；

3. 学习“B3U4 Phrases and Sentence Patterns”材料（QQ 群），能够运用短语与句型造句；

4. 再次观看视频 *Benefits of Travelling*（QQ 群），并回答以下问题“What are the benefits of travelling mentioned in the video?（Try to be concrete for each point）”

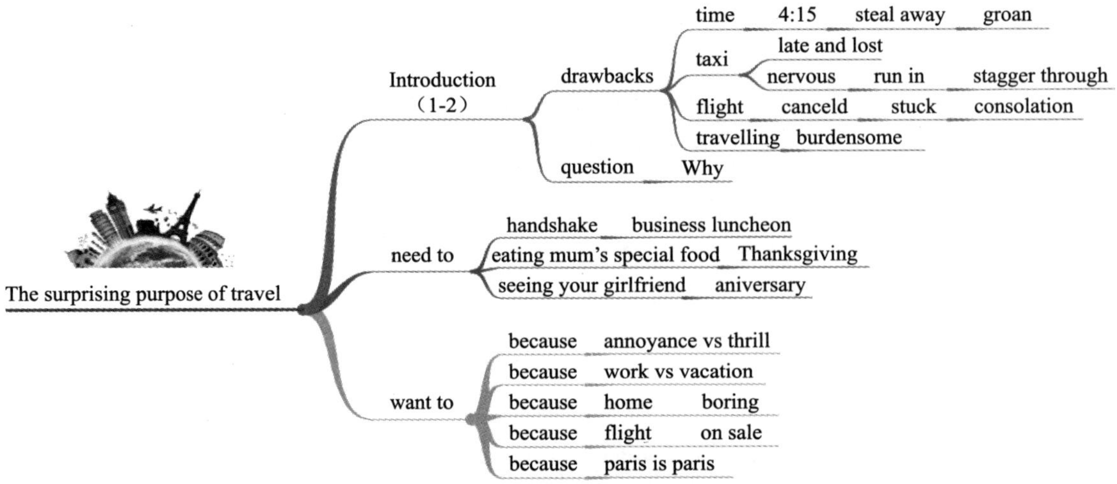

第三次课前请完成：

1. 复习课文 Para. 5-9，并利用下面的思维导图（由宋晓慧老师制作）复述 Para. 1-4 的内容；

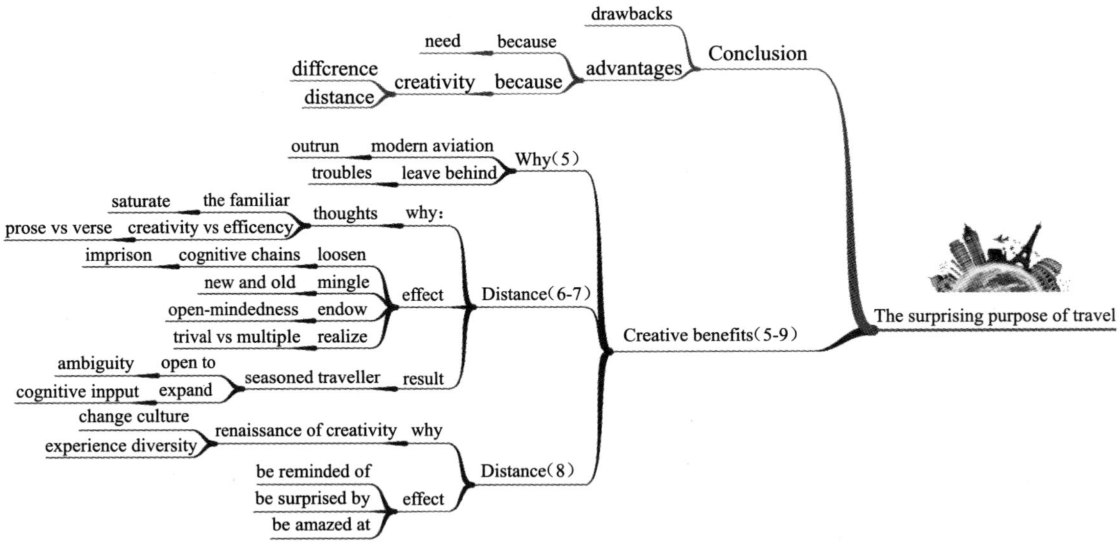

2. 完成教材 p. 99 - p. 102 页课后练习 3-7；
3. 观看视频“B3U4 汉译英”（见中国大学慕课平台），并准备视频最后提出的问题；
4. 思考：How to write a cause-effect essay in terms of the following topic?

◆作文题目◆

My View on "Together for a Shared Future"

On July 29, 2021, the International Olympic Committee added "Together" to the Olympic motto of "Faster, Higher, Stronger" to recognize the unifying power of sports and the importance of the international community's solidarity during the pandemic. Along with the Olympic spirit, "Together for a Shared Future" was revealed as the official motto of the Olympic and Paralympic Winter Games Beijing 2022 in September 17, 2021. This motto is a call to convey the common aspiration of all nations and people to build a better future. The Winter Olympic champion born and raised the US, Eileen Gu, is a sports ambassador for a shared future. As she posted on her social media page, "With skiing, I hope to unite people, strengthen common understanding, create communication and form friendships between nations." Would you please write an essay (300-800words) about your view of the motto "Together For a Shared Future"? You can support your opinions or explain the reasons with your own experiences.

参考译文

2021年7月29日，国际奥林匹克委员会在奥林匹克口号"更快、更高、更强"中增加了"更团结"(Together)，强调体育运动的团结力量和国际社会面对疫情同心协力的重要性。2021年9月17日，北京2022年冬季奥运会和残奥会的官方口号是"一起向未来"，呼应了最新的奥运精神。这一口号传达了世界各国和人民建设更美好未来的共同愿望。在美国出生和长大的冬奥会冠军谷爱凌，正是这样一位"一起向未来"的体育大使。正如她在自己的社交媒体上写道："通过滑雪，我希望团结人民，加强共识，建立国家间的交流和友谊。" 请写一篇300- 800字的文章，谈谈你对冬奥会奥运口号"一起向未来"的看法。你可以用自己的亲生经历佐证你的观点或解释原因。

课上讨论 Would you regret (not) traveling the world?

文章来源：https://www.terratrotter.eu/regret-not-traveling-the-world/

****

REGRET (NOT) TRAVELING THE WORLD?

Would you regret traveling the world?

Many answer this question with a rapid "No, of course not!"

But why don't you follow up with this dream? What holds you back? Family, money, your career…?

Maybe I'm asking the wrong question.

If you travel the world AND

☆ run out of cash,

☆ miss important family events

☆ have difficulties finding a new job afterwards

☆ …

would you regret your decision?

This question is more difficult, right. The plausible risks are not something you wish for. When they occur, you would be disappointed at the least. **But will you think "I should have stayed home"?**

Would you regret NOT traveling the world?

This question is tricky as well. Your answer might change: "Maybe not right now, but I might when I'm older?"

Postponing your dreams till after your retirement is risky. If you are as unlucky as my mom, you might never see that day. Plus you're not guaranteed that your health will play along (合

作). You might physically not be able to do the things you want to do.

How would you feel about that? You might regret not having traveled more. Not that the absence of a travel experience has any immediate negative consequences, but **travel has a purpose** and can have a profound impact on your life in general.

"I never dared to do it"-regrets are also the ones we remember better than the memories of a failed attempt, when we did pursue something but it didn't turn out so great. Because in the latter situation we can say "at least I tried".

So, before you decide to stick to your corporate job, OR to leave everything behind to go on that big adventure, you might want to consider this:

"In the end, what will I regret the most?"

＊注：加粗部分进一步深化单元主题，为同主题交流提供参考，并激发学生旅行海报制作的兴趣。

学生作品范例

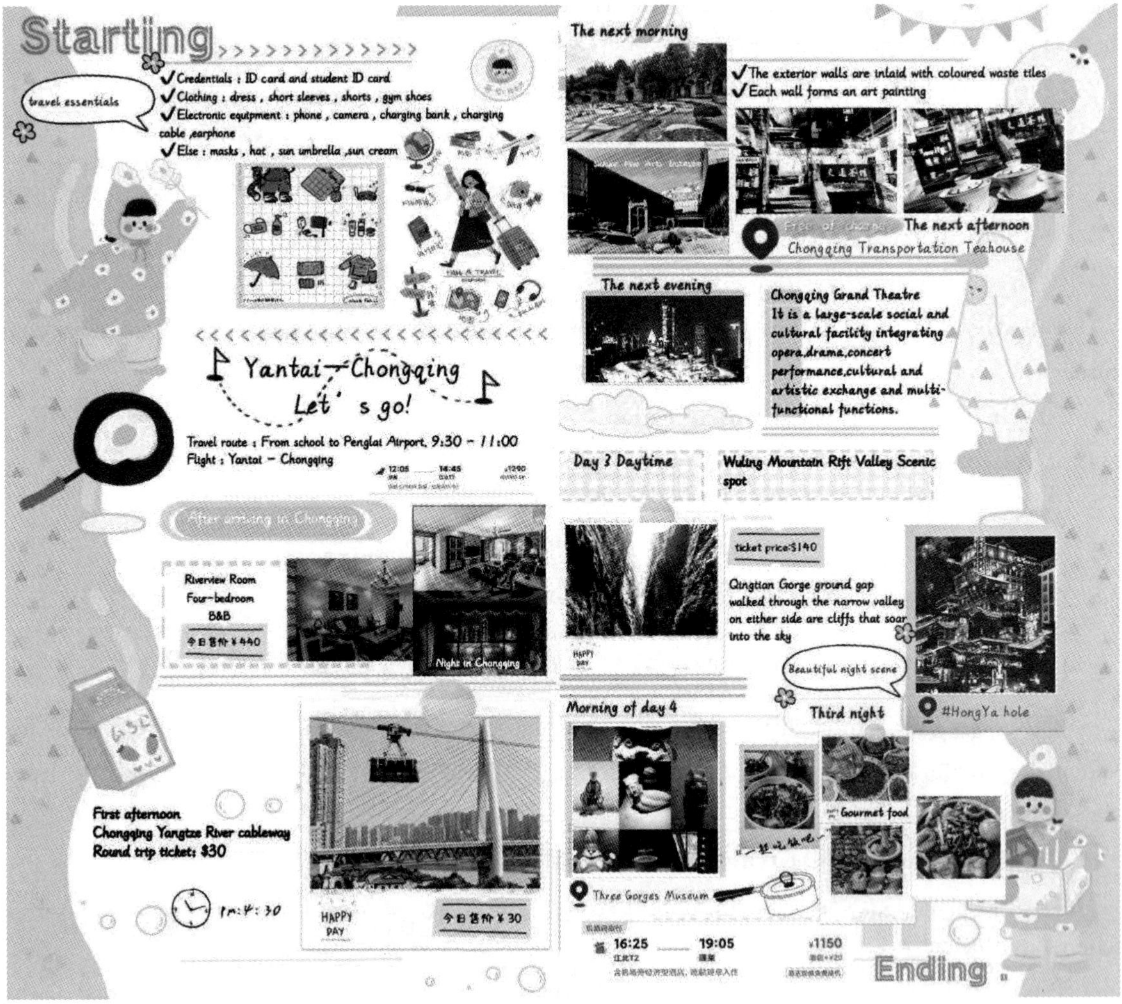

Unit8　课前学习任务说明

第一次课前请完成：

1. 利用电子书（交互式课件）预习课文，熟悉课文内容；
2. 了解虎妈的故事（创意由王晓静老师提供）；
3. 请解释何为“鸡娃”（创意由王晓静老师提供）？
4. 记忆本单元“New words”，并自学“Book 3 Unit 8 New words 自学用”；

****

利用 FIF 口语平台完成 B3U8 课文跟读训练（请大家自行掌握训练时间，截止日期前完成）。

第二次课前请完成：

1. 复习课文 Para. 1-8，预习 Para. 9-11；
2. 学习“B3U8 Phrases and Sentence Patterns”材料（QQ 群），能够运用短语与句型造句；
3. 观看视频《原生家庭对一个人的影响究竟有多大？》，并回答以下问题“What first comes to your mind after watching this video?”
4. 朗读诗歌“The Greatest Parents On Earth”，并回答“Is it what you want to say to your parents?” If not, could you write a poem to your parents, expressing your love/gratitude/confession/…to them?

****

The Greatest Parents On Earth

© Ron Tranmer

I will never take for granted
how greatly I've been blessed;
For when it comes to parents,
Mom and Dad, you are the best!

You nurtured and protected me
and taught me with great care.
And every time I've needed you,
you were always there.

If you could look into my heart,
how quickly you would see
the special place you hold there
and how much you mean to me.

May you receive the blessings
you are so deserving of
for your caring and your sharing,
and each sacrifice of love.

And may you carry in your hearts
these words forever true...
No parents anywhere on earth
could be more loved than you.

第三次课前请完成：

1. 课前慕课堂检测 B3U8 单词与课文内容，请大家提前准备；
2. 完成教材 p. 217 – p. 220 课后练习 3–7；
3. 完成教材 p. 224 汉译英（本单元无讲解视频）；
4. 批改网提前阅读唐晓萱与孙选的作文（以小组为单位指出两篇作文的优缺点）。
5. 阅读："No Longer a Tiger Mom: Shifts in Chinese Parenting Style"，并回答问题"What are the shifts in Chinese parenting style?"

****

Domestic 19:52, 29-Mar-2019

No longer a tiger mom: Shifts in Chinese parenting style

By Wang Yan and Yu Jing

For decades, the **perception** towards Chinese parents is that of **tiger parenting—strict parents with tightened control on children**, a keen resolve for better academic performance at school even at the expense of everything else.

Increasingly, **a different style of parenting has come into force** as a younger, more cosmopolitan generation of Chinese parents has taken center stage. No longer obsessed with making their children "dragons and phoenixes" of the society, they are in search of a more **well-rounded education where independence of the mind and a willingness to contribute to social good are highly valued.**

Experience-oriented rather than result-oriented approach

Ms. Yu, 51, whose son already landed a job on Wall Street after graduating from a college in the U.S., is now preparing to send her second child, a daughter this time, to an American college.

Since elementary school, her daughter has been attending bilingual schools, speaks English with an impeccable American accent and has taken up hobbies like cello, oil painting and tennis.

Every year, apart from the regular tuition fee of the international school, which is around 18,000 yuan (2,670 U.S. dollars) per month, Ms. Yu's family throws another 80,000 to 100,000 yuan (11,915–14,894 U.S. dollars) toward her daughter's **extracurricular activities**, one-third of which goes to supporting her hobbies, the rest goes to her English debating classes. From time to time, her daughter attends debating tournaments around the nation as part of the class, and Ms. Yu covers her registration and accommodation fees.

Won Chian Lim, founder and debate coach at SpeechCraft, a Shanghai-based communications training firm, who has tutored Ms. Yu's daughter over three years, said that from his observation, **Chinese parents these days invest heavily in helping their children attain happiness**, and the emphasis on success is not as heavy as in the past.

This shift in mentality is reflected in the growing popularity of courses like debate, camping and study tours, where the relation to academic performance may not be as direct as **cram schools** for Chinese or math.

"Parents these days do not want to have control over the test results; to let their kids experience as much as possible is the key," Won noted.

Marco Reyes, co-founder of You Mei Camp Education Group, also notices the trend. At his camps, kids group together to participate in outdoor activities like Boy Scouts, where **soft skills like communication and leadership are bestowed**. At the traditional American camps that he organizes, with their cellphones taken away, kids are required to spend one week together with eight other kids in a camp and communication becomes integral.

"Parents start to feel that schools, academics and scores are not going to be everything. They need to have more well-rounded kids... I definitely see **a merging between the American style of parenting and Chinese style**," Reyes noted.

A rising new middle class

Behind the freedom to experience life, taking on courses that do not offer immediate returns is the growing economic largess of the new generation of Chinese parents.

According to Hurun's 2018 China New Middle Class report, around 33 million families in China can be counted as "new middle class" – people who after spending money on basic expense still have 50 percent of their income left. Though the industries they work in vary, what connects them all is their emphasis on their children's education.

Won noted that most families who send their children to attend debate classes at his school have an annual investment of around 150,000 yuan (2,227 U.S. dollars) to 200,000 (2,970 U.S. dollars) on education. Many of the parents hold managerial positions at family-run business, private firms or multinational companies and thus understand qualities like effective communication and critical thinking are relevant and important in employment situations.

Pan Ying, a 43-year-old mom whose daughter goes to the elite international school Harrow Beijing, says one incentive for sending her daughter to unconventional extracurricular activities like debating and camping is to let her daughter enjoy the life that was not available for her in China decades ago.

Students attend a debating competition. /VCG Photo

Coming from a small village in a rural area, Pan was the first one in her family to earn a college degree and now with her husband being on the executive board of a private company, her daughter went to ski in Switzerland at the age of 8 and has had private English tutoring class with an American teacher for three years.

"I think for those families, no matter how traditional they were, how local-minded they were…they want their kids to have everything and opportunity at their hand. A lot of it is because they did not have those opportunities when they were younger," said Reyes. Though parents who send children to his camps do not all fit in the criteria of "new middle-class," the willingness to offer their kids the best they can is universal.

Is education still necessary for social mobility?

China's gaokao system, no matter how grueling it can be, still offers those from remote provinces a gateway to social mobility. But a "well-rounded" education that comes with debating practices, skiing or camping may be out of reach for those from remote areas.

Asked if he is concerned that his courses contribute to growing class division in China, Won said **though his class caters to today's new middle class, it is ultimately going to serve the mass market in the future**, whether from a business sense or an educational perspective.

"In Singapore, debate education is part of the English curriculum–an integral part of English education," said Won, "In the U.S., critical thinking is also part and parcel of the SAT test." As more people become aware of the importance of such skills, schools are likely to react and try to integrate them into the curriculum.

With growing demand comes diversification in the market. Reyes noted that compared with when he first started, **parents these days are more cost-conscious**. Since there are camp programs charging 1,500 yuan per week, the traditional 60,000 yuan per week camp is no longer the go-to option.

Rather than solely catering to students at international schools or students in the international division at public schools, his camp has been partnering with local public schools, on areas where schools are not doing so well, including building soft skills, learning how to build up with people.

"We are diversifying for sure. That means the price will diversify, and the market will diversify...It shouldn't be just for elites," he said.

* 注:通过阅读了解近年来中国家庭教育经历的深刻变化。

附录 2 “大学英语Ⅲ”读写课程思政内容回顾

同学们，这个学期的大学英语Ⅲ你们有哪些收获？

在第一单元 The Way to Success 中，

我们非常详细地分析了课文“Never, ever give up!”，了解到 Churchill、Einstein、Edison、Sandra Day 等人的曲折的成功之路，并认识到他们取得成功的密钥。

同时，我们一起阅读了英文诗“What is Success?”与海明威的散文“On Achieving Success”，观看了英语视频 *8 Secrets of Success*，进一步拓展了通往成功的要素。

不知 BBC 英语纪录短片《20 世纪最伟大的科学家之一——屠呦呦》是否使你有见贤思齐的想法，而通过单元写作“The Traits of Successful People in the Medical Field”，是否使你明确了未来在医学领域取得成就需要必备的品质，并下定决心走好每一步，未来成为像屠呦呦、钟南山、吴孟超等一样出色的医生或科研工作者。

远大的理想是由无数个小目标促成的。正所谓“不积跬步，无以至千里”。那么你是否完成了当时为本学期英语学习定下的小目标呢？希望你当时坚定的意志没有被忙碌、琐碎的生活消磨殆尽！

在第二单元 Beat Your Fear 中，

我们非常详细地分析了课文“Swimming through Fear”，了解到作者在面对恐惧时，内心的挣扎与战胜恐惧的全过程。

同时，我们大家一起观看了双语新闻纪录片《武汉抗疫纪实》。医护人员当时的境遇是否触动了你？他们孤注一掷、直面恐惧的勇气是否感染了你？ 5 ～ 10 年后，你们将成为他们中的一员，希望你们也能拥有直面恐惧的勇气，并拥有绝境中给他人生的希望的力量与能力！

在第三单元 Life Stories 中，

我们非常详细地分析了课文“Audrey Hepbur—A True Angel in this World”，了解了奥黛丽•赫本的一生。同时，我们认识到一个人的价值不是外表赋予他的，只有对世界人民做出贡献与产生积极影响才能被世人所铭记。

我们还一起观看了奥黛丽•赫本的纪录片与访谈，阅读了她留下的 38 句话。这些是否点燃了你的心灵，使你对人生有了更为深刻的感悟：只有力所能及地帮助那些需要我们帮助的人，我们才会实现自身的价值，内心才会感到满足，人生才没有遗憾！你们还记得那首英文诗吗？“Kindness”（良善）。失去的东西、经历的悲伤最终会唤起我们潜藏在心底的善良与悲悯，使我们愿意助人，使他人免受自己曾经之苦。本单元结束后不知大家有没有通过网站或其他方式为需要的人提供帮助。

到底怎样的人生才有意义？大家还记得自己写的自传吗？写作的过程中是不是满怀憧憬？那其实是你们的梦想，是理想，也是人生规划。愿大家所有的梦想都实现，因为你们的梦想中不仅使自己变得美好，也为别人带去美好。尽管不能像袁隆平一样帮助到全世界的人，但大家未来一定能够做到救死扶伤，服务一方！

在第四单元 Let's Go 中，

我们非常详细地分析了课文"The Surprising Purpose of Travel"，了解了旅行的目的：距离与差异赋予了人类创造力。

拓展阅读材料"Why Travel-What is the Purpose of Travel?"与视频 *Benefits of Travelling* 使我们进一步了解旅行的目的与益处，并通过 role play 表演与手账海报为旅行做好充分的调研与准备。

海报做好了，我们真的放假了。生活果真不仅只有眼前的苟且，还有不太远的远方。端午节时大家的海报派上用场了吗？希望大家能够发现学习与生活原来可以紧密相连，你在学习过程中付出的时间与情感投入都是有效的。

本单元我们还写了一篇本该立意高远的作文《一起向未来》，放眼世界、憧憬美好的前提是须具有问题意识与忧患意识。了解全球的政治局势与热点问题、思考问题发生的原因，并以人类命运共同体的视角寻找解决问题的办法，才能在纷乱的世界中走向美好。

在第八单元 The Art of Parenting 中，

我们非常详细地分析了课文"Reflections of a Chinese Mother in the West"，了解了中西方父母在对待孩子自尊、感恩，以及个人偏好方面所持的不同态度及原因。

你们大多数人说自己的妈妈不是虎妈，也许是因为中国妈妈无需像华裔妈妈一样为在异族中维持社会地位而拼命挣扎，抑或是像拓展阅读材料"No Longer a Tiger Mom: Shifts in Chinese Parenting Style"中提到的那样，父母对孩子的关注已由单一的学业转向了其他。但无论如何，我们对父母的感情依然未变，就像诗歌"The Greatest Parents On Earth"中描述的那样心存感激。

时间飞逝，10 年后，大家也将为人父母，你们会成为怎样的爸爸妈妈呢？在 TED 视频《原生家庭对一个人的影响究竟有多大？》中，演讲者强调了孩子能成长于一个富足的家庭中有多么重要。那么，你愿意通过自己现在的努力与未来的奋斗为你的孩子打造一个富足的原生家庭吗？

由此说来，我们似乎又回到了原点，"Never, ever give up, try your best to achieve success in your field!"

With hard work, determination, dedication and preparation, transcend any handicap, accomplish any feat, and achieve success to promise your children a rich family, promise your parents a comfortable old age and promise our country a prosperous future.

那么问题又回来了，这个学期你制定的目标完成了吗？

查看第一单元 QQ 作业：Set a goal for English learning, follow the suggestions in the TED video, and see what will happen at the end of this semester.

附录3 “大学英语Ⅲ”读写课程思政教学成效问卷调查

（仅呈现与课程思政教学效果相关的部分）

1. 你在大学英语Ⅲ这门课程的学习中总体收获如何？______[单选题]

选项	小计	比例
收获很大	24	24.74%
有收获	64	65.98%
收获甚微	8	8.25%
无收获	1	1.03%
不确定	0	0%
本题有效填写人次	97	

2. 在大学英语Ⅲ学期结束后，你是否养成了记笔记的习惯？______[单选题]

选项	小计	比例
我原来就有记笔记的习惯	46	47.42%
我养成了记笔记的习惯。	33	34.02%
我依然没有养成记笔记的习惯	18	18.56%
本题有效填写人次	97	

3. 在学习第一单元“Never, ever give up!”时，我们观看了介绍屠呦呦的视频，你的内心是否深受触动？______[单选题]

选项	小计	比例
这类视频看多了，没什么感觉	10	10.31%
有一些触动，但不明显	44	45.36%
内心深受触动，成功不容易。	43	44.33%
本题有效填写人次	97	

4. 通过第一单元“Never, ever give up!”的学习，你是否认同坚强的意志、坚定的决心与全心地投入是取得成功的重要因素？______[单选题]

选　项	小　计	比　例
是	89	91. 75%
不确定	6	6. 19%
否	2	2. 06%
本题有效填写人次	97	

5. 第一单元“Never, ever give up!”结束后，老师在批改网上布置了作文“The Traits of Successful People in the Medical Field”。经过这次写作，你是否希望自己未来像你作文中论述的人一样优秀？______[单选题]

选　项	小　计	比　例
是　的	59	60. 82%
没想过	12	12. 37%
想过，但觉得自己不可能成为那么优秀的人	26	26. 81%
本题有效填写人次	97	

6. 你还记得学习第一单元“Never, ever give up!”时自己制定的学期目标吗(当时提交到QQ作业了，如：有的同学当时写的是到学期末背 1 000 个单词）？你达成了吗？______[单选题]

选　项	小　计	比　例
忘了制定过学期目标了，没完成	8	8. 25%
记得，但是没有行动	5	5. 15%
记得，目标仅部分达成	67	69. 07%
记得，目标全部达成	17	17. 53%
本题有效填写人次	97	

7. 在学习第二单元“Fear”时，我们观看了武汉抗疫纪录片，你是否因此为自己选择医学专业而感到骄傲？______[单选题]

选　项	小　计	比　例
是	80	82. 47%
不确定	16	16. 49%
否	1	1. 04%
本题有效填写人次	97	

8. 在学习第二单元“Fear”时，我们观看了关于紧张的演讲。看完短片后，你在公众面前讲话的恐惧心理是否有所改变？______[单选题]

选 项	小 计	比 例
我之前并不害怕在公众面前讲话	25	25.77%
我在公众面前讲话的恐惧没有改变	24	24.74%
我在公众面前讲话的恐惧有所缓解	48	49.49%
本题有效填写人次	97	

9. 通过学习第二单元“Fear”，你是否增强了危急时刻挺身而出的勇气？______[单选题]

选 项	小 计	比 例
是，我愿意在关键时刻挺身而出	46	47.42%
不确定，看具体情况	49	50.52%
否，我依然胆小	2	2.06%
本题有效填写人次	97	

10. 近一年中，你是否有通过调整心态进而战胜恐惧的经历？（如：尽管害怕自己不能通过四级考试，但依然留下来应考）______[单选题]

选 项	小 计	比 例
有类似经历	67	69.07%
没有类似经历	24	24.74%
不确定	6	6.19%
本题有效填写人次	97	

11. 为深化对第二单元翻译主题的理解，我们观看了有关中国梦与美国梦区别的视频，你是否因此对中国梦有了更深刻的认识？______[单选题]

选 项	小 计	比 例
没太关注，依然不了解	4	4.12%
有了一定的认识，但对两者的认知还不是很到位	47	48.45%
视频加深了我对中国梦的认识	46	47.43%
本题有效填写人次	97	

12. 在第三单元第一次课，我们观看了有关奥黛丽•赫本人生历程的视频，了解了她童年的悲惨遭遇、中年的辉煌成就，以及晚年的无私奉献。你是否也想在未来用自己的善良去

帮助别人？______[单选题]

选 项	小 计	比 例
我没有受到触动，会不会帮助别人看情况	8	8.25%
内心有一定触动，有较强地帮助别人的意愿	47	48.45%
内心深受鼓舞，愿意向她学习，用自己的善行帮助别人	42	43.30%
本题有效填写人次	97	

13. 在学习了第三单元课文后，我们了解了奥黛丽•赫本人生的故事。她是优秀的母亲，出色的演员，伟大的人道主义者。你是否希望自己也能像她一样，扮演好生活中的每一个角色？______[单选题]

选 项	小 计	比 例
我不认可她的人生模式	10	10.31%
我对未来的生活模式还没有明确打算	26	26.80%
我发自内心希望能像她那样让自己的人生有意义	61	62.89%
本题有效填写人次	97	

14. 还记得学习第三单元奥黛丽•赫本时老师介绍的 UNICEF 捐赠网站吗？你之后有过捐赠或援助行为吗？（捐赠或援助不限于老师介绍的网站）______[单选题]

选 项	小 计	比 例
有捐赠或援助行为	43	44.33%
有捐赠或援助的想法，但还没有行动	40	41.24%
不想捐赠或提供援助	4	4.12%
完全忘了这回事儿了	10	10.31%
本题有效填写人次	97	

15. 在学习奥黛丽•赫本单元后，老师在批改网上布置了自传写作。经过此次自传写作，你是否对自己想要的生活有了清晰的构想？______[单选题]

选 项	小 计	比 例
是的，我对自己想要的生活有了清晰的构想	50	51.55%
不确定，还是有不太清晰的地方	42	43.30%
随便写写，我对未来依旧没有清晰的想法	5	5.15%
本题有效填写人次	97	

16. 经过自传写作，你是否有了清晰的职业规划？______[单选题]

选　项	小　计	比　例
自传写作前，我已经有了清晰的职业规划	47	48.45%
自传写作使我有了清晰的职业规划	17	17.53%
对于未来职业，我目前还有没想清楚的地方	28	28.87%
随便写写，没有认真规划	5	5.15%
本题有效填写人次	97	

17. 完成自传后，你是否已经开始为了实现你想象中的人生而努力？______[单选题]

选　项	小　计	比　例
一直在努力	37	38.14%
努力断断续续	43	44.33%
谈不上努力，走一步看一步吧	11	11.34%
写自传是作业，完成后就没再多想了	6	6.19%
本题有效填写人次	97	

18. 在学习第四单元“Traveling”时，我们观看了有关徐江军的视频，你是否被他的行为所鼓舞，也希望有一次属于自己一个人的旅行？______[单选题]

选　项	小　计	比　例
我没什么感觉，只是听了一个的故事	16	16.49%
我不喜欢独自旅行，未来也不想尝试	16	16.49%
徐江军的行为点燃了我的个人旅行梦	21	21.65%
我本来就曾有过独自旅行的想法，现在更加坚定了信念	41	42.27%
我已经有过与徐江军类似的独自旅行经历	3	3.10%
本题有效填写人次	97	

19. 在学习第四单元“Traveling”时，我们介绍了巴黎的左岸咖啡、秘鲁的马丘比丘，你是否希望去国外旅行，感受异国的风土人情？______[单选题]

选　项	小　计	比　例
我对跨国旅行仍然不感兴趣	18	18.56%
有去外国旅行的意愿	42	43.30%
未来一定要亲身够感受异国文化	37	38.14%
本题有效填写人次	97	

20. 第四单元课文“Traveling”告诉我们：旅行(距离与差异)可以解决生活中的难题并激发创造力。那么，在未来生活或工作中遇到问题时，你会通过旅行调整自己的状态吗？______[单选题]

选　项	小　计	比　例
不　会	9	9.28%
不确定	33	34.02%
会	55	56.70%
本题有效填写人次	97	

21. 在第四单元“Traveling”的尾声，大家设计了自己的旅行海报，你是否全身心地投入这次旅行的规划中？______[单选题]

选　项	小　计	比　例
设计海报是作业，我没想过真的去该地旅行	18	18.56%
虽然设计海报是作业，但我也确实想去该地旅行	63	64.95%
设计海报既是作业，也是真正的规划，我很快就到该地游玩了。	16	16.49%
本题有效填写人次	97	

22. 在学习第八单元“The Art of Parenting”时，我们了解了蔡美儿及她的《虎妈战歌》，你是否认同她的教育理念？______[单选题]

选　项	小　计	比　例
完全认同	10	10.31%
比较认同	27	27.83%
不确定	32	32.99%
比较不认同	20	20.62%
完全不认同	8	8.25%
本题有效填写人次	97	

23. 在学习第八单元“The Art of Parenting”的过程中，你是否对自己家庭的亲子相处模式有过思考？______[单选题]

选　项	小　计	比　例
是	87	89.69%
否	10	10.31%
本题有效填写人次	97	

24. 在学习第八单元"The Art of Parenting"的过程中,你有没有联想到父母对自己的付出和期许,并因此更加努力上进? ______[单选题]

选 项	小 计	比 例
我已经很努力了	15	15.46%
反思了,因此更加努力上进	68	70.10%
反思了,但没有更加努力上进	11	11.34%
没有反思,也没有更加努力上进	3	3.09%
本题有效填写人次	97	

25. 在看完原生家庭对孩子影响的视频后,你是否愿意通过努力为下一代提供更好的生活? ______[单选题]

选 项	小 计	比 例
我没考虑那么远,不是很努力	8	8.25%
我努力主要是为了自己	61	62.89%
我努力主要是为了下一代	10	10.31%
我努力主要是为了父母	18	18.56%
本题有效填写人次	97	

26. 在视听说课"Family"单元,大家制作了自己的 family tree。在制作过程中(标明职业、外貌、性格、爱好等),你会在回想家庭成员时感到温暖吗? ______[单选题]

选 项	小 计	比 例
只是完成作业,我没有情感投入	25	25.77%
完成作业的过程我感觉幸福而温暖	60	61.86%
五味杂陈,我不想提及某些家庭成员	12	12.37%
本题有效填写人次	97	

27. 教师言行 [矩阵单选题]

选 项	A. 非常赞同	B. 赞 同	C. 不确定	D. 不赞同	E. 非常不赞同
上课时衣着得体。	71(73.2%)	24(24.74%)	2(2.06%)	0(0%)	0(0%)
上课时精神饱满。	69(71.13%)	26(26.8%)	2(2.06%)	0(0%)	0(0%)
上课提前到教室。	66(68.04%)	28(28.87%)	2(2.06%)	1(1.03%)	0(0%)
热爱教学。	72(74.23%)	23(23.71%)	2(2.06%)	0(0%)	0(0%)
关心学生。	67(69.07%)	26(26.8%)	4(4.12%)	0(0%)	0(0%)

续表

选　项	A. 非常赞同	B. 赞　同	C. 不确定	D. 不赞同	E. 非常不赞同
三观正。	67(69.07%)	27(27.84%)	3(3.09%)	0(0%)	0(0%)
对学生提出的问题耐心解答。	69(71.13%)	26(26.8%)	2(2.06%)	0(0%)	0(0%)
对学生要求严格。	58(59.79%)	36(37.11%)	2(2.06%)	1(1.03%)	0(0%)
平等对待每一个学生。	66(68.04%)	27(27.84%)	2(2.06%)	2(2.06%)	0(0%)
尊重学生不同的学习习惯。	67(69.07%)	27(27.84%)	3(3.09%)	0(0%)	0(0%)

28. 麻烦你花些时间回忆并写下现在依然能记起的触动你情感，或改变你行为，或仅仅是让你印象深刻的教学内容与学习材料(阐明触动你，或改变你，或让你印象深刻的原因)写得越多越好！［填空题］

填空题详细数据

序号	提交答卷时间	答案文本
1	2023-01-28 10:44:20	——
2	2023-01-28 10:44:46	真的很不错
3	2023-01-28 11:02:47	触动我的原因主要是老师讲课时言语的力量，课本上的内容翻来覆去就是在说社会主义核心价值观，从小听到大，千篇一律。但是，由于老师她独特的讲课方式，我认认真真地听了进去
4	2023-01-28 11:03:48	我比较有印象的是视听说课里易拉罐垃圾人的视频，让我对世界环境保护产生了反思。说实话，在一系列的线上线下教学结合的各种板块中，我最喜欢的是视听说课这一板块，因为在课上播放video，总能看到让我耳目一新的事物
5	2023-01-28 11:04:49	对于第一单元中，关于成功的主题，提到一些著名人物的成功之路，我觉得对我来说还是有所触动的。通过单元写作，我查询了一些人物，了解了他们获得成功的艰难，明白了一个道理：要想获得成功，天赋是次要的，努力更重要。通过老师课上放的视频，以及思政涉及的内容，我觉得我选择了临床医学这个专业，未来还有很长的路要走，努力才是出路，优秀的人有很多，在向他们看齐的同时，超越自己，明确自己需要什么，将来的目标是什么，才能获得成功
6	2023-01-28 11:06:00	我明确了未来在医学领域取得成就需要必备的品质，并下定决心走好目前的每一步，在未来能够成为像屠呦呦、钟南山、吴孟超等一样出色的医生或科研工作者，也拥有直面恐惧的勇气，力所能及地帮助那些需要我们帮助的人。只有这样我们才能实现自身的价值，内心才会感到满足，人生才没有遗憾
7	2023-01-28 11:09:47	在了解了奥黛丽•赫本的一生后，我有了深刻的感悟。她一直在向着自己向往的方向努力，为了自身的梦想前进，实现了自身价值。我明白了有工作可以做，人生才有意义；有人可以关怀，人生才有意义；有痛苦可以受，人生才有意义
8	2023-01-28 11:11:18	我印象最深的是"虎妈鸡娃"，当时大多数人说自己的妈妈不是虎妈，但是我的妈妈是虎妈。小时候，妈妈对我非常温柔，但是自从我开始上学后，她就变得非常严厉，甚至有些刻板，不完成她计划好的内容就好像发生了什么天大的事情，她的脾气也越来越暴躁。然而，恰恰我又是个贪玩的人，并且不想被束缚，渐渐地家里变得不再有欢声笑语了，家庭氛围也越来越压抑。虽然我知道妈妈都是为了我好，但是这样却搞得所有人都不开心，现在我正在努力改变家里的氛围，尽管收效甚微，但是我能感受到变化了。如果将来我有了自己的家庭，我一定会把快乐幸福放在第一位，也许这样一切都会变得更好

续表

序号	提交答卷时间	答案文本
9	2023-01-28 11:15:04	我印象最深的是散发人道主义光芒的奥黛丽•赫本，我认为她和大部分中国的流量明星不一样，她在国际中的影响力也是独一无二的。从罗马的浪漫女郎，到庄园的贤惠母亲，无论是到战乱地区亲近孩子，还是出任联合国大使，奥黛丽•赫本一直都在用她无与伦比的人道主义魅力感染着身边的人，感染着世界上的人们。 我认为奥黛丽•赫本她或许也曾怀疑过自己，但回想自己童年的经历，她又一往无前地坚持了下来，希望更多的孩子可以感受童年的快乐，远离伤害；她或许也曾对这个世界感到失望过，但哪怕前路迷雾阻挡，后方无援，她也要做唯一的光
10	2023-01-28 11:15:12	令我印象最深的就是第一单元的课文“Never, ever give up!”，丘吉尔的一生看似无心插柳，实则是努力所致。他曾经差点被大学开除，但并没有因此而玩物丧志，如果不是扎实的科学知识与坚定的政治立场，他不会坐上英国首相的位置。成为首相后，他并没有高高在上，反而愿意去学校，为新时代的新力量们去演讲，告诉大家永远、永远、永远不要放弃。这句话也一直激励着我坚持自己的学业，并且我知道这句话还可以支持我走很远很远的路
11	2023-01-28 11:17:32	在课文“Audrey Hepburn——A True Angel In This World”中，我了解了奥黛丽•赫本的一生，在她的生命过程中她扮演了不同角色。同时，我认识到一个人的价值不是外表赋予他的，只有对世界人民做出贡献与产生积极影响才能被世人所铭记。我们还观看了奥黛丽•赫本的纪录片与访谈，阅读了她留下的 38 句话。这些话使我对人生有了更为深刻的感悟：力所能及地帮助那些需要我们帮助的人，我们才会实现自身的价值，内心才会感到满足，人生才没有遗憾
12	2023-01-28 11:21:48	无
13	2023-01-28 11:22:51	激励我更努力学习
14	2023-01-28 11:23:16	在课程的每一个单元老师不仅能让我们学到课本上的知识，还能学到一些人生的道理，对我们的生活有着很大的启发和鼓励，让我们增强自己的信心与学习的乐趣
15	2023-01-28 11:23:47	没有很深刻的想法，英语和思政的联系并没有完全建立，所以并没有很多的改变
16	2023-01-28 11:31:52	对于大学英语Ⅲ的学习，时隔将近一个寒假，我已经快记不清了。因为英语本身不是我的专业课，我学英语也不是特别困难(底子还可以)，所以并没有认真下功夫去学习。但是平时老师布置的任务还是会认真完成，有时候忘了，上课之前也会抓紧补完，因为我感觉任课老师的压迫感有点大。而且最后一次课，老师在课上读的《课程思政内容回顾》我也记不太清楚了。只记得最后我们全班都鼓掌了，我当时心里想的是终于不用再上英语课了，专业课压得我都喘不过气来了。但真正看了老师写的课程思政回顾，我发现老师还是下了很多功夫和时间的，只是在群里发的很多材料我都没有仔细看。因为一律是课下自学和自己看的内容，说实在我都懒得看。真的感觉很对不起老师的苦心。 回顾大学英语Ⅲ的学习，最令我印象深刻的是奥黛丽•赫本那篇文章，印象深刻的原因不是她做了什么事迹，而是她乐于助人的品质。我记得有一个作业，是老师发到群里的“让我们观看奥黛丽•赫本的采访，然后从中记录你最印象深刻的 3 到 4 个句子。”这是我唯一感兴趣的，且认真完成的作业，其他感觉都是应付性质的。奥黛丽•赫本很成功，也很悲惨。但她喜欢笑，喜欢带给人快乐。我也想带给其他人快乐，这或许就是我学医的原因吧！所以我下定决心，一定要好好学，不负自己的理想，也不负父母、老师的期待，更不负我自己
17	2023-01-28 11:45:07	写自传的时候，我确实认真思考了一下自己的未来，对课本上的单元反而没有什么感觉(因为如果是课本，就是规则的学习，导致思维已经僵化了)，能触动的都是老师补充的课外资料，但是有些东西比如屠呦呦和抗疫的视频，可能因为是看太多了，就算有触动，看这么多遍之后也没有触动了，建议老师以后可以多找一些有相关性但是不烂大街的补充材料，例如 TED 的演讲。写自传触动是因为我真的认真思考了一下我虚无的未来，即使它只是个作业，即使我最后写的和我原本想的一点都不一样，可能就是因为这些内容与学生的生活是息息相关的，比如说克服紧张的演讲，可能真的会有学生用演讲中的方法去面对生活，如果布置的任务没有这么空的话，其实都会在学生心里留下印记的，因为要做任务就会思考，可能最后写的是一些漂亮话，但是他肯定也是想过的。

续表

序号	提交答卷时间	答案文本
18	2023-01-28 11:46:05	我一直认为大学教育中比专业知识教育更重要的是对学生独立健全人格的培养，大学英语Ⅲ这门课的教学做到了这一点。从对于成功的定义，到一些美好的品质，以及对于人生意义的教育，大学英语Ⅲ这门课真正做到了“树蕙之百亩”
19	2023-01-28 11:47:18	我印象最深的是第一单元的主题 The Way to Success。每个人都想成功，谁也不例外，只是每个人对于成功的定义不同。通过老师上课给我们讲的一些例子，让我们看的视频，我深刻地明白了想要成功是需要付出许多努力，并且不断坚持的。也让我更加坚信学医是一条正确的路
20	2023-01-28 12:06:07	课程思政引导我明确了未来要在医学领域取得成就必备的品质，立志成为像屠呦呦、钟南山、吴孟超等一样出色的医生或科研工作者。在学期初定下的目标，我没有完成却给自己找了种种借口，让我认识到自己的错误及与别人的差距，正所谓“不积跬步，无以至千里”，改变要从即刻开始。 生活中有太多的未知和恐惧，只有具备直面未知的勇气，才能收获更多精彩。若未来我有幸成为一名医生，希望能给更多绝境中的人以希望。 愿每一个人在人生的过程中，能够积极地去帮助别人，帮助社会，帮助自己所遇到的一切，并能从中得到价值的体现，从中收获精神的愉悦。 要么读书，要么旅行，身体和灵魂，总要有一个在路上，要真的相信远方的风景，不要对“远方的风景”和“书中的真相”存疑。相信生活，相信自己，让自己的那颗心鲜活起来。 在以后的教育中，希望自己能够积极乐观地看待事情，帮助孩子实现精神以及心理上的成长，给予孩子内心的富足和安定。 感谢老师的陪伴，感谢一学期的学习，新的一年也是新的开始，希望我们都能成为更好的我们
21	2023-01-28 12:11:14	在奥黛丽•赫本那一章节，我感受到了奥黛丽•赫本虽出生于贫穷家庭，但她仍然具有顽强拼搏的意志与信念。在面对困难的时候，她不屈不挠，仍然表现出过人的骄傲与自信。于我而言，在日常生活中，我们也应该学习奥黛丽•赫本这种顽强拼搏的高尚精神，在学完这篇文章后，我就暗自下决心要努力，所以这篇文章对我的触动很大
22	2023-01-28 12:11:55	网课期间，我们观看了老师发的双语新闻纪录片《武汉抗疫纪实》，我很认真地看了好几遍，被医务人员孤注一掷、直面恐惧、无私奉献的勇气触动，也为自己坚定地选择了医学事业而自豪，我希望自己未来也可以像他们一样，成为一名白衣战士，在关键时刻挺身而出。观看纪录片期间，我也很认真地做笔记，把那些触动心灵的句子记录下来，也学到了很多新的表达方式，最后看到满满一页纸的笔记，密密麻麻，内心也感到非常满足。在写英文自传的时候，我也大胆地畅想了一下自己的未来，希望自己可以不断地学习，一步步提升自己，多年以后也能成为像吴孟超先生那样受人敬仰的医学大家。希望自己可以有一个有意义的人生
23	2023-01-28 12:12:17	在第四单元的学习中，我们了解了旅行的好处，制作了旅行海报，激发出旅行的意愿。“纸上得来终觉浅，绝知此事要躬行”，再完美的海报也不及我们的实际出发。因此，我们需要珍惜光阴，约上自己的小伙伴，出发去远方的世界看看。 当很多人一起合作完成海报时，难免会出现分歧，我们应该协商好主题或者出行路线和景点，完成详细的分工，再去进行各自的任务。如果只是简单的任务分配，主题方向不一致，可能会给后面汇总的同学带来麻烦
24	2023-01-28 12:14:17	学习英语以前只觉得是一门功课，但经过这么多次不同类型的主题学习后，我感觉到英语与我们的生活是息息相关的，每学完一章都会有不同的收获，就像学了关于原生家庭对自己的影响后，我会反思自己的家庭，也会在想如果自己有了一个家庭，自己应该是一个什么样的角色，为此我又应该做什么。总的来说，英语不仅是我们需要学习的一门语言，也是会带给我们学会思考，学习改变的一种方法
25	2023-01-28 12:15:16	我认为大学英语这门课对我的帮助很大，因为我本身就对英语学习很感兴趣，大学英语进一步激发了我对英语的热爱

续表

序号	提交答卷时间	答案文本
26	2023-01-28 12:16:04	经过老师一个学期的教导，我的英语学习充实，并且收获满满。第一单元教我们什么是成功、如何成功，还有许多名人事例，让我们见贤思齐、向榜样学习。第二单元中，主人公即使非常害怕水，但他依然下水救人。告诉我们战胜恐惧最好的方法就是面对恐惧。人人都会遇到恐惧，但只有勇敢的人才能够战胜恐惧。第三单元中，国际巨星奥黛丽•赫本一生演过无数的好角色，可是荧幕外她还是个热衷于帮助孩子的天使。她愿意帮助别人，不想让他人也身陷痛苦。第四单元中，人们计划一场说走就走的旅行，希望我们都能在世俗的忙碌中，找到人生的意义。第八单元中，是一篇小小的育儿记，无论我们是作为儿女还是作为父母，这篇文章都会给我们启示。总之，大学英语Ⅲ这门课教给我们的不仅仅是英语知识，还有这些值得细细品味的人生哲理
27	2023-01-28 12:16:45	让我领悟到很深刻的道理
28	2023-01-28 12:22:32	通过学习，明白了许多道理让人非常触动
29	2023-01-28 12:22:37	我不记得了
30	2023-01-28 12:22:56	不太清楚了
31	2023-01-28 12:24:58	“Never, ever give up!”让我体会到：自己坚定的决心不要被忙碌，琐碎的生活消磨殆尽。“Beat your Fear”让我明白人需要拥有直面恐惧的勇气，并拥有绝境中给他人生的希望的力量与能力。“Life Stories”让我体会到失去的东西经历的悲伤，最终会唤起我们现场心底的善良与悲鸣，使他人免受自己曾经之苦。“Let's Go”让我体会到生活果真不是只有眼前的苟且，还有不太远的远方。
32	2023-01-28 12:27:12	印象最深的是老师上课很认真，精神饱满。我们宿舍每次都很认真地完成课前预习工作和课后复习，不过如果赶上其他课有作业，我们来不及做，会熬夜，第二天会犯困。奥黛丽•赫本那篇文章让我记忆深刻，她本来是一个困难的人，最后凭借自己的努力成为一个明星，最后又成为一个慈善家，让我感受颇多
33	2023-01-28 12:31:07	我们观看了双语新闻纪录片《武汉抗疫纪实》，医护人员当时的境遇很危险，但他们孤注一掷、直面恐惧的勇气令我佩服。我更加坚定了我选择医学的信念，并对未来的 5 ～ 10 年将成为他们中的一员而感到骄傲。希望我将来也拥有直面恐惧的勇气，并拥有绝境中给他人生的希望的力量与能力
34	2023-01-28 13:54:03	印象最深刻的是老师一直对我们温柔鼓励的态度，本以为犯错后会受到很严格的批评，没想到等来的却是亲切的鼓励。有时候温柔的“原谅”比批评更能打动人心，让人愧疚
35	2023-01-28 14:41:52	学习第一单元时看到屠呦呦的纪录片，当看到她抛家舍业地做研究时，她沉浸和认真的态度感染了我。 学习第二单元时，我想到了自己过去曾经极度害怕学习数理化，高考时一度失眠，但到后来想想，有些东西无法避免，尽管十分恐惧，但仍要去面对。 在第三单元中，奥黛丽•赫本的人生经历是丰富多彩的，课前的纪录片里展现了她悲惨的童年，尽管拥有悲惨的童年，但她始终热爱生活。 第四单元的视频引起我的思考，我不羡慕能有条件自己旅行，但我敬佩视频里的男孩已经可以自己思考规划自己的人生了，他可以自己规划自己的旅行，也可以自己规划自己的职业以及未来，但相比之下，我还做不到自己对未来有清晰的认识。视听说课的作业，同学们模拟酒店前台和游客的对话，也令我印象深刻，挺好玩的。 第五单元是让我印象最深刻的一个单元，老师在课上朗读了胡适的诗，那首诗让我印象深刻，“我不会以爱的名义去掌控你的人生，是你让我生命完整，我并不是你的前传，你也不是我的续篇。”看今年春晚的时候，有一首歌叫《是妈妈是女儿》，就让我回想起了这首诗。那个单元也提到了虎妈战歌。我觉得两种教育方式都没有错，出发点都是为了孩子。学完那个单元后，我对教育自己的孩子有了自己的认识，那就是陪伴孩子成长，引导孩子前进，给予孩子指导建议，但不替孩子做人生的选择题

续表

序号	提交答卷时间	答案文本
36	2023-01-28 15:44:48	在第一单元主题 The Way to Success 中，老师为我们播放了有关屠呦呦的视频，并谈论了武汉抗疫纪录片，使我完全回想起了高中对临床医学的向往，明确感觉到如果能用自己的知识帮助他人，那确实很快乐，也有医生劝我说学医很累，但是高考报志愿我还是坚持了自己热爱的事情，也不能算是因为高中看纪录片一时兴起吧，就是想学临床。这两次的回忆，又一次激励我能够在这条路上坚持走下去，即使再苦再累。谢谢老师
37	2023-01-28 15:52:20	是
38	2023-01-28 15:54:01	第一单元课文“Never, ever give up!”，以丘吉尔的案例，来告诉我们永远不要放弃。第二单元作者以自己克服恐惧的亲身经历告诉我们不要畏惧恐怖，要勇敢地面对恐惧，只有直面恐惧才能克服恐惧。第三单元，奥黛丽•赫本小时候特别不幸，在长大自己有了能力之后，便尽自己的所能去帮助那些需要帮助的人，直到生命的尽头
39	2023-01-28 16:15:39	由于时间已经过去一学期了，我的记忆是模糊的。已经记不清是在哪一章节，我在课堂老师的讲解之下就暗暗下定决心，想要努力学习，想要努力工作，为自己的下一代创造更好的成长环境，让自己的下一代有更多的机会
40	2023-01-28 16:40:39	医学生肩负着属于自己的责任，非至善者不为医，像疫情这样的事件，对我们广大医学生来说，相当于有了更高的要求，所以我愿意努力去实现自我提高，来为医疗事业做出贡献
41	2023-01-28 16:58:18	首先，令我印象深刻的是在学习奥黛丽•赫本这一章时，除了学习了课本的单词、语法之外，老师还给我们讲了很多拓展故事，包括奥黛丽•赫本的人生经历，在经历很多事情后不同阶段的性格变化，以及她迟暮之年的奉献，与其说是听她的故事，倒不如说是和她携手一同经历，她的身份有演员、明星、妻子、母亲……或许她也只是一个普通人。有志不在年高，无志空活百岁，奥黛丽•赫本有个不堪回首的童年，但她一直心向阳光，努力向光而行，追随光并成为光，这或许才是人生的意义，找到自己有价值的人生需求，才能活出属于自己的人生价值。伴随着年龄的增长，心智的不断成熟，一山更比一山高，山顶可能会变，但方向不会，永无止境地探索和追求只会促使我们成就更好的自己。其次还有对“虎妈”一章的学习时，我会不由自主地想起我的妈妈，她没有见过上海东方明珠，没有去过西安大唐不夜城，所以她希望我有能力、有机会见到，所以才会有在我看来无法理解的呵斥和督促。学习“虎妈”一章时，我记得老师给我们放过一个有关原生家庭的视频，努力变好是为了自己，为了父母，也是为了自己的后代吧，至少我不希望我的孩子想去看海，想去学琴，想去旅游时，我只能慌乱且无力地说“不”。当然这些看法，只能是于我而言。通过大学英语Ⅲ这门课的学习，我学习到了很多超脱课本文字的知识，获得了不止局限于知识的增长，还有思想的提升，对人生道路有了进一步的认知。最后总结的话，老师严谨的教学态度、独特的教学方式、开放包容的教学理念让我收获很多。在大学阶段的求学路上，能遇到此如明灯一般的老师，学生感到很幸运
42	2023-01-28 17:13:50	我认为老师您在课上所讲的那些思政时事，社会时事，是想让我去多了解英语，多学习英语的根源，也正因为这些东西，我才知道，英语不仅仅是一门语言，它更像是阶梯，帮助我们不断地进步，不断地开拓自己的视野
43	2023-01-28 17:22:16	在第一单元主题 The Way to Success 中，通过学习课文“Never, ever give up!”，我深刻认识到放弃很简单，但坚持一定很难，但同时，坚持下来才能获得所想要和追求的未来，这使我在学医的道路中，饱受挫折的过程中更加坚定地向前走；在第二单元的学习中，我认为战胜恐惧比一直往前走要更加困难，战胜心理上的恐惧要比现实中战胜任何困难都更加厉害；在第三单元中，让我印象深刻的是奥黛丽•赫本，因为我很早之前就知道她是一个怎样出色和美丽的演员，但我却从未去深究过她的人生经历。从第三单元的学习中，我深刻地体会到，任何一个人的成功都不是一蹴而就的，那些值得被记住的人都有属于他们自己的过人之处，人物传记的意义不仅仅在于让人们去了解他们的人生经历，更重要的是人们可以从他们的经历中学习到什么。很幸运的是，我从奥黛丽•赫本身上学到了很多，有勇敢，有慈悲之心，有坚韧，我相信，这些我从她身上学到的东西，以后，一定会成为我努力与坚持的东西；而第四单元和第八单元中，我学到更多的是旅行的放松和在教育上不同国家、不同地域的差别。在大学英语课程中，所学习的当然不止这些，在这里我就不一一列举了，但是，我相信这门课所带给我的感动、触动、改动都会是我在大学期间乃至整个人生中所记住并践行的东西

续表

序号	提交答卷时间	答案文本
44	2023-01-28 18:05:25	真的不好意思,对那些内容完全没有印象
45	2023-01-28 18:08:30	随着四级逐渐来临,我们和老师们同时提高了警惕,将平时的慵懒变成了对英语的高度重视。开启了高三模式,开始了英语刷题
46	2023-01-28 18:40:42	学到了很多思政内容
47	2023-01-28 19:01:39	我印象最深刻就是关于旅行那一单元的内容。我本来不是很喜欢出去旅游,但是在学习了这一单元后,我发现了旅行的魅力,一个人一直待在一个地方,时间长了难免会感觉厌烦,如果此时能够出去走走,来一场说走就走的旅行,不仅可以缓解心中的郁闷和压力,还可以领略到不同的风景。尤其是在完成旅游海报的过程中我突然发现原来就在我家的附近就有许多值得去的地方,并且对旅行进行合理的安排还可以使自己的旅行充实而富有意义
48	2023-01-28 20:28:34	我们非常详细地分析了课文"Audrey Hepburn——Atrueangelinthis World",了解了奥黛丽•赫本的一生,她在自己的生命中扮演了不同角色。同时,我们认识到一个人的价值不是外表赋予他的,是要对世界和人民做出贡献与产生积极影响才能被世人所铭记。 我们观看了奥黛丽•赫本的纪录片与访谈,阅读了她留下的38句话。这些点燃了我的心灵,使我对人生有了更为深刻的感悟:力所能及地帮助那些需要我们帮助的人,我们才会实现自身的价值,内心才会感到满足,人生才没有遗憾!失去的东西、经历的悲伤最终会唤起我们潜藏心底的善良与悲悯,使我们愿意去帮助他人,使他人免受自己曾经之苦
49	2023-01-28 20:29:41	无
50	2023-01-28 20:29:42	很棒
51	2023-01-28 20:29:48	很好
52	2023-01-28 20:31:18	非常好
53	2023-01-28 20:32:58	记不起来
54	2023-01-28 20:34:39	我在学习英语课程的过程中感受到了思政的内容。我印象很深的是"Never, ever give up!"这篇文章的学习,让我知道了在成功的道路上,最不能缺少的就是不放弃的精神,在英语学习的过程中能有一种精神通过英语这门语言深深地烙印在我的心里,让我感受到成功的秘诀。 同时奥黛丽•赫本在悲苦的童年生活中一路走来,还能回馈于社会,奉献于他人,使我懂得了奉献的真谛
55	2023-01-28 20:35:00	老师在课堂上时常会对我们进行思政教育,尤其是期末之际,老师感人肺腑的发言让我们知道了现在学习的目的是什么,让我们懂得了学无止境,长期保持对于学习的热爱,才能更好地在社会上发挥作用
56	2023-01-28 20:36:15	通过这一段时间的英语课堂的学习,尤其是关于主题Fear那一堂课还有屠呦呦那一堂课的学习,让我对于自己未来人生规划和价值有了更明确的定位,而且就是这一段时间的英语学习让我了解到了学习英语不止可以提升英语成绩,更可以参悟人生道理
57	2023-01-28 20:37:39	看武汉抗疫的相关视频能让我想到高考前的激情,那时候对想要从事医学工作的执着。在大二期间或多或少有些对学业的松弛,热情的减退,看了这些视频让我重新有了动力

续表

序号	提交答卷时间	答案文本
58	2023-01-28 20:39:28	关于旅行，我蛮希望能在本科毕业后或者是考研上岸后通过旅游给自己一个 gap year，一直以来的考试都像是一个既定任务，是必须去做必须去努力的事情。关于未来人生的第一个思考是报考大学选专业的时候，随之而来的又是几年的努力学习和考试。我们一直在学习，却突然间又长大成人。毕业后又要投身工作，为生活奔波劳碌，但是我们真正想要的到底是什么？即使是不停地努力，又是为了什么样的生活？我觉得这一系列对于未来的思考或许在旅游中见识到不一样的世界、接触到不一样的人之后会更加清晰
59	2023-01-28 20:41:09	通过做游戏实现捐赠的平台刷新了我对于援助的认知，原来对别人援助的方式有这么多，不仅限于捐赠自己的钱财，重要的是有一颗援助他人的心，在空闲时动动手指点点屏幕，做几个游戏，也能实现对他人的援助
60	2023-01-28 20:41:40	在奥黛丽•赫本那一篇课文当中，感受到了奥黛丽•赫本命运的坎坷，但同时也能深刻感受到她顽强的生命力，对于生活的热爱，以及从未消失的爱心。她自身经历丰富，经历了风吹雨打，但仍然能热爱生活，以爱拥抱磨难，这是值得我们学习的一点。美丽只是她微不足道的一点。而在这个单元中写的这篇作文也让我对未来有了更清晰的规划，更清楚的目标，所以印象深刻
61	2023-01-28 20:42:13	在学习大学英语期间，我发自内心地认为我遇到了大学中最好的老师，她认真负责，对每一位学生尽心尽力，在最后一节课听了那份近 2 000 字的回顾后，我很震撼，从一开始的主题 The Way to Success 到最后的 The Art of Parenting，我都感受到了在大学英语课程中融入了课程思政的内容，感受到了老师的良苦用心。在这么长时间的相处之下，我的英语能力得到了提升，在老师那里也学到了很多学习英语的小技巧，特别是一开始的那个单元，更加坚定了我不放弃的决心与信心，让我在未来的道路上更加坚定
62	2023-01-28 20:46:26	我对课本教材第一单元内容以及老师的讲解印象很深刻。在第一单元主题 The Way to Success 中老师带领我们认真分析了课文“Never, ever give up!”，了解到 Churchill、Einstein、Edison、Sandra Day 等人曲折的成功之路，并认识到他们取得成功的密钥。 同时，我们一起阅读了英文诗“What is success?”与海明威的散文“On Achieving Success”，观看了英语视频 8 *Secrets of Success*，定义成功的同时，进一步拓展通往成功的要素。 我们还观看了 BBC 英语纪录短片《20 世纪最伟大的科学家之一——屠呦呦》，这让我有见贤思齐的想法，未来也希望自己成为像屠呦呦、钟南山、吴孟超等一样出色的医生或科研工作者。 远大的理想是无数个小目标促成的。每个成功的伟人背后，也经历了无数次的跌倒和失败。但我们始终不能放弃，也不能否定自己，通向成功的路不止一条，我希望我们都可以通过此次英语教材和课后老师引领的拓展延伸坚定自己的选择，无论过程怎样坚信，相信信念的力量，未来可期
63	2023-01-28 20:47:15	1. 我觉得最触动的内容，应该就是在制作家庭树的时候吧，大家都背井离乡，出门在外最想念的就是家吧，有家人在的地方就是家，所以制作家庭树让我感觉到很温馨。 2. 改变我的地方也有吧，最大的改变就是习惯了去使用 FIF 口语这个平台去练习口语。 3. 老师上课激情四射，使得课堂效率很高
64	2023-01-28 20:52:01	印象深刻：奥黛丽•赫本纪录片，奥黛丽•赫本充分发挥了自己的价值，为世界人民做出贡献，还有看她的影片和阅读她的名言，也使我感到她的伟大，也想有充满意义的生活
65	2023-01-28 21:21:24	听力
66	2023-01-28 21:21:58	生活中充满了各种挑战，在学习勇气这一单元的时候我内心受到了很深的触动，我尝试挑战过困难，虽然失败了，但我想以后仍会这么做
67	2023-01-28 21:22:39	感觉思政内容是很有意义的，因为学习不仅仅是学习到知识，更重要的是完善人格、提高个人素质，培养才干
68	2023-01-28 21:42:15	对不起，老师，我对思政不感兴趣

续表

序号	提交答卷时间	答案文本
69	2023-01-28 21:48:16	使我印象最深的是第二单元课文“Beat Your Fear”，主人公克服了自己的梦魇拯救了别人，对于我有很大的教育意义。学医之前，我对标本总是会莫名的恐惧，学习了这一单元后，我可以直面这些标本，而陈老师好像永远在鼓励我“Face your fear”
70	2023-01-28 21:48:28	人生需要努力
71	2023-01-28 21:56:58	无
72	2023-01-28 22:01:16	无
73	2023-01-28 22:14:56	我印象最深的就是奥黛丽·赫本的纪录片与访谈。在深入了解她之前，我对她的印象只是一个美丽的名媛。但在她的生活中她只有这一个角色，她更伟大的是一名光荣的人道主义者。她的一生都在诠释 kindness（良善）。她将自己的人生安排得很充实，很有价值。我也想要成为一名有价值的人，但是总会有少年的懒惰和对未来的迷茫。我很怀念高中时期的自己，热烈向上，努力拼搏。大学的松弛感让我几乎丧失了学习的动力，奥黛丽·赫本的人生让我心生向往。因为我向往自由，所以今后我要时刻保持清醒
74	2023-01-28 23:07:54	其实相比于课本上学到的思政内容，让我感触更深的是，我能看见老师对我们无微不至的照顾和关怀。我感觉老师为我们做出的努力不一定是我们完全能看到的，但是，确实有一些能击中我的心灵，并且影响到我，比如说，大一的时候，老师下课后与学生们聊天，拉进了师生之间的距离，让我更愿意和老师进行交流，并且喜欢学习这门课；再比如说，课堂上的积分以及一些小礼品，可以加强我学习的动力，让我开始主动动脑思考，就改变很大
75	2023-01-29 0:36:56	无
76	2023-01-29 7:03:21	无
77	2023-01-29 8:01:58	在第一单元课文“Never, ever give up!”的学习结束之后，通过完成个人的自传，加上对武汉抗疫精神的回顾，我认为我个人完成的自传，其实只是对未来的一个憧憬，但是却包含着我最开始进入医学专业所有的初心。 给我留下深刻印象的是，中国大学慕课上的视频，和老师课外给的视频，视频内容均是中英文双语的，在学习英语的同时，我也从另外一个角度，来观察这次抗疫
78	2023-01-29 8:27:45	老师非常认真负责。 非常喜欢旅游那一章做的海报，虽然是熬夜做的，宿舍四个人一直做到凌晨两点，但是很有成就感，仿佛真的去旅游了一样，最后的结果也不错，加了 5 分，希望以后课程可以像这个环节一样，有趣味性且实用
79	2023-01-29 9:53:24	我感受到了老师花费的心思，还记得一些思政内容
80	2023-01-29 10:05:23	感受最深的是一起向未来。上大学后容易迷失自己，目标不坚定，学习完后，我从这些故事中获取了更深刻的经验和方向，坚定了自己内心的信念
81	2023-01-29 10:15:21	1
82	2023-01-29 11:35:29	奥黛丽·赫本很优秀，有主见，有自己想要的生活，也过上了自己想要的生活

续表

序号	提交答卷时间	答案文本
83	2023-01-29 12:06:28	不错
84	2023-01-29 12:11:36	老师做的《课程思政内容回顾》给我的印象挺深的，特别是在最后一节课，大家都拿着《大学英语Ⅲ》的课本，坐在台下，听着回顾，老师将本学期所学的内容再次串联了起来。随着《课程思政内容回顾》的进行，当时的一个个视频资料结合着课堂所讲内容知识又在脑海里浮现一通，同时也因为进行了回顾的原因，对那些视频和课文所表达的情感，有了更深一步的理解
85	2023-01-29 12:23:06	没
86	2023-01-29 12:24:54	挺好的
87	2023-01-29 12:26:32	上课老师的总结很有新意，可以看出是用心在教学
88	2023-01-29 12:26:53	具体的内容并未有清晰的记忆，但确实对我的假期生活有所影响。我个人认为比起记忆内容，潜移默化的影响与带头的榜样更为重要
89	2023-01-29 12:28:15	关于奥黛丽•赫本的那篇文章，老师补充了一个关于奥黛丽•赫本生前经历的短片，让我印象很深刻。让我体会到了奥黛丽•赫本脆弱而精彩的人生，她的努力坚持，善良正义，塑造了她的美好形象
90	2023-01-29 12:29:10	屠呦呦； 武汉抗疫纪实； 中西方父母对待孩子的不同态度
91	2023-01-29 12:29:32	无
92	2023-01-29 12:53:17	在学习旅游这一单元的时候，舍友们搜集各方面的资料制作海报，这种一边浏览当地文化风貌，一边和舍友分工合作，让我感觉很愉悦，这种愉悦会让我觉得作业不是负担而是享受
93	2023-01-29 14:14:53	老师对每节课的充分准备都让我震撼
94	2023-01-29 15:53:43	对不起，记不清了
95	2023-01-29 16:35:50	令我印象最深刻的是 book 3 第一单元学习了爱迪生、丘吉尔等人的介绍，尤其是他们的幼年的经历，让我更加明白了每一份成功背后都藏着不同的付出与努力，没有白来的成功，没有等来的辉煌。在看了屠呦呦的纪录片后，更明白了医学之路任重而道远，每一种药品的研发背后是无数医学研究者日日夜夜、呕心沥血的付出，也激励我要在医学之路上勇敢向前，立志以自己的付出为更多的人减缓病痛，惟愿世间再无病痛。 另一个我印象深刻的是 book 3 第八单元，关于教育子女的方式，西方父母和中国父母有不同的观念和方法，但无论是对个人自尊的尊重，学业有成的期盼，还是兴趣爱好的培养，父母都用自己无私的付出去培养我们成为更好的自己。 英语课文的学习，英语课堂的讲授不仅仅是学习英语知识，更为重要的是开阔眼界，让我了解了中国以外的世界，丰富了见识，完善了自我
96	2023-01-29 16:48:19	几乎一点也不记得了
97	2023-01-29 17:23:09	上课所看到的视频与网站

附录 4　滨州医学院在线教学优秀案例经验交流

——思政教育与外语教学的融合

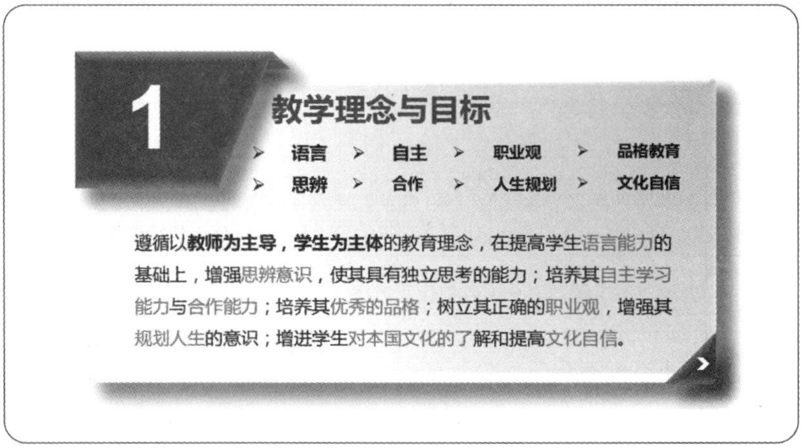

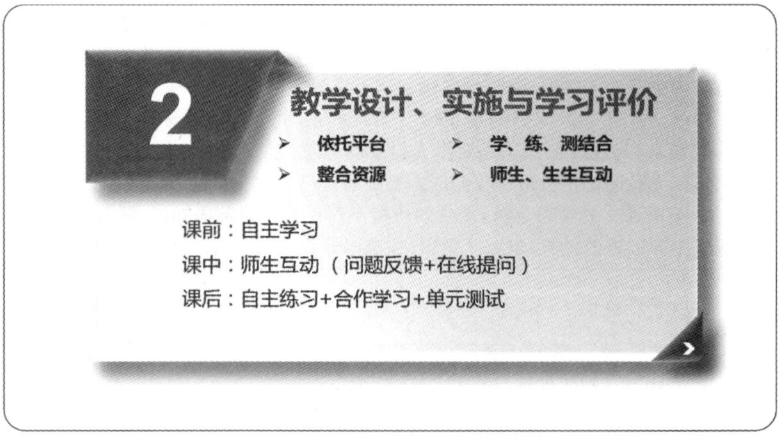

教学设计与实施

课前

线上自学
培养自主学习能力
提高语言能力

课中

授之以渔
培养自主学习能力

课后

独立写作
提升语言运用能力
培养思辨能力
项目式学习
提升语言运用能力
培养思辨能力
培养合作能力

教学安排

第一周	读写课：Unit 1 The way to success + 新冠病毒相关的PPT（QQ作业） 学生线上学习内容 1）U校园 Unit 1 (录屏反馈) Preview; Section A 1-2; Section A 1-3：Words in use & Expressions in use 2）中国高校外语慕课：新视野大学英语教程III (U校园投票检测) Unit 1 success（I）; Unit 2 success（II）2.1 & 2.2 3）FIF口语：课文录音 4）灯塔阅读：3 篇 (录屏反馈) 听力课：教材第一单元（材料教师发QQ群） 腾讯在线文档收集问题：录屏或直播平台答疑（学生选择）

课中：师生互动（问题反馈+在线提问）

1. 在线收集到的学生所提的问题
2. U校园上面学生错误率高的练习
3. 重点难点（汉英翻译、写作）

在线直播提问
录屏内容、录屏延伸的内容

UMOOCs
教材配套的慕课
背景知识；词汇、短语、句型；文章结构；写作方法；阅读技巧；单元测试
投票

课后：自主练习+合作学习+单元测试

批改网
写作训练
系统自动评分、反馈
教师反馈

小组项目式学习
组员内部讨论群，实现生生互动
教师反馈

UMOOCs
教材配套测试题
教师自建试题库

3 课程思政与外语教学的融合

- 职业观
- 品格教育
- 人生规划
- 文化自信

结合各单元的主题，通过调查与深度思考，以独立写作、项目式学习（合作写作与创意作品）的形式使学生在应用所学的语言知识、写作技巧的同时，意识到品格对于一个人成长的重要性，并树立正确的职业观、做好人生规划、增强文化自信。

单元主题

1. The way to success
坚韧；坚强；坚持；有准备——职业观
2. Beat your fear
信念、信心——品格教育
3. Life stories
仁爱、坚持、付出——人生规划
4. Let's go
旅行——文化自信
5. War and peace
热爱和平——职业信仰

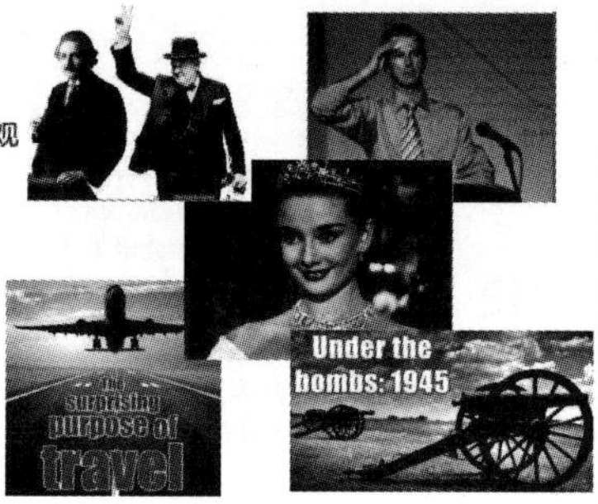

1 The way to success
坚韧；坚强；坚持；有准备——品格教育/职业观

项目式学习：

Reporting on the traits of successful people in the medical field

写作方法：

Develop an example essay

品德教育：实事求是；爱国主义精神；坚韧；爱岗敬业；奉献精神等

职业观：医生是英雄、医生是令人敬佩的职业

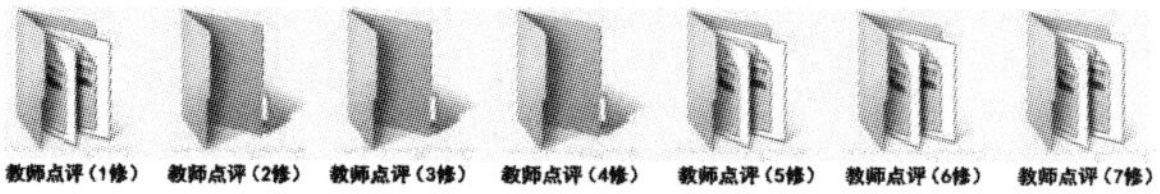

2 Beat your fear
信念、信心——品格教育

独立写作：

An embarrassing experience

写作任务与方法：

Develop a narrative essay

(exposition, rising action, climax, falling action, resolution)

品德教育：坚定的信念、自信、专注

3 Life stories

仁爱、坚持、奉献——人生规划

独立写作：Autobiography

写作任务：Further develop a narrative essay

背景设定：我今年已经80岁了，想写篇自传来回忆自己……的一生

（注意时态的使用）

自传内容：写实（过去与现在）+ 虚构（未来）

写作方法：chronological sequence（时间顺序）

人生规划：医生、律师…

品格教育/职业观：仁爱、奉献

人生态度：努力 & 享受生活

4 Let's go

旅行——文化自信

项目式学习：

Planning a three-day trip

创意作品

海报；视频；汇报（PPT）等等

生活规划

社会责任感

文化自信：爱祖国、爱家乡

好客山东

Travel Shandong

5 War and peace

热爱和平——职业信仰

该片主要讲述了**二战**上等兵 **军医**戴斯蒙德·道斯拒绝携带武器上战场，并在冲绳战役中赤手空拳救下75位战友的传奇故事。

职业信仰：一个人信仰的集中体现,它使一个人的信仰与自己的职业联系在一起。

项目式学习

Film review　中国人的信仰是什么？医学生的信仰对自己未来的职业有怎样的影响？

使学生意识到无论和平年代抑或是战争年代**医生**都应该是**一个光辉的职业**！

职业观

医生是仁爱、有奉献精神的人

医生是英雄

医生是令人敬佩的职业

医生光辉的职业

品格教育

实事求是；爱岗敬业；奉献精神；

社会责任感；爱国主义精神；

坚韧、坚定的信念、自信、有信仰

人生规划

生活憧憬与职业选择

人生态度

规划生活；努力；享受生活

文化自信

爱祖国、爱家乡

附录 5　大学英语读写课程思政成果

——中国科技核心期刊论文

宋佳恬，张继桨，刘新如，等．学生视域下的医学院校大学英语课程思政教学资源库建设研究[J]．中华医学教育探索杂志，2023,22(7):991-995. DOI: 10.3760/cma.j.cn116021-20210501-01339.

学生视域下的医学院校大学英语课程思政教学资源库建设研究

宋佳恬　张继桨　刘新如　冯博文　王丽娇　陈晓锐

滨州医学院第二临床医学院，烟台　264003；滨州医学院第一临床医学院，烟台　264003；滨州医学院外国语与国际交流学院大学外语教学部，烟台　264003

通信作者：陈晓锐，Email：cxr2330@163.com

【摘要】 目的　探索医学生团队对大学英语思政教学资源的发掘与整合，并建设医学院校大学英语课程思政教学资源库，为医学生英语教学与思政教育的融合提供可行性经验。**方法**　对某医学院校 1 030 名学生进行问卷调查，并采用 SPSSAU 统计软件对调查结果进行分析，了解学生对英语教学与思政教育融合的态度与需求、大学英语思政教学资源库的建设方式，以及资源的呈现方式和类型。基于问卷结果、教材主题、教学模块与学生专业，采用内容分析与归类法，建设符合医学生期望的大学英语思政教学资源库。数据均以占比百分率的形式呈现。**结果**　① 836 名学生认为大学英语有必要与思政教育融合，希望通过与日常生活（731 人）、医学知识（664 人）、社会实践（622 人）、新闻时事（604 人）等相关的视频、音频建设思政资源库，并以“教师讲授 + 课堂讨论”（528 人）的形式引导学生学习上述资源。②根据教材主题匹配问卷结果中的思政融入点，根据单元模块内容进一步细化思政融入点为普适性与医学专属思政教学元素两类，最终建成了医学院校大学英语思政教学资源库。**结论**　好的课程与资源是师生共研共建的。

【关键词】 学生视域；医学院校；大学英语；课程思政；教学资源库建设

【中图分类号】R-05

基金项目：2020 年山东省本科教学改革研究面上项目（M2020294）；2020 年度全国高校外语教学科研项目（2021007）；2020 年山东省高等学校课程思政教学改革研究项目（SZ2021028）；滨州医学院 2020 年度大学生创新训练项目（202010440198）

Research on the construction of ideological-political teaching resource database for College English course from the perspective of medical students

Song Jiatian, Zhang Jijiang, Liu Xinru, Feng Bowen, Wang Lijiao, Chen Xiaorui

The 2nd Medical College, Binzhou Medical University, Yantai 264003, *China*; *The 1st Medical College, Binzhou Medical University, Yantai* 264003, *China*; *Foreign Languages Teaching Department, School of International Studies, Binzhou Medical University, Yantai* 264003, *China*

Corresponding author: *Chen Xiaorui*, *Email*: cxr2330@163.com

【**Abstract**】**Objective** To probe the exploration and integration of ideological-political teaching resources for College English by medical students' teams, and to build a teaching resource database of College English ideological-political teaching in a medical university, so as to provide feasible experience for the integration of Medical students' College English and ideological and political education. **Methods** A survey was conducted among 1030 students in a medical university，and SPSSAU statistical software was employed to analyze the data to learn the attitudes and demands of students towards the integration of English teaching and ideological and political education, the construction methods of College English ideological and political teaching resource database, and the presentation methods and types of resources; Based on the questionnaire results, textbook themes, teaching modules and students' majors, the content analysis and classification method were employ to construct a College English ideological and political teaching resource database that meets the expectations of medical students. **Results** ① 836 students agreed with the necessity to integrate College English with ideological and political education, hoping to build an ideological and political resource database with videos and audios related to daily life（*n*=731）, medical knowledge（*n*=664）, social practice（*n*=622）, news and current affairs（*n*=604）, etc., employed under the guidance of "instruction + classroom discussion"（*n*=528）. ② The ideological and political integration points in the questionnaire results were matched according to the subjects of the textbook，and further divided into two categories：universal and medically specific ideological and political teaching elements according to the content of the unit modules. Finally, the resource database of College English ideological and political teaching in a medical university was built. Conclusions Outstanding courses and resources are jointly explored and built by teachers and students.

【**Key words**】Student perspective; Medical university; College English; Ideological and political education; Teaching resource database construction

Fund program: Undergraduate Teaching Reform Research Project of Shandong Province（M2020294）; National Foreign Language Teaching and Research Program（2021007）; Research Project of Ideological and Political Teaching Reform in Higher Education Courses of Shandong Province（SZ2021028）;College Students Innovation Training Program of Binzhou Medical University（202010440198）

课程思政是高校落实"立德树人"根本任务的战略举措。大学英语教学应融入学校课程思政教学体系，使之在高等学校落实立德树人根本任务中发挥重要作用。大学英语课程可通过从单一的人文教育转向与科学教育并举，从文化素质培养转向沟通能力和批判性思辨培养的方式，为与思政教育融合提供可行性支持。然而，某些外语教材各单元教学环节的设计离散性比较突出，没有形成以育人目标为内在逻辑的有机整体，难以将语言知识传授、语言能力培养与价值塑造结合在一起。因此，应全面推进外语课程思政建设，使之成为高校外语课程发挥其重要作用的教学改革创新点与着力点。

增加思政教育内容，将其巧妙地融入大学英语课程之中，与课程各环节自然融合、内在联通、一体发展，进而达到润物细无声的目的。但目前，教师在授课中没有充分考虑到学生的需求和真实感受，使得教学内容的呈现方式不能引发学生的共鸣，进而暴露出为了思政而思政的缺陷。为实现思政育人效果最大化，应从学习者的需求和体验出发。因此，从医学生视角出发（即医学生提出自己感兴趣的、与专业密切相关的教学需求），对教师转变大学英语课程思政的教学模式、创造良好的教学环境，以及最终达成“立德树人”的根本任务有着重要意义。

（一）对象与方法

1. 研究对象

研究对象由两部分构成。第一阶段研究对象为某医学院校的 1 030 名学生；第二阶段研究对象为新视野大学英语（第三版）读写教程Ⅱ、Ⅲ、Ⅳ（该校临床等大多数专业的英语教学从读写教程Ⅱ开始）。

2. 研究方法

本研究的第一阶段采用问卷调查法。根据项目指导教师提出的研究目的，由医学生组成的研究团队设计调查问卷。通过学生视角编制的问卷，了解目前该校思政融入大学英语教学的情况，医学生对思政融入大学英语教学的看法，以及医学生对思政融入大学英语教学建议等，从而使教师根据学生的需要与建议更有针对性地提出思政融入大学英语教学的策略，确定大学英语资源库内容、建设方式，以及资源呈现的方式和类型。

本研究的第二阶段采用内容分析法与归类法。根据第一阶段问卷调查的结果，使学生在教师现有思政资源库的基础上进行取舍与添加。学生建设大学英语思政资源库的原则是基于问卷结果，基于教材主题（内容分析法），基于教学模块（归类法），兼顾学生专业（归类法）的。

3. 统计学分析、内容与归类分析

采用 SPSSAU 统计软件对问卷数据进行分析，通过描述性统计分析学生视角下该校大学英语课程思政融入程度、大学英语课程思政融入的必要性与对学习助力的可能性、大学英语课程思政融入点、资源库建设方式、资源呈现方式和类型，以及学生对大学英语课程的期待。以上分析结果均以百分率的形式呈现。

内容分析根据思政融入点匹配单元主题，多点融入思政内容以丰富、拓展单元主题内容。归类分析指根据教学 4 大模块（导入、课文讲解、翻译、项目式学习）匹配思政融入资源。同时，归类分析还包括根据普适性与医学生专属两种分类匹配思政教学元素。

（二）结果

1. 学生视域下医学院校大学英语课程与思政教育融合的态度调查

该校共 1 030 名学生参与问卷调查。正在学习大学英语课程的大一、大二学生占总调查人数的 92.62%（954/1 030）。问卷中涉及学生视域下医学院校大学英语课程与思政教育融合的态度共有 5 个条目。参加调查的多数学生认为该校大学英语课程与思政融合的程度较小、大学英语课程有必要融合思政教育、思政融入后会对大学英语课程更感兴趣、将大学英语课程与思政融合能够促进学习，并希望通过建设大学英语课程思政资源库来拓展学

习(见表 1)。

表 1　学生视域下医学院校大学英语课程与思政教育融合的态度调查

条　目	态　度			
1. 你认为我校当前大学英语课程与思政教育的融合程度如何?	较大 325 (31.55%)	较小 539 (52.33%)	一般 106 (10.29%)	没有融合 60 (5.83%)
2. 对于课程思政与大学英语的融合,你的态度是?	有必要 836 (81.77%)		没必要 194 (18.33%)	
3. 如果将课程思政融入大学英语课程中,你可能会?	更感兴趣 582 (56.50%)	无所谓 362 (35.15%)		再也不喜欢了 86 (8.35%)
4. 如果将大学英语与课程思政融合,会对你的学习有帮助吗?	能促进学习 646 (62.72%)	帮助不大 332 (32.23%)		没有帮助 52 (5.05%)
5. 你是否希望通过大学英语课程思政资源库来补充学习知识	希望 787 (76.41%)		不希望 243 (23.59%)	

2. 学生视域下医学院校大学英语课程思政资源库建设方案与使用方式态度调查

问卷中共有 4 个条目涉及学生对医学院校大学英语课程思政资源库建设与使用的态度,根据数据结果可确定资源库的建设方案与使用方式。多数参与调查的学生认为通过把日常生活素材、医学背景知识、社会实践、新闻时事等融入大学英语教学可以体现课程思政,更希望资源库以视频、音频的形式呈现,并认为“教师讲授 + 课堂讨论”的形式更能激发学习上述资源的兴趣。大部分学生认为一堂优秀的大学英语课应能够使其“学习到必备的专业知识”“提升人文素养”“培养未来工作所需的能力”“符合社会价值观”,并“给予人生指导”(见表 2)。

表 2　学生视域下医学院校大学英语课程思政资源库建设方案与使用方式态度调查

条　目	态　度				
1. 你认为大学英语与哪些方面融合才能体现课程思政?	日常生活 731 (70.97%)	医学背景知识 664 (64.47%)	社会实践 622 (60.39%)	新闻时事 604 (58.64%)	价值观 550 (53.40%)
	历史文化 519 (50.39%)	职业发展 512 (49.71%)	环境保护 359 (34.85%)	经济 321 (31.17%)	
2. 你希望的大学英语思政教学资源库的呈现方式是什么?	视频 921 (89.42%)		音频 629 (61.07%)		阅读材料 478 (46.41%)
3. 融入思政的大学英语课堂通过何种教学方式才能激发你的兴趣?	教师讲授 + 课堂讨论 528 (51.26%)		教师课堂教授 264 (25.63%)	线上自学 162 (15.73%)	课堂讨论 76 (7.38%)
4. 你认为一堂优秀的大学英语课应具有哪些特点?	学习到必备的专业知识 828 (80.39%)	提升人文素养 806 (78.25%)	培养未来工作所需的能力 784 (76.12%)	符合社会价值观 753 (73.11%)	给予人生指导 721 (70.00%)

3. 学生团队助力下的医学院校大学英语课程思政教学资源库建设

学生研究团队根据教材主题与问卷中的思政融入点相匹配。匹配过程中,既考虑到问卷中各思政融入点占比情况，也兼顾融合的可行性（见表3）。最终建设的思政教学资源库"日常生活""医学背景知识""价值观"与"历史文化"思政点融入教学更多些，而"社会实践""新闻时事""职业发展""环境保护""经济"思政点融入教学相对较少。

表3　教材主题与思政融入点匹配汇总

大学英语课程思政融入点			
	新视野大学英语（第三版）读写教程Ⅱ	新视野大学英语（第三版）读写教程Ⅲ	新视野大学英语（第三版）读写教程Ⅳ
日常生活	Unit 1 Language in Mission Unit 2 College-The Ladder to Success Unit 4 Dance with Love	Unit 1 The Way to Success Unit 2 Beat Your Fear Unit 4 Let's Go Unit 6 War and Peace	Unit 1 Life and Logic Unit 2 Secrets to Beauty Unit 5 Why Culture Counts
医学背景知识	Unit 2 College-The Ladder to Success Unit 3 Discovery of a New Life Stage	Unit 1 The Way to Success Unit 2 Beat Your Fear Unit 6 War and Peace	Unit 1 Life and Logic Unit 2 Secrets to Beauty
社会实践		Unit 4 Let's Go	Unit 2 Secrets to Beauty
新闻时事	Unit 3 Discovery of a New Life Stage	Unit 2 Beat Your Fear Unit 6 War and Peace	
价值观	Unit 3 Discovery of a New Life Stage Unit 4 Dance with Love Unit 5 The Money Game	Unit 3 Life Story	Unit 2 Secrets to Beauty Unit 5 Why Culture Counts
历史文化	Unit 1 Language in Mission Unit 3 Discovery of a New Life Stage Unit 5 The Money Game	Unit 1 The Way to Success Unit 6 War and Peace	Unit 1 Life and Logic Unit 2 Secrets to Beauty Unit 4 Nature:To Worship or To Conquer Unit 5 Why Culture Counts
职业发展	Unit 2 College-The Ladder to Success	Unit 1 The Way to Success Unit 3 Life Story Unit 6 War and Peace	Unit 2 Secrets to Beauty
环境保护			Unit 4 Nature:To Worship or To Conquer
经济	Unit 5 The Money Game		

此外，根据各单元"导入""课文内容""翻译""项目式学习"4个模块的具体内容，将思政融入点进一步细化（其他非主要教学模块可融入的元素归为"其他"类）。同时，建设的资源根据普适性与医学生专属思政教学元素进行分类（以《新视野大学英语读写教程Ⅲ》为例，见表4）。"导入"与"课文内容"两部分都是课文内容的延伸，既可以融入普适性思政教学元素，又可以补充医学专属思政教学元素。"翻译"与调查问卷中医学生期待融入的职业发展、历史文化、价值观等教学思政元素密切相关，是融入普适性思政教学元素的主要模块。"项目式学习"是小组合作实践的模块，在普适性思政教学元素融入的同时，尽可能引导学生进行与本专业背景相关的探索与思考，使学生的合作与实践更具针对性。

表 4 新视野大学英语（第三版）读写教程Ⅲ思政教学元素

单 元	单元题目	普适性思政教学元素					医学生专属思政教学元素				
		导 入	课文内容	翻 译	项目式	其 他	导 入	课文内容	翻 译	项目式	其 他
Unit 1	The Way to Success	成功唯一途径	永不言弃	创新创业			坚持与奉献	医学生的责任		医学领域名人的成功秘诀	抗疫
Unit 2	Beat Your Fear	恐惧与勇气	克服恐惧	民族精神			疫情中的担当	职业恐惧应对方法	个人与集体	医者的坚强与勇气	科研创新
Unit 3	Life Story	伟人科研实践精神	生命的价值和意义	中国传统文化	自 传		使命与担当	医者仁心		医学生人生规划	
Unit 4	Let's Go	祖国秀丽风景	旅行的意义	民族自豪感	近期旅行规划	旅游对人的影响		对人生的定位与认识		疫情期间旅行警示	
Unit 6	War and Peace	拒绝战争、珍爱和平	铭记历史、珍视和平	中国军事文化	战争警示			仁心妙术救死扶伤			

资源库呈现形式是以 PPT 的形式，每单元一个 PPT，每一个 PPT 中包含以上 4 个模块（“其他”模块不是 PPT 的必要组成部分）。其中，“导入”“课文内容”“翻译”模块的资源以嵌入式视频为主（大部分源自腾讯视频、B 站视频、TED 演讲视频），并辅以音频、诗歌、散文等资源。“项目式学习”是小组合作与实践的成果，通常以视频、宣传画、写作的形式呈现。

4. 依托医学生专属思政资源的大学英语思政教学范例

第三册第一单元导入部分引入 BBC 英语纪录短片《20 世纪最伟大的科学家之一——屠呦呦》，使学生在英语语境中了解屠呦呦提取青蒿素的全过程，并说出其能够在研制治疗疟疾药物上取得成功的原因，由此引出单元主题 The Way to Success。课文学习中重点分析了丘吉尔、爱因斯坦、爱迪生、林肯与奥康纳等人在挫折与失败中取得成功的主要原因；并要求学生结合自己的日常生活与学习经历，反思过去的成功是否是由于具备了屠呦呦身上体现的或课文中论述的成功要素，而过去的失败是否是由于缺少这些成功要素。在讲解中引入中国医学界成功人士李时珍、孙思邈、林巧稚与吴孟超的事迹，激发学生不怕困难、刻苦努力、意志坚决、专心投入的品格，同时增强民族自信与自豪感。项目式教学要求学生以小组为单位，选择 3 位中国医学界的名人，作题为“The Traits of Successful People in the Medical Field”的展示，进一步强化医学生对专业的热爱，培养其爱岗敬业的精神。同时，以钟南山等人为例，结合抗疫话题，激发学生思考医生的责任与使命，树立其高尚的价值观。

（三）讨论

1. 基于学生视域进行大学英语课程思政教学资源库建设与研究的必要性

“基于学生视域”包含两层含义：问卷由学生在教师的指导下进行设计；调查对象为学生。

第一，研究团队的学生在教师指导下根据问卷的调查目的设计问卷问题。由于团队学生同时也是被调查的群体，他们倾向于根据自己对思政融入大学英语课程这一主题的理解与困惑提出更有针对性的问题，对思政融入大学英语课程这一教学改革表达心中的期待，并通过问卷的方式提出自己的建议。因此，以学生视角设计课程资源建设调查问卷问题更具针对性、适切性、启示性。

第二，以学生为研究对象。课程建设的根本是为祖国培养有用的人，因此课程建设需要满足学生学习、就业以及未来发展的需求。该校的大学英语课程思政资源在建设前，需要先调查学生的接受度、需求与期待，确定了大学英语融入思政的可行性。同时，明确了思政融入点、教师教授方式、资源呈现方式，以及学生对融入思政的大学英语课程预期的收获，为教学改革的内容、方法与手段指明了方向。

2. 医学生团队助力下建设大学英语课程思政教学资源库的优势

医学生团队助力下建设的大学英语课程思政教学资源库最大特点是除将普适性思政元素融入之外，特别将与医学和医学生相关的思政内容融入单元主题中。学生团队选择的医学生专属思政教学资源不仅起到了拓展主题的作用，而且最重要的是能够反映医学生这一群体的关注点与兴趣点，使学生欣然接受大学英语课程思政的融入，进而形成正确的人生观、价值观与职业观，通过润物细无声的方式达到“立德树人”的目标。

（四）结语

医学院校大学英语课程思政教学资源库建设由学生设计调查问卷，更有利于了解学生的内心世界，设计的问题更具针对性、适切性、启示性，更容易发现教师不易注意到的问题。此外，大学英语课程思政资源库建设基于问卷调查结果，更符合学生的需求与期待。同时，结合学生认同的教学方式，使其收获最大化。好的课程与资源是师生共研共建的。此研究试图呈现出与传统方式不同的课程资源建设之路，希望能够为今后的课程建设提供可行性经验与有益的启示。

利益冲突 所有作者声明无利益冲突

作者贡献声明 陈晓锐：提出研究构想、评价调查问卷、分析数据、修订论文；宋佳恬：编制调查问卷、分析数据、撰写论文初稿；张继桨、刘新如、冯博文、王丽娇：收集数据、初步分析数据。

（内容有改动）

附录 6 “大学英语Ⅲ”视听说课后拓展听力材料

教学周	推送日期	主　题	听力新闻中文标题	听力新闻英文标题	时　长
2	2022-03-09	生态环境	《气候变化已经影响到南美》	“Climate Change Has Already Affected South America”	5 分 38 秒
2	2022-03-10	生态环境	《海豹帮助研究南极水域》	“Seals Help Researchers Study Antarctic Waters”	4 分 07 秒
2	2022-03-12	教　育	《美国家长反对学校禁书》	“US Parents Oppose School Book Bans”	4 分 57 秒
3	2022-03-14	生态环境	《南欧干旱缺水》	“Droughts, Less Water in Southern Europe”	4 分 03 秒
3	2022-03-15	幸　福	《年龄与幸福的关系》	“What is the Relationship Between Age and Happiness”	3 分 42 秒
3	2022-03-16	幸　福	《耶鲁大学最受欢迎的课程之一：幸福课》	“Happiness Class One of Yale University’s Most Popular Ever”	4 分 05 秒
3	2022-03-17	医　疗	《试验性心脏置换手术后婴儿状况良好》	“Baby Doing Well after Experimental Heart Replacement Operation”	3 分 49 秒
4	2022-03-21	Fear/战争	《阿富汗对塔利班统治感到恐惧》	“Reports of Taliban’s Killings Increase Afghans’ Fear”	5 分 32 秒
4	2022-03-22	科　技	《人工智能用于填补古代著作中缺失的世界》	“AI Used to Fill in Missing Worlds in Ancient Writings”	6 分 43 秒
4	2022-03-23	恐　惧	《用 AI 复活文字》	“Fear in Uganda’s Gay Community after Death Penalty Threat, Arrests”	3 分 26 秒
4	2022-03-26	恐惧/疫情	《美国口罩令取消，部分家长担忧》	“Face covering Requirements End,But Some US Parents Are Worried”	5 分 26 秒
5	2022-03-28	恐惧/疫情	《快速传播的奥密克戎亚变体引发担忧》	“Fast-spreading Omicron Sub-variant Raises Concerns”	5 分 06 秒
5	2022-03-29	恐惧/疫情	《美国儿童与反复感染病毒作斗争》	“Children, Families Struggle with Repeated COVID-19infections”	6 分 29 秒
5	2022-03-30	恐　惧	《并非你一人害怕公共演讲》	“Afraid of Public Speaking? You Are Not Alone!”	10 分 42 秒
5	2022-04-01	恐惧/生态环境	《联合国气候报告对墨西哥湾表示担忧》	“UN Climate Report Presents Concerns About Gulf of Mexico”	5 分 50 秒
6	2022-04-06	医　疗	《UNCEF 在马拉维支持小儿麻痹症疫苗接种运动》	“UNICEF Supports a Polio Vaccination Campaign after Case in Malawi”	4 分 58 秒
6	2022-04-09	医　疗	《美国研究人员公布另一例猪肾移植人体手术》	“US Researchers Announce Another Pig to Human Transplant”	5 分 00 秒
7	2022-04-11	科　技	《科学家完成完整的人类基因组图》	“Scientists Complete Map of Full Human Genome — Really”	5 分 55 秒
7	2022-04-12	健　康	《美国健康机构推动食物中少放盐》	“US Health Agency Pushes for Less Salt in Food”	4 分 10 秒

续表

教学周	推送日期	主　题	听力新闻中文标题	听力新闻英文标题	时　长
7	2022-04-15	政　治	《乌克兰喜剧演员当选总统》	"Comedian Elected President of Ukraine in Landslide"	4 分 05 秒
7	2022-04-16	科技新闻	《披星而归，欢迎回家》	"To the Stars and Back, Welcome Home"	9 分 46 秒
8	2022/4/19	教育/健康	《教师接受心理辅导训练帮助学生》	"Teachers Get Mental Health Training, Help Students"	6 分 39 秒
8	2022-04-23	科　技	《首个"私人宇航员"团队成功升空 将前往国际空间站》	"First Private Astronaut Crew Launches to Space Station"	5 分 40 秒
9	2022-04-25	社会/医疗	《慈善组织在马拉维提供免费的矫正手术》	"Charity Group Gives Free Corrective Operations in Malawi"	3 分 58 秒
9	2022-04-26	生物/科普	《寿命的秘密：为什么长颈鹿比雪豹活得长》	"The lifespan secret: why giraffes live longer than ferrets"	6 分 20 秒
9	2022-04-26	医　疗	《未来的医疗是这样的？！》	"Is this the future of healthcare?"	11 分 18 秒
9	2022-04-29	疫　情	《美国多所大学重新开始施行新冠限制》	"Some American Colleges Return to COVID-19 Restrictions"	4 分 05 秒
11	2022-05-09	旅　行	《徒步旅行帮助降低美国老兵自杀率》	"Hiking helps reduce the suicide rate of American veterans"	6 分 49 秒
11	2022-05-11	旅　行	《世界上最大的冰屋咖啡馆将游客带到印控克什米尔》	"The World's Largest Igloo Cafe Brings Visitors to Kashmir"	5 分 29 秒
11	2022-05-11	自　然	《幸存的天堂（纪录片）》	"Serengeti in Tanzania"	1 小时 19 分 20 秒
12	2022-05-12	科　技	《神舟十三号任务》	"Shenzhou XⅢ Mission"	1 小时 03 分 08 秒
12	2022-05-19	家　庭	《理查兹夫人的化装舞会》	"Mrs Richards' fancy-dress Party"	2 分 03 秒
13	2022-05-31	家　庭	《谈论你的家人》	"Talking about Your Family"	6 分 51 秒
14	2022-05-31	家　族	《钱氏家族及家训》	"Qian Family and Family Motto"	8 分 16 秒
14	2022-06-03	节　日	《端午节》	"The Dragon Boat Festival"	3 分 48 秒
14	2022-06-03	节　日	《双语端午——上下求索，九死不悔》	"The Dragon Boat Festival"	4 分 10 秒

附录 7　参选“山东省本科高校黄河重大国家战略课程思政优秀案例”评选课程案例——Water

一、基本信息

课程名称：“大学英语视听说Ⅱ”
课程类型：公共基础课程
授课教师：陈晓锐

二、课程简介（200 字左右）

“大学英语视听说Ⅱ”是非英语专业本科一年级学生必修的一门公共基础课程，旨在提升学生的英语听力理解能力和口头表达能力，提高跨文化交际能力，培养全球化视野、批判性思维与创新能力。“大学英语视听说Ⅱ”这门课共开设 16 周，每周 2 学时，共计 32 学时。本课程教材为上海外语教育出版社出版的《全新版大学进阶英语视听说教程 2》，教材共八个教学单元，涵盖八大主题：“Education”“Water”“Food”“Festivals”“Cities”“Jobs”“Music”“Journeys”。

三、案例摘要（300 字左右）

本校立足建设优势突出、特色鲜明的高水平医科大学，旨在培养德智体美劳全面发展，基础扎实、实践创新能力强的应用型人才。《大学英语视听说Ⅱ》课程以立德树人为根本任务，夯实医学生的英语基础，培养思辨与跨文化交际能力，提升自主学习与合作能力，发挥立德、启智、明志的作用。

本案例选取教材第二单元，围绕主题“水”设计驱动任务，通过问卷、视听说、阅读、小组讨论等多种课堂促成活动，为学生输入相关内容与语言，使其了解水资源、了解“母亲河”，发现自身的不良用水习惯，认识水资源面临的危机，提高环境保护意识，并能够用英语进行相关表达。同时，提升学生的思辨能力，使其辩证地看待发展与环保之间的关系，以及文化对环保意识与行动的影响，并培养其用英语讲好中国故事（黄河治理）、传播中国智慧的能力，身体力行，保护水资源，保护环境。

四、教学案例设计与实施（2 000 字左右）

1. 单元教学目标

（1）知识目标。

识别并记忆与水资源、环境保护相关的词汇、短语及习惯表达。

（2）能力目标。

听懂与水资源、环境保护相关的话题，能够就此话题进行交流。

（3）思政目标。

① 唤起学生对“母亲河”的热爱，提高环境保护意识。

② 激发学生的行动意识、节约用水、宣传环保、传播中国智慧。

2. 单元学时安排

本单元计划安排 2 个教学周，共计 4 学时。

3. 教学设计思路

以主题“Water”为主线，以产出导向法理论（驱动—促成—评价）为指导，采用 BOPPPS 教学模式，通过问卷、视听说、阅读、小组讨论等形式普及水资源常识的同时，创设蕴含生态文明思想、高质量发展理念、保护“母亲河”意识等的思政语境，体现语言能力培养与育人融合的教学思路。

教学步骤	教学模式 BOPPPS	课堂活动	思政元素	教学时长
驱　动	导入 Bridge-in + 教学目标 Objectives	1. 学生回答问题：① Do you drink a lot of water? ② How many different ways do you use water every day? ③ How many liters of water do you use each day? 2. 学生完成调查问卷； 3. Your Personal Water Use； 4. 学生陈述黄河被称为“母亲河”的缘由及黄河的重要作用； 5. 教师阐明单元教学目标	“母亲河”概况	20 分
促　成	前测 Pre-test + 参与式学习 Participatory learning	**促成 1** 1. 学生回答问题“How often do you drink bottled water? What is the relationship between bottled water and environmental protection?” 2. 学生完成第一个材料； 3. Your Drinking Water 的听力练习； 4. 学生同伴对话训练频次的表达； 5. 学生在线阅读：黄河的塑料污染问题与黄河重大国家战略、三年来山东取得的成效	黄河的塑料污染问题 黄河重大国家战略 三年来，山东在黄河治理方面取得的成效	30 分
	前测 Pre-test + 参与式学习 Participatory learning	**促成 2** 1. 学生回答问题“Which needs more water: plants or animals?” 2. 学生描述教材图片； 3. 学生观看拓展视频 *Water Works*； 4. 学生在线阅读：国际水日； 5. 学生以《黄河保护法》立法为内容展开同伴对话	国际水日 《黄河保护法》立法	30 分
	前测 Pre-test + 参与式学习 Participatory learning	**促成 3** 1. 学生完成听力技巧测试题； 2. 学生观看教材视频 *Amazing Water*，完成听力训练题； 3. 学生观看拓展视频 *Wetland Preservation: China in Action*； 4. 教师介绍印度恒河； 5. 学生在线阅读“Preservation gives China’s ‘Mother River’ New Lease of Life”	湿地保护：中国在行动 山东东营黄河三角洲湿地保护	30 分

续表

教学步骤	教学模式 BOPPPS	课堂活动	思政元素	教学时长
促 成	后测 Post-test + 总结 Summary	**促成 4** 1. 学生 1 分钟陈述节约用水的重要性，以及中国在保护水资源、治理黄河方面的理念与举措； 2. 教师回顾学习目标； 3. 教师通过视频《绿水青山就是金山银山 2005》与《联合国环境署点赞中国环保成果 称中国经验应推广给世界》升华单元主题； 4. 布置课后任务：① 进一步完善 1 分钟陈述；② 以小组为单位完成 1 份以节约用水、保护“母亲河”为主题的宣传海报	“绿水青山就是金山银山” 联合国环境署点赞中国环保成果	25 分
评 价		1. 流动性课堂评价：同伴交流； 2. 即时性反馈评价：视听说训练； 3. 师生合作评价：宣传海报		25 分

4. 教学重点与难点

（1）教学重点。

① 语言知识。

词汇：drought, tap, clean, consume, trash, planet, cost, plastic, expensive, wasteful, kilogram, liter, gallon, raise, serious, nope, Africa, African, Arabia, Brazil, capacity, charitable, self-control, virtue, wisdom, temperance, justice, amazing, certain, challenge, cotton, cycle, evaporate, fresh, protect, thirsty, T-shirt, urgent

表达：brushing teeth, tap water, bottled water, plastic bottles, unhealthy chemicals, coffee plant, in short supply, natural resource

② 听说技巧。

听力：记录数字；识别段落主题

口语：表达频率；表达与回应惊奇 / 惊喜

③ 主题研讨。

同伴交流用水习惯；介绍“母亲河”现状、黄河治理的国家战略与成效；探究环境保护的中国智慧。

（2）教学难点。

① 听力技巧：记录数字；识别主题。

② 主题研讨：“母亲河”现状与治理成效。

5. 教学实施过程

驱动：导入 Bridge-in + 教学目标 Objectives（BOPPPS）

通过三个问题① Do you drink a lot of water? ② How many different ways do you use water every day? ③ How many liters of water do you use each day? 使学生快速进入主题。再通过教材(p. 20)中的调查问卷“Your Personal Water Use”使学生了解自己的用水情况，反思自身的不良用水习惯，并与同伴交流。教师展示单元封面图片（如图 1 所示），加强学生对目前全球范围缺水的意识。同时，提供黄河的图片（如图 2 所示）与单元封面图片做对比，并提供与黄河内容相关的网站（https://www.travelchinaguide.com/river/yellow/），学生在自主阅读后，表述黄河被称为“母亲河”的缘由及黄河的重要作用。导入环节将加深学生对水资源和“母亲河”的认识，并关注水与人们生活之间的关系。最后，教师引出单元教学目标，让学生了解本课学习的主要内容，并要求其完成课后任务。

图 1　单元封面图片

图 2　黄河

促成 1：前测 Pre-test + 参与式学习“Participatory learning”（BO**PP**PS）

通过提问 ① How often do you drink bottled water? ② What is the relationship between bottled water and environmental protection? 这两个问题，了解学生对瓶装水的认识，以及瓶装水与环保的关系。然后完成第一个材料“Your Drinking Water”的听力练习（判断对错 + 选词填空）。由于此材料提到了塑料污染的问题，因此，结合本单元，延伸到黄河的塑料污染问题（如图 3 所示），并向学生介绍黄河重大国家战略与三年来山东取得的成效（http://sd.people.com.cn/n2/2022/0920/c386907-40131274.html）（如图 4 所示）。之后的同伴对话，主要训练学生对频次的表达。学生借助教材中的相关结构，与同伴交流个人的饮水习惯，并根据上述听力材料的内容，以及教师对塑料污染问题的延伸，进一步反思对水资源及环境有利的饮水方式，进而规范自己的行为。

图 3　黄河边的塑料污染

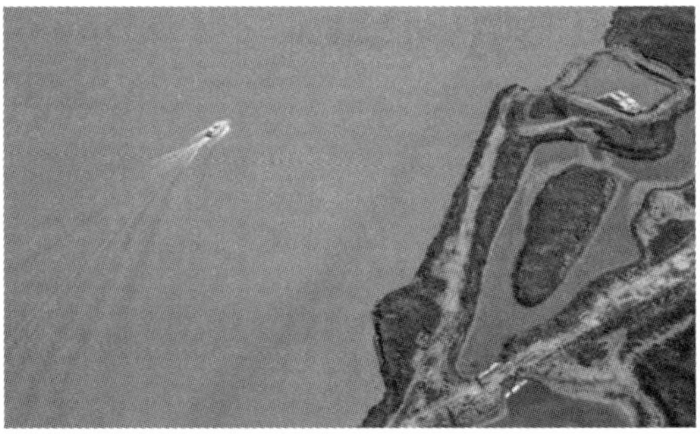

图 4　治理后的黄河

促成 2：前测 Pre-test + 参与式学习 Participatory learning（BO**PP**PS）

通过提问“Which needs more water: plants or animals?”这一问题激发学生的思考，然后通过图 5 公布问题答案，让学生描述图片内容，从而引出主题“Our hidden water use”。完成段落及对话听力练习（数字填空 + 判断对错 + 语气选择），使学生了解有关水的常识性问题，并关注隐性的水消耗问题。通过拓展视频 *Water Works*（https://www.bilibili.com/video/BV1wE411c7xS/?spm_id_from=autoNext&vd_source=d7f37868b8ab1c7211a9e3f02677a354）加强学生节约用水的意识。通过联合国网站（https://www.un.org/en/observances/water-day），介

绍“国际水日”，进一步深化主题，激发学生对节水的宣传，鼓励节水行动。之后的对话训练，让学生以《中华人民共和国黄河保护法》立法（以下简称《黄河保护法》）（https://global.china daily.com.cn/a/202211/02/WS6361b1a7a310fd2b29e7fc20.html 英文网；http://www.npc.gov.cn/npc/hhbhflf/hhbhflf.shtml 中文网）为讨论内容（如图 6 所示），使用特定句式介绍及回应这一令人惊喜的信息。

图 5 Part Ⅲ Lesson B Our hidden water use 图片

图 6 中国日报网报导《黄河保护法》立法

促成 3：前测 Pre-test + 参与式学习 Participatory Learning（BOPPPS）

完成听力技巧测试：识别主题，检验学生运用识别主题方法（关注段首句、段尾句、反复出现的词汇与表达）的能力，然后观看教材视频 *Amazing Water*，让学生指出视频材料的主题句，夯实其听力技巧的运用。完成视频 *Amazing Water* 中 Predication 部分的预测题，引发学生对水资源现状与使用的思考。完成关于视频 *Amazing Water* 中 What do you remember? 部分的填空题，使学生了解水的循环过程。再次观看视频，回答三个细节题，使学生掌握细节题的答题技巧（关注过渡词后面的内容：“Then, In time, This means”；最高级所指内容：“our most urgent...”）。由于视频材料结尾提到保护水资源的迫切性，因此引入拓展视频 *Wetland Preservation: China in Action*（湿地保护：中国在行动），使学生了解湿地对水资源的保护作用、对气候的调节作用，以及中国在湿地保护和恢复方面做出的巨大努力。同时，讲解教材“Amazing Water”，附图 7 印度恒河对印度人的重要意义，并与山东东营黄河三角洲的图片（见图 8）做对比，凸显中国的环保举措取得的成效（拓展阅读“Preservation gives China's ‘Mother River’ New Lease of Life”）。

图 7 Part Ⅲ 视频 *Amazing Water* 截图

图 8　山东东营黄河三角洲

促成 4：后测 Post-test + 总结 Summary（BOPPPS）

首先，学生需运用语言知识与拓展语言知识在 1 分钟内陈述节约用水的重要性，以及中国在保护水资源、治理黄河方面的理念、举措与成效。然后，教师进行点评，回顾教学目标，并通过视频 *Lucid Waters and Lush Mountains are Invaluable Assets* 2005（《绿水青山就是金山银山 2005》升华单元主题。

布置课后任务：① 进一步完善 1 分钟陈述（节约用水的重要性，以及中国在保护水资源、治理黄河方面的理念、举措与成效）；② 以小组为单位，完成一份以节约用水、保护“母亲河”为主题的宣传海报（涵盖本单元语言知识与主题内容）。

音乐视频（下课用）*Swans seem to enjoy Yellow River wetland* 截图（见图 9）

图 9 《黄河湿地天鹅舞》视频截图

评价：流动性指导 + 即时性反馈 + 师生合作评价

同伴交流与视听说训练（“说”指回答问题与个人陈述）以教师课堂评价为主。教师针对学生在与同伴交流过程中出现的问题进行流动性指导，针对视听说训练中出现的问题给予即时性反馈。宣传海报则以教师点评、师生共同投票的方式进行评价（QQ 投票），选出班级前三名。前三名的小组获得加分奖励，并计入平时成绩，这将作为本课程形成性评价的一部分。

五、成效与价值（300字左右）

本案例结合教学内容融入黄河重大国家战略元素，达成了单元教学目标。首先，知识与意识得到了提升。学生了解了水资源、“母亲河”，发现了自身的不良用水习惯，并立志改正。他们也认识到了水资源面临的危机，提高了自身保护水资源的意识。其次，思辨能力得到了发展。学生能辩证地看待发展与环保之间的关系，能够理解不同文化对环保意识与行动的影响。最后，环保思想付诸实践。学生改变了不良用水习惯，在日常生活中能做到节约用水；学生用英语讲述黄河治理的成效，以及中国环保的举措与成果，传播中国智慧；学生制作以节约用水、保护“母亲河”为主题的海报，优秀作品在节水日（3月22日）全校范围内展出，号召师生节约用水，保护“母亲河”，保护环境。本案例打破了课程思政教学效果难测量的困境，通过学生的行为检测思政效果的做法值得进一步推广。

（内容有改动）

附录 8　英语报刊阅读课程问卷调查

（2022 年 4 月）

1. 你的性别是______[单选题]

选　项	小　计	比　例
男	15	39.47%
女	23	60.53%
本题有效填写人次	38	

2. 你的年级是______[单选题]

选　项	小　计	比　例
大　一	1	2.63%
大　二	37	97.37%
本题有效填写人次	38	

3. 你所属的学院是______[单选题]

选　项	小　计	比　例
第一临床医学院	4	10.53%
第二临床医学院	6	15.79%
特殊教育学院	11	28.95%
口腔医学院	1	2.63%
护理学院	3	7.89%
药学院(葡萄酒学院)	0	0%
中西医结合学院	3	7.89%
公共卫生与管理学院	5	13.16%
医学影像学院	1	2.63%
康复医学院	4	10.53%
老年医学院	0	0%
本题有效填写人次	38	

4. 你选择《英语报刊阅读》这门课程的原因是______________？［多选题］

选 项	小 计	比 例
我喜欢读报	12	31.58%
我喜欢英语	9	23.68%
我希望提高英语水平	23	60.53%
和其他选修课比，这门课我相对比较感兴趣	15	39.47%
我没有别的选择，只能选这门课	3	7.89%
我随同学一起选的	8	21.05%
我随便选了一个	3	7.89%
本题有效填写人次	38	

5. 之前的学习中你是否接触过线上线下混合式教学？______［单选题］

选 项	小 计	比 例
是	33	86.84%
否	5	13.16%
本题有效填写人次	38	

6. 之前的学习中你是否接触过以中国大学慕课为教学平台（并使用慕课堂）的线上线下混合式教学？______［单选题］

选 项	小 计	比 例
是	33	86.84%
否	5	13.16%
本题有效填写人次	38	

7. 每次线下课前你会看完老师指定的中国大学慕课上的视频吗？______［单选题］

选 项	小 计	比 例
课前从没看过	1	2.63%
课前只刷进度，没有认真看过	4	10.53%
偶尔课前会认真看（1-2 次）	9	23.68%
有时课前会认真看（3-4 次）	12	31.58%
通常课前会认真看（5-6 次）	5	13.16%
每次课前都认真看（7 次）	7	18.42%
本题有效填写人次	38	

8. 你在观看课前老师指定的中国大学慕课上的视频时记笔记吗？______[单选题]

选　项	小　计	比　例
从不看视频，所以没记笔记	3	7.89%
看视频了，但从不记笔记	15	39.47%
有时候记笔记	14	36.84%
每次看视频都记笔记	6	15.80%
本题有效填写人次	38	

9. 你是否完成了中国大学慕课上的讨论题(1. Discussion on fake news; 2. How to make Chinese voice heard？)？______[单选题]

选　项	小　计	比　例
两个讨论题都没完成	0	0%
只完成了一个讨论题	7	18.42%
两个讨论题都完成了	31	81.58%
本题有效填写人次	38	

10. 你是否会为了更好地完成线上讨论题(两个)而观看指定视频或查阅资料？______[单选题]

选　项	小　计	比　例
不　会	7	18.42%
有时会	19	50.00%
每次都会	12	31.58%
本题有效填写人次	38	

11. 你认为线下课慕课堂中的视频内容检测题难度如何？______[单选题]

选　项	小　计	比　例
很简单	0	0%
偏简单	0	0%
难度适中	26	68.42%
偏　难	10	26.32%
很　难	2	5.26%
不确定	0	0%
本题有效填写人次	38	

12. 你是否读完了每周教师领读的阅读材料(共 6 篇)？______[单选题]

选 项	小 计	比 例
没读过	4	10.53%
只读过少数几篇(1-2 篇)	8	21.05%
读过一些(3-4 篇)	12	31.58%
几乎都读了(5 篇)	5	13.16%
都读了(6 篇)	9	23.68%
本题有效填写人次	38	

13. 老师领读的文章对于你来说难度如何？______[单选题]

选 项	小 计	比 例
很简单	1	2.63%
偏简单	0	0%
难度适中	25	65.79%
偏 难	10	26.32%
很 难	1	2.63%
不确定	1	2.63%
本题有效填写人次	38	

14. 你认为线下课老师对领读文章的讲解如何？______[单选题]

选 项	小 计	比 例
简 略	0	0%
适 中	14	36.84%
详 细	23	60.53%
不确定	1	2.63%
本题有效填写人次	38	

15. 你希望老师如何讲解领读的文章？______[单选题]

选 项	小 计	比 例
简 略	1	2.63%
适 中	15	39.47%
详 细	20	52.63%
不确定	2	5.27%
本题有效填写人次	38	

16. 你是否完成了课后的灯塔阅读作业？______[单选题]

选 项	小 计	比 例
未完成全部的灯塔阅读作业	1	2.63%
全部完成了，但不总是及时完成（有些是老师延长阅读时间后完成的）	12	31.58%
全部完成了，并总是及时完成（不需要老师延长阅读期限）	25	65.79%
本题有效填写人次	38	

17. 课后阅读“灯塔小程序”中的文章时，你会有意识的运用慕课中学到的阅读方法与技巧吗？______[单选题]

选 项	小 计	比 例
不知道或不记得慕课里面提到的技巧了	4	10.53%
没有想到去运用	10	26.31%
偶尔运用	20	52.63%
经常运用	4	10.53%
本题有效填写人次	38	

18. 你认为课后阅读“灯塔小程序”的文章是否能提升学习效果？______[单选题]

选 项	小 计	比例
能	26	68.42%
不 能	3	7.89%
不确定	9	23.69%
本题有效填写人次	38	

19. 你更倾向于老师领读新闻网站上面的文章（如第一章科技主题所选取的阅读材料：《航天员返回地球》，还是PDF电子书上面的文章（如之后的几章：《外国人眼中的中国文化》《发展中国家的疫情问题》《世界大学排名》）？______[单选题]

选 项	小 计	比 例
前 者	6	15.79%
后 者	8	21.05%
都可以	23	60.53%
没（全部）读，无法回答	1	2.63%
本题有效填写人次	38	

20. 学习本课程后，你了解英文报刊的特点了吗？______[单选题]

选 项	小 计	比 例
完全了解	6	15.79%
大概了解	22	57.89%
部分了解	10	26.32%
完全不了解	0	0%
本题有效填写人次	38	

21. 学习本课程后，你知道该如何阅读英文报刊了吗？______[单选题]

选 项	小 计	比 例
完全知道	4	10.53%
大概知道	28	73.68%
部分知道	6	15.79%
完全不知道	0	0%
本题有效填写人次	38	

22. 通过本课程的学习，你知道如何通过英文报刊的网站（如 China Daily 等网站，知道一个网站就可以）阅读报刊了吗？______[单选题]

选 项	小 计	比 例
知道了	36	94.74%
不知道	2	5.26%
本题有效填写人次	38	

23. 本课程结束后你还会通过英文报刊网站（如 China Daily 等网站，一个网站就可以）进行阅读吗？______[单选题]

选 项	小 计	比 例
一定会继续阅读	9	23.69%
可能会继续阅读	27	71.05%
不会再继续阅读	2	5.26%
本题有效填写人次	38	

24. 科技（Science and Technology）主题的学习是否使你对中国航天取得的成绩倍感自豪？______[单选题]

选　项	小　计	比　例
是	33	86. 85%
否	2	5. 26%
不确定	3	7. 89%
本题有效填写人次	38	

25. 社会问题(Social Problem)主题的学习是否使你认识到了公司、企业等对社会问题的响应与其发展息息相关？______[单选题]

选　项	小　计	比　例
是	32	84. 21%
否	2	5. 26%
不确定	4	10. 53%
本题有效填写人次	38	

26. 文化(Culture)主题的学习是否使你对中国文化更感兴趣？______[单选题]

选　项	小　计	比　例
是	35	92. 11%
否	1	2. 63%
不确定	2	5. 26%
本题有效填写人次	38	

27. 文化(Culture)主题的学习是否使你对中国文化倍感自豪？______[单选题]

选　项	小　计	比　例
是	32	84. 21%
否	2	5. 26%
不确定	4	10. 53%
本题有效填写人次	38	

28. 文化(Culture)主题的学习是否使你更加信仰中国哲学(如：儒家思想与/或道教思想)？______[单选题]

选　项	小　计	比　例
是	33	86. 84%
否	0	0%
不确定	5	13. 16%
本题有效填写人次	38	

29. 灾难(Disaster)主题的学习是否使你对自己身在中国而倍感庆幸？______[单选题]

选　项	小　计	比　例
是	31	81.58%
否	3	7.89%
不确定	4	10.53%
本题有效填写人次	38	

30. 灾难(Disaster)主题的学习是否使你对"人类命运共同体"这一概念更有体会？______[单选题]

选　项	小　计	比　例
是	33	86.84%
否	2	5.26%
不确定	3	7.89%
本题有效填写人次	38	

31. 高等教育(Higher education)主题的学习是否使你意识到个人的发展与学校的发展息息相关？______[单选题]

选　项	小　计	比　例
是	35	92.11%
否	0	0%
不确定	3	7.90%
本题有效填写人次	38	

32. 你是否在本门课程的学习中投入了足够的时间与精力？______[单选题]

选　项	小　计	比　例
是	30	78.95%
否	8	21.05%
本题有效填写人次	38	

33. 你没有在本门课程的学习中投入足够的时间和精力，原因是什么？______[多选题]

选　项	小　计	比　例
因为是选修课，我不想投入太多时间与精力	7	87.50%
因为某件事或某些事，影响了我对本门课程的投入	1	12.50%
因为我不喜欢英语	2	25.00%

续表

选　项	小　计	比　例
因为我不喜欢这门课程	0	0%
因为我不喜欢授课教师	1	12.50%
因为这门课对我来说太难了	2	25.00%
因为我认为这门课对我来说用处不大	0	0%
因为这门课的内容与我事先的预期不同	1	12.50%
因为我的英语提高类学分已经修满，这门课的成绩对于我来说无所谓了	0	0%
本题有效填写人次	8	

34. 你对本学期的英语报刊阅读课程是否满意？______[单选题]

选　项	小　计	比　例
非常满意	20	52.63%
满　意	11	28.95%
一　般	7	18.42%
不满意	0	0%
非常不满意	0	0%
本题有效填写人次	38	

附录 9　英语报刊阅读课程问卷调查

（2023 年 5 月）

1. 我的性别______[单选题]

选　项	小　计	比　例
男	75	37. 88%
女	123	62. 12%
本题有效填写人次	198	

2. 我的年级______[单选题]

选　项	小　计	比　例
大　一	69	34. 85%
大　二	113	57. 07%
大　三	16	8. 08%
本题有效填写人次	198	

3. 我所属的学院______[单选题]

选　项	小　计	比　例
第一临床医学院	25	12. 62%
第二临床医学院	47	23. 74%
特殊教育学院	13	6. 57%
口腔医学院	3	1. 52%
药学院（葡萄酒学院）	2	1. 01%
中西医结合学院	13	6. 57%
公共卫生与管理学院	25	12. 62%
医学影像学院	22	11. 11%
康复医学院	37	18. 69%
人文与社会科学学院	11	5. 55%
本题有效填写人次	198	

4. 我选择英语报刊阅读这门课程的原因是＿＿＿＿＿。[多选题]

选　项	小　计	比　例
我喜欢读报	37	18.69%
我喜欢英语	52	26.26%
我希望提高英语水平	157	79.29%
和其他选修课比，这门课我相对比较感兴趣	65	32.83%
我没有别的选择，只能选这门课	12	6.06%
我随同学一起选的	28	14.14%
我随便选了一个	14	7.07%
本题有效填写人次	198	

5. 之前的学习中我触过新形态教材（如融媒体教材：教材中有二维码，可以自学部分内容）。＿＿＿[单选题]

选　项	小　计	比　例
是	103	52.02%
否	95	47.98%
本题有效填写人次	198	

6. 我扫教材中的二维码观看视频，自主学习英语新闻的特点与阅读技巧。＿＿＿[单选题]

选　项	小　计	比　例
从没看过	20	10.10%
偶尔会看	64	32.32%
多数视频看过	75	37.88%
所有视频都看过	39	19.70%
本题有效填写人次	198	

7. 我观看视频时记笔记。＿＿＿[单选题]

选　项	小　计	比　例
从不看视频，所以没记笔记	12	6.06%
看视频了，但从不记笔记	49	24.75%
看视频了，有时候记笔记	114	57.58%
每次看视频都记笔记	23	11.61%
本题有效填写人次	198	

8. 我读完了每周老师领读的阅读材料(共6篇)。______[单选题]

选 项	小 计	比 例
没读过	4	2.02%
只读过少数几篇(1-2篇)	26	13.13%
读过一些(3-4篇)	61	30.81%
几乎都读了(5篇)	55	27.78%
都读了(6篇)	52	26.26%
本题有效填写人次	198	

9. 老师领读的文章对于我来说__________。[单选题]

选 项	小 计	比 例
很简单	1	0.50%
偏简单	7	3.54%
难度适中	100	50.50%
偏 难	71	35.86%
很 难	15	7.58%
不确定	4	2.02%
本题有效填写人次	198	

10. 我认为老师对领读文章的讲解______。[单选题]

选 项	小 计	比 例
简 略	2	1.01%
适 中	70	35.35%
详 细	123	62.12%
不确定	3	1.52%
本题有效填写人次	198	

11. 我希望老师______也讲解领读的文章。[单选题]

选 项	小 计	比 例
简 略	4	2.02%
适 中	59	29.80%
详 细	132	66.66%
不确定	3	1.52%
本题有效填写人次	198	

12. 我课后灯塔阅读作业的完成情况是＿＿＿＿＿＿。[单选题]

选　项	小　计	比　例
未完成全部的灯塔阅读作业	8	4.04%
按照单元的进度全部完成了	120	60.61%
未完全按照单元的进度，但也全部完成了	50	25.25%
最后突击，全部完成了	20	10.10%
本题有效填写人次	198	

13. 课后阅读“灯塔小程序”中的文章时，我会有意识地运用英语新闻的阅读方法与技巧。＿＿＿＿[单选题]

选　项	小　计	比　例
不知道或不记得英语新闻的阅读方法与技巧了	17	8.59%
没有想到去运用	35	17.68%
偶尔运用	118	59.60%
经常运用	28	14.13%
本题有效填写人次	198	

14. 我认为课后阅读“灯塔小程序”的文章能提升学习效果。＿＿＿＿[单选题]

选　项	小　计	比　例
能	154	77.78%
不　能	10	5.05%
不确定	34	17.17%
本题有效填写人次	198	

15. 学习本课程后，我＿＿＿＿英语新闻的特点。[单选题]

选　项	小　计	比　例
完全了解	13	6.57%
大概了解	140	70.70%
部分了解	43	21.72%
完全不了解	2	1.01%
本题有效填写人次	198	

16. 学习本课程后，我＿＿＿＿如何阅读英语新闻了。[单选题]

选　项	小　计	比　例
完全知道	23	11.62%
大概知道	137	69.19%
部分知道	38	19.19%
完全不知道	0	0%
本题有效填写人次	198	

17. 通过本课程的学习，我______如何通过英语新闻网站（如 China Daily, Global Times, USA Today 等，知道一个就可以）阅读新闻。[单选题]

选　项	小　计	比　例
知道了	194	97.98%
依然不知道	4	2.02%
本题有效填写人次	198	

18. 本课程结束后我还会通过英语新闻网站（如 China Daily, Global Times, USA Today 等，一个就可以）进行阅读。______[单选题]

选　项	小计	比　例
一定会继续阅读	63	31.82%
可能会继续阅读	131	66.16%
不会再继续阅读	4	2.02%
本题有效填写人次	198	

19. 科技（Science and technology）主题的学习使我认识到发展航天科技的重要性。______[单选题]

选　项	小　计	比　例
是	188	94.95%
否	6	3.03%
不确定	4	2.02%
本题有效填写人次	198	

20. 科技（Science and technology）主题的学习使我对中国航天取得的成绩倍感自豪。______[单选题]

选　项	小　计	比　例
是	192	96.97%
否	4	2.02%
不确定	2	1.01%
本题有效填写人次	198	

21. 社会问题(Social Problem)主题的学习使我看清了美国大公司经济利益至上的原则。______[单选题]

选　项	小　计	比　例
是	183	92.42%
否	7	3.54%
不确定	8	4.04%
本题有效填写人次	198	

22. 社会问题(Social Problem)主题的学习使我认识到公司、企业等对社会问题的响应与其发展息息相关。______[单选题]

选　项	小　计	比　例
是	188	94.95%
否	4	2.02%
不确定	6	3.03%
本题有效填写人次	198	

23. 文化(Culture)主题的学习使我对中国文化更感兴趣。______[单选题]

选　项	小　计	比　例
是	192	96.96%
否	5	2.53%
不确定	1	0.51%
本题有效填写人次	198	

24. 文化(Culture)主题的学习使我对中国文化倍感自豪。______[单选题]

选　项	小　计	比　例
是	191	96.46%
否	5	2.53%
不确定	2	1.01%
本题有效填写人次	198	

25. 文化(Culture)主题的学习使我更加信仰中国哲学(如:儒家思想与/或道教思想)。____[单选题]

选 项	小 计	比 例
是	185	93.43%
否	5	2.53%
不确定	8	4.04%
本题有效填写人次	198	

26. 灾难(Disaster)主题的学习使我对自己身在中国而倍感庆幸。______[单选题]

选 项	小 计	比 例
是	191	96.46%
否	3	1.52%
不确定	4	2.02%
本题有效填写人次	198	

27. 灾难(Disaster)主题的学习使我对"人类命运共同体"这一概念更有体会。______[单选题]

选 项	小 计	比 例
是	192	96.97%
否	2	1.01%
不确定	4	2.02%
本题有效填写人次	198	

28. 高等教育(Higher Education)主题的学习使我更客观的看待大学排名(如:评价标准不同,排名结果不同等)。______[单选题]

选 项	小 计	比 例
是	186	93.94%
否	3	1.52%
不确定	9	4.54%
本题有效填写人次	198	

29. 高等教育(Higher Education)主题的学习使我意识到个人的发展与学校的发展息息相关。______[单选题]

选　项	小　计	比　例
是	193	97.47%
否	1	0.51%
不确定	4	2.02%
本题有效填写人次	198	

30. 经济(Economy)主题的学习使我意识到经济与人口之间的密切相关。______[单选题]

选　项	小　计	比　例
是	191	96.46%
否	2	1.01%
不确定	5	2.53%
本题有效填写人次	198	

31. 经济(Economy)主题的学习使我意识到中国政府一直在为国家的发展而努力。______[单选题]

选　项	小　计	比　例
是	193	97.47%
否	1	0.51%
不确定	4	2.02%
本题有效填写人次	198	

32. 经济(Economy)主题的学习使我为中国提出的经济人口转型策略而自豪。______[单选题]

选　项	小　计	比　例
是	191	96.46%
否	2	1.01%
不确定	5	2.53%
本题有效填写人次	198	

33. 通过本门课程的学习，我发现不同的媒体对同一事件的报道角度可能不同。______[单选题]

选 项	小 计	比 例
是	192	96.97%
否	1	0.50%
不确定	5	2.53%
本题有效填写人次	198	

34. 通过本门课程的学习，我发现媒体对某些事件的报道可能参杂了个人或政府的态度。______[单选题]

选 项	小 计	比 例
是	190	95.95%
否	3	1.52%
不确定	5	2.53%
本题有效填写人次	198	

35. 通过本门课程的学习，我感觉开阔了视野。______[单选题]

选 项	小 计	比 例
是	193	97.47%
否	2	1.01%
不确定	3	1.52%
本题有效填写人次	198	

36. 通过本门课程的学习，我感觉拓宽了思维。______[单选题]

选 项	小 计	比 例
是	189	95.45%
否	3	1.52%
不确定	6	3.03%
本题有效填写人次	198	

37. 我在本门课程的学习中投入了足够的时间与精力。______[单选题]

选 项	小 计	比 例
是	176	88.89%
否	22	11.11%
本题有效填写人次	198	

38. 我没有在本门课程的学习中投入足够的时间和精力，原因是什么？________[多选题]

选　项	小　计	比　例
因为我的身体不适	3	13.64%
因为是选修课，我不想投入太多时间与精力	12	54.55%
因为某件事或某些事，影响了我对本门课程的投入	12	54.55%
因为我不喜欢英语	1	4.55%
因为我不喜欢这门课程	1	4.55%
因为我不喜欢授课教师	0	0%
因为这门课对我来说太难了	5	22.73%
因为我认为这门课对我来说用处不大	0	0%
因为这门课的内容与我事先的预期不同	4	18.18%
因为我的学分已经修满，这门课的成绩对于我来说无所谓了	1	4.55%
本题有效填写人次	22	

39. 我对本学期的英语报刊阅读课程______。[单选题]

选　项	小　计	比　例
非常满意	105	53.03%
满　意	81	40.91%
一　般	11	5.56%
不满意	1	0.50%
非常不满意	0	0%
本题有效填写人次	198	

附录 10　英语报刊阅读课程反思提纲

（2023 年 5 月）

1. 我学习本门课程的收获

① 语言方面（如单词、短语、句型、新闻结构等）。

② 记忆与思维方面（如了解了哪些事情、为什么记住了这件事儿、对这件事有何看法与评论等）。

③ 技能方面（如学会了通过英语新闻网站搜索新闻、读英语新闻的技巧等，请具体阐述）。

④ 情感方面（如本门课程对你有哪些触动等）。

2. 我学习本门课程的过程中存在的不足

3. 我对本门课程的意见与建议

* 学生反思要求：不少于 1 000 字。

附录 11　滨州医学院课程思政精品课程申报书（节选）

——“英语报刊阅读”

一、课程基本信息

<table>
<tr><td>课程名称</td><td>英语报刊阅读</td></tr>
<tr><td>课程类型</td><td>●公共基础课程　　○专业教育课程　　○实践类课程</td></tr>
<tr><td>所属学科门类 / 专业大类代码</td><td>文学 /05</td></tr>
<tr><td>一级学科 / 专业类代码</td><td>英语语言文学 /050201</td></tr>
<tr><td>课程性质</td><td>○必修　　●选修</td></tr>
<tr><td>开课年级</td><td>无限制</td></tr>
<tr><td>学　　时</td><td>24 学时 =16 线下学时 +8 线上学时</td></tr>
<tr><td>学　　分</td><td>1 学分</td></tr>
<tr><td rowspan="2">最近两期开课时间</td><td>2020 年 10 月 12 日— 2020 年 11 月 28 日
<table>
<tr><th>学年</th><th>学期</th><th>开课学院</th><th>课程号</th><th>课程名称</th><th>教学班人数</th><th>上课时间</th><th>教学班</th><th>教学地点</th><th>教师信息</th></tr>
<tr><td>2020-2021</td><td>1</td><td>外国语与国际交流学院</td><td>18yy0006tx</td><td>英语报刊阅读</td><td>80</td><td>星期六第6-7节{6-13周}</td><td>英语报刊阅读1班</td><td>教学楼3005教室</td><td>120040331215/陈晓锐</td></tr>
<tr><td>2020-2021</td><td>1</td><td>外国语与国际交流学院</td><td>18yy0006tx</td><td>英语报刊阅读</td><td>80</td><td>星期六第8-9节{6-13周}</td><td>英语报刊阅读2班</td><td>教学楼2002教室</td><td>120040331215/陈晓锐</td></tr>
</table></td></tr>
<tr><td>2021 年 3 月 20 日— 2021 年 6 月 5 日
<table>
<tr><th>学年</th><th>学期</th><th>开课学院</th><th>课程号</th><th>课程名称</th><th>教学班人数</th><th>上课时间</th><th>教学班</th><th>教学地点</th><th>教师信息</th></tr>
<tr><td>2020-2021</td><td>2</td><td>外国语与国际交流学院</td><td>18yy0006tx</td><td>英语报刊阅读</td><td>100</td><td>星期六第4-5节{3-10周}</td><td>英语报刊阅读</td><td>教学楼4007教室</td><td>120040331215/陈晓锐</td></tr>
</table></td></tr>
<tr><td>最近两期学生总人数</td><td>229</td></tr>
<tr><td>教学方式</td><td>○线下　　○线上　　●线上线下混合式</td></tr>
<tr><td>线上课程地址及账号</td><td>https://www.icourse163.org/spoc/course/BZYXY-1450461207?tid=1463600446
账号：15306456973</td></tr>
</table>

二、授课教师（教学团队）基本情况（略）

三、授课教师（教学团队）课程思政教育教学情况（略）

四、课程思政建设总体设计情况

（描述如何结合本校办学定位、专业特色和人才培养要求，准确把握本课程的课程思政建设方向和重点，科学设计本课程的课程思政建设目标，优化课程思政内容供给，将价值塑造、知识传授和能力培养紧密融合等情况。500字以内）

本校立足建设优势突出、特色鲜明的高水平医科大学，旨在培养德智体美劳全面发展、基础扎实、实践创新能力强的应用型人才。英语报刊阅读课程以立德树人为根本任务，夯实医学生的英语基础，更新英语语言知识，培养思辨与跨文化能力，提升自主学习能力与关注世界形势与发展的意识，激发社会责任感，以充分发挥立德、启智、明志的作用，践行“仁心、妙术”之校训。

知识传授：围绕单元主题精选新闻报道，为学生输入相关内容和语言，使其能够用英语进行相关表达；结合新闻报道主题详细分析英语新闻在分类、结构、词汇、语法与修辞等方面的特点，讲解英语报刊的主要阅读方法与策略，达成思政语境下的语言教学目标。

能力培养：提升医学生的英语报刊阅读能力，使其能基本读懂世界主流英语大报，尤其是*China Daily*；通过培养医学生的思辨能力，使其能够分辨新闻报道的观点及态度，并辩证地看待不同文化的差异；培养他们用英语交流公共卫生事件并提供对策的能力。

价值塑造：培养医学生的全球视野与包容的情怀，增强其民族自信心与社会责任感；引导其树立正确的世界观、人生观和价值观，成为社会主义核心价值观的践行者；坚定医学生“仁心妙术、厚德济生”的高尚职业信念。

五、课程思政教学实践情况

（描述如何结合办学定位、专业特色和课程特点，深入挖掘思想政治教育资源，完善课程内容，改进教学方法，探索创新课程思政建设模式和方法路径，将课程建设目标融入课程教学过程等情况。1 000字以内）

英语报刊阅读课程是高等学校通识教育的重要组成部分，兼具工具性与人文性。作为大学英语提高类课程，英语报刊阅读课程进一步加强对学生的价值观塑造与综合素质培养，使社会主义核心价值观有机融入教学内容中，在高等学校落实“立德树人“根本任务中发挥重要作用。作为医学院校时效性最强的人文类课程，英语报刊阅读课程能够实时反映世界科技新进展，吸收人类文明优秀成果，为培养具有前瞻思维、国际眼光的人才提供有力支撑，更为培养信念坚定、政治认同、文化自信、具有家国情怀的医学人才保驾护航。

1. 深入挖掘思想政治教育资源

结合我校“一优两特”的专业特色，英语报刊阅读课程专设新冠疫情防控单元主题，深入挖掘教材中的思政教育资源的同时，积极拓展同主题课外阅读材料。在教材使用过程中，努力将知识传授与思政教育相融合；课外阅读材料注重与时俱进，材料均选世界主流大报（*China Daily*, *The Economist*, *The Times* 等），能够反应出目前全球最为关注的问题，内容涵盖：科技、社会、文化、文化、灾难、教育、经济。

2. 完善课程内容

在具体教学内容上，课程紧扣时代思政教育的五大主题，包括爱国主义教育、法治诚信教育、生命健康教育、科学技术教育、生态文明教育，用好课堂“主渠道”，强化价值认同。思政素材的选择秉承“四性一贴近”原则，即：课程思政素材与教学单元主题的关联性，课程思政素材的时效性、权威性、准确性，以及课程思政要贴近生活，引发学生共鸣和深层次思考的素材。

3. 改进教学方法

英语报刊阅读思政教学主要采用任务驱动法、项目合作法、个人探究法和产出导向法，并通过自主学习、在线学习、小组合作、团队合作、主题演讲等形式将线上与线下学习相结合，教师讲授与深入探究相结合，显性和隐性教育相结合。

4. 探索创新课程思政建设模式和方法路径

英语报刊阅读课程思政建设需深入挖掘教材内容，并不断更新与时俱进的课外拓展阅读材料，激发学生对新闻事件的思考与评价，探索更为灵活的教学方式与课程思政教学评价机制，提升教师的新闻素养，打造学生研究团队，进而完善英语报刊阅读课程思政教学体系。

5. 课程建设目标融入课程教学过程

英语报刊阅读课程教学组织实施过程以学生为中心，教学目标为导向，依托信息化教育技术平台，打造“学—测—练—思—评”五位一体的线上线下混合式教学模式，并将教书育人与立德树人相融合。教学过程中紧扣单元主题，明确思政目标；时事新闻导入，激发学生思考；教师积极引导，师生共建课堂；线上线下结合，助力学生学习；多个维度评价，实现三全育人。

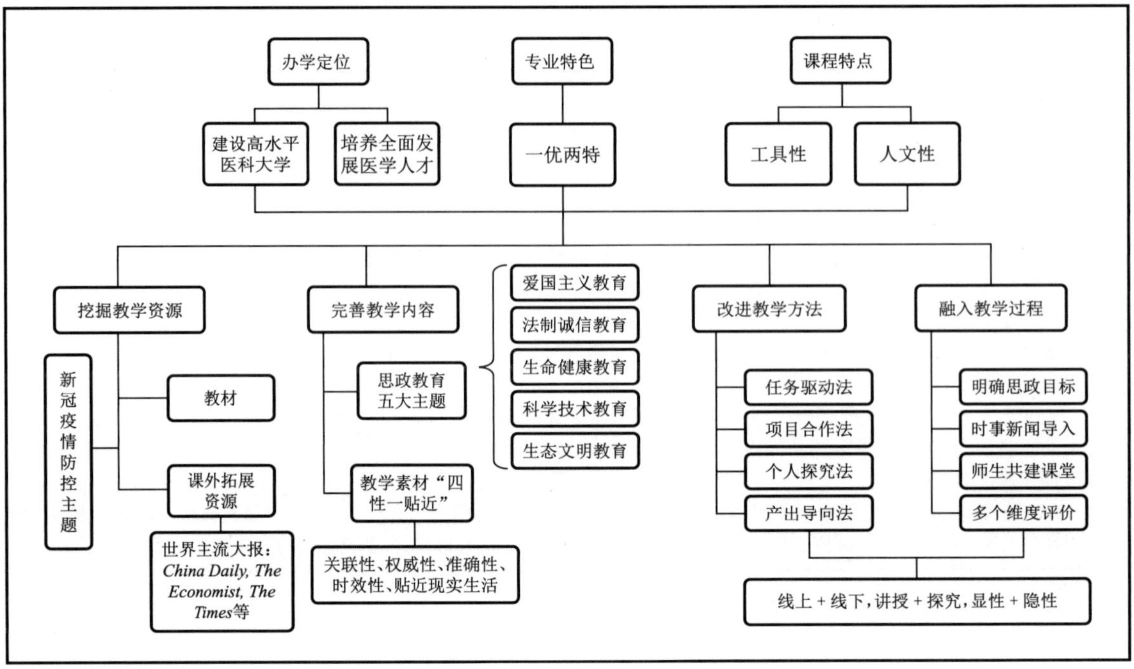

六、课程评价与成效

（概述课程考核评价的方法机制建设情况，以及校内外同行和学生评价、课程思政教学改革成效、示范辐射等情况。500字以内）

1. **考核评价机制建设**

英语报刊阅读课程线上线下混合式教学经过三轮实践，课程考核评价方法不断完善，已逐步形成了多维度立体化的形成性评价模式。

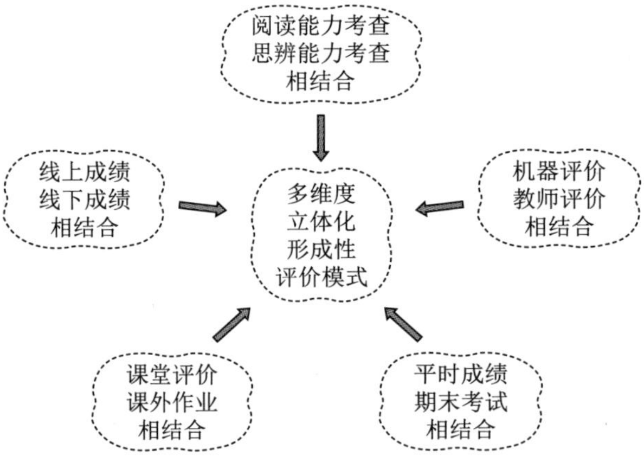

① 平时成绩。

线上评价1/课外作业：中国大学慕课（视频观看+文档阅读+单元测试+讨论互动）

线上评价2/课外作业：灯塔阅读——考查阅读能力

线下评价1/课堂评价：慕课堂（课堂考勤+课堂检测+深度思辨）

线下评价2/课堂评价：新闻播报

② 期末考试。

线上评价：期末考试1（长篇新闻阅读）——考查阅读能力

线下评价：期末考试2（主题写作）——考查思辨能力

其中新闻播报与主题写作为教师评价，讨论互动与深度思辨为教师与机器评价相结合，其他为机器评价。

2. 同行评价

英语报刊阅读课程思政教学与医学生人生观、价值观、职业观的培养深度融合，能够极大地激发学生的爱国主义情感，并培养学生的社会责任感。

3. 学生评价

98. 39%的学生不同程度掌握了英文报刊阅读技巧；73. 55%的学生在课程结束后依然浏览英语报刊网站。

4. 改革成效

① 课程与学生专业相结合：获批大学生创新创业训练计划项目“基于英语报刊文献的历史上重大疫情状况调查”。
② 教师教学与研究相结合：获批英语课程思政研究项目两项。

5. 示范辐射

校际共享：英语报刊阅读课程教学设计与中南大学共享。

七、课程特色与创新

（概述在课程思政建设方面的特色、亮点和创新点，形成的可供同类课程借鉴共享的经验做法等。须用 1—2 个典型教学案例举例说明。500 字以内）

思政与课程主题融为一体，教书育人与立德树人并举

六大主题依托近年世界主流大报报道，反映中国科技的高速发展、美国出售枪支引发的社会问题、外国人视角下的中国文化、新冠病毒肆虐下的世界、世界高校排名对高等教育的影响、老龄化对中国经济的影响。通过阅读分析上述报道，激发学生的爱国情感与文化自信，使学生认识到作为医学院校学生未来肩负的责任与使命，增强其忧患意识，鼓励其思考对策。

教材与拓展阅读相辅相成，学生认知与世界发展同步

课后拓展阅读材料紧跟世界步伐，根据主题实时更新，反应目前全球最为关注的问题。如主题 Disaster 的教材阅读材料关注发展中国家抗疫面临的最根本问题，而最近一学期相应的拓展阅读材料选择关注当时日本福岛核废水排海问题。通过自主阅读拓展材料，更新学生对世界发展的认知，引导其对全球局势的关注，引发他们对国内亟待解决的问题的思考。

课程与创新项目互为补充，医学专业与主题探索融合

课堂主题的深入与拓展阅读使学生对社会某一热点问题进行众向研究成为可能。目前，选课学生已成功获批 2020 年滨州医学院大学生创新创业训练计划项目“基于英语报刊文献的历史上重大疫情状况调查”。此项目是这门课程、社会热点与学生专业三者的有机融合。

八、课程建设计划

（概述今后 5 年课程在课程思政方面的持续建设计划、需要进一步解决的问题、主要改进措施、支持保障措施等。300 字以内）

1. 今后 5 年的持续建设计划

课程内容建设　持续更新线上、线下阅读材料，深挖教学资源的思政教育路径。
教学体系建设　完善“线上 + 线下、讲授 + 探究、显性 + 隐性”的课程思政教学体系。
教学成果建设　搭建学生英语新闻播报平台；加大推动基于课程、社会热点与学生专业的创新研究。

2. 需要进一步解决的问题

结合学生专业，突出课程思政的成果导向。

3. 主要改进措施

学习小组兼具研究团队的功能，推动基于课程、社会热点与学生专业的创新研究。

4. 支持保障措施

政策保障　学校出台政策，使大学生创新创业训练计划项目向医学人文方向的研究倾斜。
师资保障　课程负责人主持并参与多项课程思政研究项目，经验丰富。
设备保障　学校网络全覆盖，满足课程建设与学生探究的需求。

附录 12　英语报刊阅读课程思政阶段性成果

——2023 年大学生创新创业项目“讲好中国故事”背景下中医文化对外传播路径研究问卷调查

A Survey on the Overseas Dissemination of Traditional Chinese Medicine

1. Your sex:______[单选题]

选　项	小　计	比　例
A. Male	12	40. 00%
B. Female	18	60. 00%
本题有效填写人次	30	

2. Your age:______[单选题]

选　项	小　计	比　例
A. Under 18 years old	0	0%
B. 18-25 years old	23	76. 67%
C. 26-35 years old	7	23. 33%
D. 36-45 years old	0	0%
E. 46-55 years old	0	0%
F. 55 years old or older	0	0%
本题有效填写人次	30	

3. Your educational level:______[单选题]

选　项	小　计	比　例
A. Primary School Education and below	0	0%
B. Junior high	1	3. 33%
C. Senior high	1	3. 33%
D. Junior college	0	0%
E. Undergraduate Degree	19	63. 34%
F. Graduate Degree	3	10. 00%

续表

选 项	小 计	比 例
G. Doctor's Degree	3	10. 00%
H. Master's degree	0	0%
I. doctoral student	3	10. 00%
本题有效填写人次	30	

4. Your occupation: ______[单选题]

选 项	小 计	比 例
A. Student	26	86. 67%
B. Government employee	0	0%
C. Lawyer	0	0%
D. Doctor	1	3. 33%
E. Teacher	0	0%
F. Company employee	3	10. 00%
G. Technician	0	0%
H. Manual laborer	0	0%
I. Housewife	0	0%
J. Freelancer	0	0%
K. Others	0	0%
本题有效填写人次	30	

5. Do you know the following knowledge of traditional Chinese medicine (TCM)?______[矩阵单选题]

	Very familiar	Familiar	Uncertain	Not very familiar	Unfamiliar
Yin and Yang	13(43. 33%)	8(26. 67%)	2(6. 67%)	3(10. 00%)	4(13. 33%)
Five elements	13(43. 33%)	10(33. 33%)	0(0%)	2(6. 67%)	5(16. 67%)
Acupuncture and massage	16(53. 33%)	8(26. 67%)	2(6. 67%)	3(10. 00%)	1(3. 33%)
Chinese Herbal medicine	10(33. 33%)	7(23. 33%)	11(36. 67%)	0(0%)	2(6. 67%)
Eight extra channels	5(16. 67%)	3(10. 00%)	11(36. 67%)	4(13. 33%)	7(23. 33%)
Holism concept	8(26. 67%)	10(33. 33%)	2(6. 67%)	3(10. 00%)	7(23. 33%)
Syndrome differentiation and treatment	8(26. 67%)	10(33. 33%)	3(10. 00%)	2(6. 67%)	7(23. 33%)

6. Have you ever had any treatment of TCM before?______[单选题]

选 项	小 计	比 例
A. Yes	15	50. 00%
B. No	15	50. 00%
本题有效填写人次	30	

7. Do you think it is effective?______[单选题]

选 项	小 计	比 例
A. Yes	15	100. 00%
B. No	0	0%
本题有效填写人次	15	

8. Have you ever had TCM conditioning before?______[单选题]

选 项	小 计	比 例
A. Yes	9	30. 00%
B. No	21	70. 00%
本题有效填写人次	30	

9. Do you think it is effective?______[单选题]

选 项	小 计	比 例
A. Yes	8	88. 89%
B. No	1	11. 11%
本题有效填写人次	9	

10. Have you ever had acupuncture treatment before?______[单选题]

选 项	小 计	比 例
A. Yes	15	50. 00%
B. No	15	50. 00%
本题有效填写人次	30	

11. Do you think it is effective?______[单选题]

选 项	小 计	比 例
A. Yes	15	100. 00%
B. No	0	0%
本题有效填写人次	15	

12. Have you ever had a massage before?______[单选题]

选 项	小 计	比 例
A. Yes	21	70. 00%
B. No	9	30. 00%
本题有效填写人次	30	

13. Do you think it is effective?______[单选题]

选 项	小 计	比 例
A. Yes	19	90. 48%
B. No	1	4. 76%
(空)	1	4. 76%
本题有效填写人次	21	

14. Have you ever done cupping therapy before?______[单选题]

选 项	小 计	比 例
A. Yes	12	40. 00%
B. No	18	60. 00%
本题有效填写人次	30	

15. Do you think it is effective?______[单选题]

选 项	小 计	比 例
A. Yes	12	100. 00%
B. No	0	0%
本题有效填写人次	12	

16. Why did you seek for TCM?______[多选题]

选 项	小 计	比 例
A. Interest	15	50. 00%
B. Treatment	10	33. 33%
C. Interpersonal communication	1	3. 33%
D. Job requirements	0	0%
E. Willingness to know Chinese culture	7	23. 33%
F. Health	7	23. 33%
H. Others	5	16. 67%
本题有效填写人次	30	

17. How did you learn about TCM?______［多选题］

选　项	小　计	比　例
A. Twitter	2	6.67%
B. Facebook	2	6.67%
C. Tiktok	1	3.33%
D. Television and radio	0	0%
E. Instagram	0	0%
F. Bilibili	1	3.33%
G. Travel	0	0%
H. Local TCM clinics	3	10.00%
I. Lectures	13	43.33%
J. School education	17	56.67%
K. Social activities such as free clinics	2	6.67%
L. Confucius Institute	1	3.33%
M. Books and newspapers	3	10.00%
N. People around	6	20%
O. Academic papers	2	6.67%
P. Others	1	3.33%
本题有效填写人次	30	

18. Where did you get the most knowledge of TCM?______［多选题］

选　项	小　计	比　例
A. Twitter	1	3.33%
B. Facebook	3	10.00%
C. Tiktok	2	6.67%
D. Television and radio	0	0%
E. Instagram	0	0%
F. Bilibili	0	0%
G. Travel	0	0%
H. Local TCM clinics	0	0%
I. Lectures	14	46.67%
J. School education	15	50.00%
K. Social activities such as free clinics	1	3.33%
L. Confucius Institute	2	6.67%

续表

选 项	小 计	比 例
M. Books and newspapers	2	6. 67%
N. People around	7	23. 33%
O. Academic papers	5	16. 67%
P. Others	0	0%
本题有效填写人次	30	

19. What do you think are the most effective ways to disseminate the culture of TCM?______[多选题]

选 项	小 计	比 例
A. Academic exchange conferences of TCM	10	33. 33%
B. Publications of TCM	7	23. 33%
C. Cultural festival activities of TCM	12	40. 00%
D. Museums of TCM	4	13. 33%
E. Popularization videos of TCM	10	33. 33%
F. TCM website and social media	8	26. 67%
G. Immersive experiences	6	20. 00%
H. Others	3	10. 00%
本题有效填写人次	30	

20. What do you think are the non-textual factors affecting the dissemination of TCM culture? ______[多选题]

选 项	小 计	比 例
A. Publication price	6	20. 00%
B. Publication sales	1	3. 33%
C. Reader comments	7	23. 33%
D. Translation package	7	23. 33%
E. E-book version	6	20. 00%
F. Translator popularity	10	33. 33%
G. Translator professionalism	3	10. 00%
H. Publishing house popularity	2	6. 67%
I. Others	6	20. 00%
本题有效填写人次	30	

21. What obstacles do you think exist in the process of TCM culture dissemination?______［多选题］

选　项	小　计	比　例
A. Lack of publicity	12	40. 00%
B. few communication channels	10	33. 33%
C. Single communication subject	3	10. 00%
D. Small audience	3	10. 00%
E. Prejudice and misunderstanding about China	2	6. 67%
F. Language barrier	15	50. 00%
G. Others	2	6. 67%
本题有效填写人次	30	

22. Which are your preferable ways to publicize TCM literature______［多选题］

选　项	小　计	比　例
A. Video books	12	40. 00%
B. Audio books	3	10. 00%
C. Picture books	7	23. 33%
D. Official Accounts	9	30. 00%
E. Documentary	16	53. 33%
F. Celebrity publicity	10	33. 33%
G. Website publicity	7	23. 33%
本题有效填写人次	30	

23. Which ways do you think are feasible to disseminate TCM culture overseas?______［多选题］

选　项	小　计	比　例
A. Overseas non-governmental TCM organizations jointly launch activities to promote TCM culture among local people	13	43. 33%
B. Chinese embassies abroad actively organize activities to publicize TCM culture to local people	13	43. 33%
C. Organizations or individuals spread TCM culture to overseas people through the Internet and new media	15	50. 00%
D. Others	4	13. 33%
本题有效填写人次	30	

24. Which of the following ways will make you more receptive to the culture of TCM?______[多选题]

选 项	小 计	比 例
A. Have TCM lessons	11	36.67%
B. Experience TCM therapy	20	66.67%
C. Participate in cultural activities of TCM	14	46.67%
D. Read books on TCM	4	13.33%
E. Watch videos on TCM	10	33.33%
F. Others	0	0%
本题有效填写人次	30	

25. What influence do you think the culture of TCM has on you or/and your family?________[填空题]

填空题详细数据：

序号	提交答卷时间	答案文本
1	2023-08-06 11:32:10	Broadened horizon and enlightenment
2	2023-08-06 13:19:17	We all have had TCM treatments and we loved it
3	2023-08-06 13:26:27	Positively, because understanding your body is important
4	2023-08-06 13:35:12	Great influence
5	2023-08-06 13:42:14	Good TCM culture
6	2023-08-06 14:22:44	It's quite beneficial non surgical treatment and very effective for many people
7	2023-08-06 14:33:27	...
8	2023-08-06 15:07:52	Experienced
9	2023-08-06 15:13:37	I have only done cupping and because of which I think its very effective
10	2023/8/6 15:20:34	I like TCM
11	2023-08-06 15:25:29	Shown me the dark can be turned to light
12	2023-08-06 15:32:25	Good

续表

序号	提交答卷时间	答案文本
13	2023-08-06 15:40:35	Experience of different medical treatment
14	2023-08-06 15:51:12	Its good for our health
15	2023-08-06 16:05:12	We can treat ourself and our family members in our home. To invest on heavy west medicine
16	2023-08-06 16:39:34	…
17	2023-08-06 18:09:14	Nothing
18	2023-08-06 18:43:26	I think it is a good method to treat but there should be a system in which we can recognize the medicine are halal, because majority of world is Muslim. most of TCM are made from animal, which Muslim don't eat
19	2023-08-06 20:32:27	As Buddhism became more prevalent, its concepts merged with Taoist and Confucian ideas to become the basis of ancient Chinese society and government. Its influence is seen in Chinese art, architecture, and literature. Values and ideas from Confucianism, Taoism, and Buddhism are still prevalent in Chinese culture today
20	2023-08-06 21:05:23	Very good
21	2023-08-06 22:22:02	Back at home we used to do same traditionals which I think it is good
22	2023-08-8 0:19:08	It's good
23	2023-08-08 14:28:26	Healing and learning
24	2023-08-08 14:42:29	Treating disease where western medicine has failed
25	2023-08-10 0:19:18	…
26	2023-08-10 0:45:47	I feel like what is very common to hear among my family the phrase, "I need a massage", which would be the most common type of TCM which is around us. People tend to use it as a double sense of they need to relax or remove body pains. It is what is perceived as here
27	2023-08-10 2:01:25	TCM has little no influence in my family. I have been exposed to it but my family tends to lean more towards their own culture's medicine rather than others
28	2023-08-12 13:28:12	I've been able to understand that the holistic nature of TCM therapy, not only helps in physical treatment but also give reassurance to patients by calming their minds too
29	2023-08-12 13:32:30	Traditional Chinese Medicine (TCM) is the cultural heritage of all humankind. TCM not only embodies the cultural crystallization of the region and the nation, but also performs the important mission of curing the lives, saving the sick and maintaining the health of the people
30	2023-08-13 10:21:04	Nothing

26. What would you like to add concerning the dissemination of TCM?__________ [填空题]

填空题详细数据：

序号	提交答卷时间	答案文本
1	2023-08-06 11:32:10	Find more common ground between western medicine and TCM
2	2023-08-06 13:19:17	Nothing
3	2023-08-06 13:26:27	More events and training courses for foreigners
4	2023-08-06 13:35:12	This will be enough
5	2023-08-06 13:42:14	Good TCM culture
6	2023-08-06 14:22:44	It needs more publications and documentaries to promote and expand. Tell the non western treatment way and it's benefits and it will be amazing experience for many people
7	2023-08-06 14:33:27	...
8	2023-08-06 15:07:52	By TCM cultural activities
9	2023-08-06 15:13:37	Nothing
10	2023-08-06 15:20:34	Arrange participating activities of TCM
11	2023-08-06 15:25:29	...
12	2023-08-06 15:32:25	Good
13	2023-08-06 15:40:35	No comment
14	2023-08-06 15:51:12	All treatment is well and don't need add more
15	2023-08-06 16:05:12	To translate in English. Language is main barrier. And to make documentry on them
16	2023-08-06 16:39:34	...
17	2023-08-06 18:09:14	Nothing
18	2023-08-06 18:43:26	I think there should be more activities like I had few of them, which was interesting we make the medicine by ourselves. we enjoyed a lot and learned a lot, so school should work on these activities

续表

序号	提交答卷时间	答案文本
19	2023-08-06 20:32:27	Dissemination research is the study of distributing information and intervention materials to a specific clinical practice or public health audience. Acupuncture, a healthcare practice involving the stimulation of certain body points, often with thin needles, is considered an evidence-based treatment for low back pain (LBP)... Conclusions: Conducting dissemination research may improve awareness and knowledge of acupuncture, and ultimately the adoption of acupuncture in biomedical settings. We anticipate that the concepts highlighted in this manuscript will also be helpful for those disseminating information about other complementary and integrative health approaches
20	2023-08-06 21:05:23	It should be publicized
21	2023-08-06 22:22:02	It should be affordable
22	2023-08-08 0:19:08	Language
23	2023-08-08 14:28:26	It should be promoted
24	2023-08-08 14:42:29	Scholarship in schools will increase the need to learn more along with hospitals visit from tourists
25	2023-08-10 0:19:18	...
26	2023-08-10 0:45:47	N/A.
27	2023-08-10 2:01:25	N/A.
28	2023-08-12 13:28:12	TCM should be globalized (multiple languages) and also clearly separate the facts from myths
29	2023-08-12 13:32:30	It's principle of action, prevention and control, efficacy, as well as standards have been questioned thus it's development prospects are concern to people
30	2023-08-13 10:21:04	Nothing

参考文献

[1] Bachman, L., & Palmer, A. Language Assessment in Practice：Developing Language Assessments and Justifying Their Use in the Real Word. Beijing: Foreign Language Teaching and Research Press, 2016.

[2] Mason, D. Doing Action Research in English Language Teaching: A Guide for Practitioners. Beijing: Foreign Language Teaching and Research Press, 2011.

[3] Newmann, F.M. (ed.). Student Engagement and Achievement in American Secondary Schools. New York: Teachers College Press, 1992.

[4] 程湘爱.“元素润人、师德育人、实践砺人”三重境界课程思政观. 国家智慧教育公共服务平台.

[5] 教育部关于印发《高等学校课程思政建设指导纲要》的通知[EB/OL]. 教育部网，2020. http://www. moe. gov. cn/srcsite/A08/s7056/202006/t20200603_462437. html.

[6] 教育部高等学校大学外语教学指导委员会. 大学外语课程思政教学指南[Z]. 北京：教育部，2022.

[7] 李丽君. 新闻英语[M]. 北京：高等教育出版社，2020.

[8] 刘建达. 课程思政背景下的大学外语课程改革[J]. 外语电化教学，2020(06)：38-42.

[9] 秦丽莉，赵迎旭，高洋，等. 社会文化理论指导的大学英语课程思政教学有效性研究路径[J]. 解放军外国语学院学报，2023，46(01)：78-86，161.

[10] 邱琳. 产出导向法促成活动设计[M]. 北京：外语教学与研究出版社，2020.

[11] 邱琳.“产出导向法”促成环节的辩证研究[J]. 现代外语，2019，42(03)：407-418.

[12] 邱琳.“产出导向法”促成活动设计的研究[D]. 北京：北京外国语大学，2019.

[13] 孙倚娜，Hartmann & Douglas. 全新版大学进阶英语视听说教程第三册[M]. 上海：上海外语教育出版社，2017.

[14] 王淑花，潘爱琳. 大学英语课程思政教学实践与反思研究[M]. 北京：首都经济贸易大学出版社，2022.

[15] 文秋芳，“产出导向法”的中国特色[J]. 现代外语，2017，40(02)：348-358，438.

[16] 文秋芳，“产出导向法”的精髓，第五届“创新外语教育在中国”国际论坛发言，北京，2019.

[17] 文秋芳. 大学外语课程思政的内涵和实施框架[J]. 中国外语，2021，18(02)：47-52.

[18] 向明友. 基于《大学外语课程思政教学指南》的大学英语课程思政教学设计[J]. 外语界，2022(03)：20-27.

[19] 徐锦芬. 高校英语课程教学素材的思政内容建设研究[J]. 外语界，2021(02)：18-

24.
[20] 徐锦芬. 二语学习同伴互动研究[M]. 北京：外语教学与研究出版社，2020.
[21] 严文庆. 大学英语课程思政教学指南[M]. 上海：华东师范大学出版社，2021.
[22] 英国文化教育协会. 2018 中国大陆地区雅思考生学术表现白皮书[M]. 英国：英国文化教育协会.
[23] 张文娟，"产出导向法"理论在大学英语教学实践中的行动研究[D]. 北京：北京外国语大学，2017.
[24] 张文娟. 产出导向法理论应用的行动研究[M]. 北京：外语教学与研究出版社，2022.
[25] 郑树棠. 新视野大学英语读写（智慧版）第三册[M]. 北京：外语教学与研究出版社，2017.